SECOND EDITION

Diversité

La nouvelle francophone
à travers le monde

An Intermediate

Reader and

Francophone

Anthology

James Gaasch
Humboldt State University

Valérie Budig-Markin
Humboldt State University

Houghton Mifflin Company   Boston   New York

Director, Modern Language Programs: E. Kristina Baer
Development Manager: Beth Kramer
Senior Development Editor: Cécile Strugnell
Project Editor: Gabrielle Stone
Senior Production/Design Coordinator: Carol Merrigan
Senior Manufacturing Coordinator: Priscilla Bailey
Marketing Manager: Patricia Fossi
Cover design: Sandra Burch, NYC
Cover image: Peter Alder Gallery, London

Credits

Printed in the USA.

Library of Congress Catalog Card Number: 99-72009

ISBN: 0-395-90933-3

23456789-CRS-03 02 01 00

Table des matières

Foreword
Avant-propos

Maryse Condé
Columbia University

La langue est un élément culturel d'une telle importance que le philosophe Jean-Jacques Rousseau, dans *l'Essai sur l'Origine des Langues*, ne parvint pas à arriver à une conclusion. Est-elle la première institution d'une société organisée ? Où est-ce elle qui se situe à l'origine de la société ? Ce qu'on peut affirmer, c'est que tout homme possède une langue ; que celle-ci fait un avec lui et la société à laquelle il appartient. Aussi, Christophe Colomb, déclarant lors de son premier et superficiel contact avec les Indiens d'Amérique : « Ils n'ont pas de langue ni de religion », commet le péché pour lequel il n'est pas de pardon, celui d'ethno-centrisme. Ne reconnaissant autour de lui aucun des éléments familiers de sa réalité sociale, il a eu recours à un discours de pure négativité. La pratique n'est pas neuve. Nous savons que les Grecs appelaient *barbaros*, barbare, i.e. celui qui babille, tous ceux qui ne savaient pas utiliser la langue de la seule humanité civilisée, la leur. Elle n'est pas caduque non plus, car aujourd'hui encore en cette fin de XXème siècle, tel journaliste ou tel homme d'affaires voyageant dans des pays étrangers, surtout dans ceux du Sud, profèrent à leur égard un discours où la négativité tient une large place. La colonisation européenne ne fit que reprendre la théorie formulée à leur profit par les Grecs : il est juste d'assujettir à notre loi les barbares, c'est-à-dire ceux qui ne savent pas parler (qui ne parlent pas notre langue). Les Français, à l'instar des autres colonisateurs anglais ou espagnols, marginalisèrent donc les langues de l'Afrique, du Maghreb, de l'Indochine … Partout où s'étendit leur empire d'Outre-Mer, les sujets en furent déclarés muets ou incohérents et ainsi furent réduits au silence des pans entiers de civilisation.

Et cependant l'entreprise coloniale cruelle et destructrice en son principe nous offre, bien malgré elle, un fruit merveilleux qui illustre le caractère indomptable de la créativité humaine. Cette langue d'emprunt, cette langue imposée fut repensée, réinterprétée, remodelée par les peuples colonisés en fonction de leur génie spécifique. Sans jamais perdre le souvenir de leur langue maternelle, chacun d'entre eux fit sienne la langue coloniale en l'intégrant à ses valeurs. Il faut le dire, cette appropriation fut lente et ne se fit pas sans mal. Autour des années 30, les écrivains francophones de la Négritude par la bouche du poète haïtien Léon Laleau se lamentaient d'avoir à exprimer avec des mots de France « un cœur venu du Sénégal. » Dans tous les pays colonisés, la bataille fut rude entre langue maternelle et langue coloniale et le combat entre écrivains utilisant l'un ou l'autre médium devint très souvent politique. Il semble que cette guerre des langues soit arrivée à son terme de nos jours et que l'authenticité de l'œuvre ne soit pas uniquement jugée en fonction de la langue dans laquelle elle est écrite.

DIVERSITE : La nouvelle francophone, anthologie de la nouvelle en langue française, compilée par Valérie Budig-Markin et James Gaasch, illustre à merveille ce « cannibalisme » fécond et la vitalité de la littérature en français. Elle réunit à côté des textes d'écrivains natifs de France comme Danièle Sallenave ou J.-M. G. Le Clézio, des textes venus du Viêt-nam, d'Haïti, des Antilles, du Canada, de l'Afrique de l'Ouest, de l'Algérie, du Maroc, c'est-à-dire de pays que rien ne rapproche entre eux à part l'imposition coloniale communément vécue. Aujourd'hui, ces derniers sont pour la plupart indépendants, libérés politiquement et partant culturellement, et le temps de la colonisation n'est plus qu'un souvenir dont il reste à faire l'entour. D'autres, comme la Guadeloupe et la Martinique, rebaptisées en 1946 Département d'Outre-Mer demeurent des paradoxes en cette fin du XXème siècle où les nationalismes s'affirment. Néanmoins, quelque soit leur statut juridique, les écrivains des divers pays qui sont rassemblés ici donnent couleur locale à la langue française. Ils y inscrivent leurs différences, y dessinent les contours de leurs sociétés. Les femmes y manifestent leur féminité ou leur féminisme. Tous s'en servent pour exprimer les passions inhérentes à leur cœur d'êtres humains : l'amour, la haine, la pitié, la peur de la vieillesse ou le regret du pays perdu.

Ainsi, en plus d'une connaissance approfondie de la langue française, cette anthologie permettra aux lecteurs américains de saisir la complexité et la richesse de l'ensemble culturel qui, à partir de réalités diverses, s'édifie en l'utilisant comme support.

To the Instructor

The second edition of *DIVERSITE : La nouvelle francophone à travers le monde* presents contemporary short stories selected for students at the intermediate or advanced levels of language and literary studies. The anthology reflects the editors' current research on the francophone short story, their commitment to communication-based reading strategies, and their effort to diversify and enrich the French language curriculum. Of the fifteen stories composing *Diversité*, five were written expressly for the editors; three new stories have been added to the present volume. As in the first edition, the stories are by both male and female authors writing about women protagonists. They were chosen for their reader appeal, balanced viewpoints, and cultural and literary richness.

Written between 1944 and 1999, the stories take place in Africa, Europe, Canada, Vietnam, and the Caribbean. They recount the lives of people from very different cultures and present, in provocative ways, issues with which modern readers are familiar: separation caused by war (« L'ombre et l'absent »), loneliness and the elderly (« Une lettre »), children suffering the poverty of their parents (« Bonjour, Maman ! Bonne fête, Maman ! »), first love and adventure (« Pour empêcher un mariage », « Le temps ne passe pas », and « La Montagne de Feu »), cultural tensions and racism (« Le cauchemar », « Pur polyester », and « La Noire de … »), relations in crisis (« La fièvre », « La femme adultère », and « Le mur ou les charmes d'une vie conjugale »), and revolt and the promise of the future (« Amertume », « Les triangles de Chloé », and « Il n'y a pas d'exil »).

Features of the Text

The fifteen stories are grouped in five different chapters: La souffrance et l'éloquence, L'aventure et l'amour, La culture et la différence, Le couple et la crise, La révolte et l'espoir. Each chapter is organized in the following manner:

1. Each story is introduced by a **map** of the country of origin of the author, in many cases with place names relating to the story's locale. Information in French about each country presents characteristics of the population and economic, cultural, and historical aspects of the area.

2. The map is followed by an **introduction of the author**, in English, which includes a biography of the author, the literary context, and references to the culture(s) depicted in the story.

3. Directly preceding the story are pre-reading activities in French, titled « **Avant de lire** », that include three elements: « **Questions préalables** » anticipate the theme of the story and relate it to students' personal experiences; an important vocabulary builder, « **Vocabulaire de la nouvelle** », emphasizes learning new words in context; a final introductory exercise, « **Stratégie de**

lecture », different for each story, provides a reading strategy both specific to the story and of general application to the process of reading fiction.

4. The center of each chapter is **the stories** themselves. Although each story is carefully glossed, in French and in English, students are encouraged to read for comprehension and language acquisition, relying on context and intuition as much as possible. Occasional footnotes amplify and/or explain linguistic and cultural elements in the stories, which may otherwise be unfamiliar to students. Longer stories are divided into two to three sections, with comprehension questions at the end of each section.

5. Following each story, « **Après la lecture** » includes « **Questions de compréhension** », or basic comprehension checks about the story's plot and characters, and « **Une perspective plus large** ».

6. Under the rubric « **Une perspective plus large** », two sets of interpretive questions broaden the students' understanding of the story. The first, « **Interprétons le texte** », which is at approximately a fourth-semester language level, asks questions that require a close reading of the story. « **Allons plus loin** » offers other questions based on a deeper appreciation of the story that extend its literary and cultural context.

7. The above exercises are followed by suggestions for « **Compositions** » that often ask students to assume a personal point of view in relation to the text. In many instances these compositions are meant to encourage the students' recreation of the story and produce a classroom reading and discussion of the individual compositions.

8. At the end of the three stories in each chapter is an additional comparative review section, « **L'ensemble du chapitre : Comparons les nouvelles !** ». The questions in this section compare the characters, themes, style, and general ideas of the three stories of the chapter. These questions are appropriate for the fourth semester university French course and more advanced studies of francophone fiction.

9. The **glossary** at the end of *Diversité* presents an English translation of French terms and words appearing in the book. Although the editors have included this glossary, along with the many vocabulary exercises in the text, research on language acquisition is inconclusive concerning the effectiveness of vocabulary study per se. In the end, the editors believe that the stories and their contexts will remain a part of each student's experience, while discrete vocabulary items learned in isolation are most probably left by the wayside.

Language Levels of Stories

The fifteen stories have the following levels of linguistic difficulty:

    *   third semester (fourth quarter) of university French
    **   fourth semester (fifth quarter)
    ***   end of fourth semester or above (sixth quarter)

Chapter I	*	« Une lettre » *Danièle Sallenave*
	*	« Bonjour Maman ! Bonne fête, Maman ! » *Marie-Thérèse Colimon-Hall*
	*	« L'ombre et l'absent » *Pham duy Khiêm*
Chapter II	*	« Pour empêcher un mariage » *Gabrielle Roy*
	**	« Le temps ne passe pas » *J.-M.G. Le Clézio*
	***	« La Montagne de Feu » *Suzanne Dracius*
Chapter III	*/**	« Le cauchemar » *Abdelhak Serhane*
	*/**	« Pur polyester » *Lori Saint-Martin*
	**	« La Noire de ... » *Ousmane Sembène*
Chapter IV	**	« La fièvre » *J.-B. Tati Loutard*
	***	« La femme adultère » *Albert Camus*
	***	« Le mur ou les charmes d'une vie conjugale » *Myriam Warner-Vieyra*
Chapter V	**	« Amertume » *Kama Kamanda*
	***	« Les triangles de Chloé » *Gaëtan Brulotte*
	***	« Il n'y a pas d'exil » *Assia Djebar*

The stories in each chapter are arranged in order of increasing difficulty, which is also the case for the chapters, with the last two chapters being at approximately the same level.

Third Semester (Fourth Quarter) Plan

Instructors may choose the six stories marked by a single asterisk (*), earlier chapters, or the initial stories in each chapter. The pre-reading activities « **Avant de lire** », including « **Questions préalables** » , « **Vocabulaire** » , and « **Stratégie de communication** » will be particularly helpful at this level. Among the exercises following the story, the first two « **Questions de compréhension** » exercises should adequately verify comprehension of the events in the story. Certain « **Compositions** » questions may also be used to both personalize and recontextualize the stories.

Fourth Semester (Fifth Quarter) Plan

Instructors may choose to use the six stories marked by a double asterisk (**) or all of chapter III with the first two stories from chapters IV and V. Among exercises following the text, the two « **Questions de compréhension** » exercises and the first exercise in the « **Une perspective plus large** » section, « **Interprétons le texte** », will stimulate the students' imagination beyond a preliminary comprehension of the events in the story to an interpretation of those events. Certain « **Compositions** » should be selected.

End of Fourth Semester (Sixth Quarter) Plan

All the stories in *Diversité* are accessible to students at this level. The longest and most difficult stories are also some of the most provocative. Students can discuss comprehension exercises and both levels of the interpretive section, « **Une perspective plus large** »: « **Interprétons le texte** » and « **Allons plus loin** ». Use of all the « **Compositions** » is recommended. Students at this level should enjoy the final comparative exercise at the end of each chapter, « **L'ensemble du chapitre : Comparons les nouvelles !** »

Students of Francophone Literature

For students of francophone literature courses, appropriate materials for each chapter include the introductory historical and bio-bibliographical information, all the stories, the « **Stratégies de lecture** », the second section « **Allons plus loin** » of « **Une perspective plus large** », the « **Compositions** », and the final « **Ensemble du chapitre : Comparons les nouvelles !** » at the end of the chapter. Focusing on all of these activities will increase the students' appreciation of the specific narrative and the cultural context in which it was written, and, at the same time, deepen their understanding of how the short story works as a genre.

To the Student

This anthology will help you to do the following:

1. communicate orally in the French language about your culture and that of others;
2. learn about Francophone cultures and literatures;
3. develop your reading and writing ability in French;
4. understand how people use the French language in many regions of our world;
5. appreciate the literary qualities of modern prose written in French.

If you are a French language student, *Diversité* will give you the opportunity to use your language skills to immerse yourself in the language, literature and culture of the Francophone world. Before reading each story, take time to read the biography of the author in English; note the author's cultural origin, homeland, and place of birth. Refer to the **map** of the francophone country or region in question and notice, at a minimum, the capital, the author's place of birth, and the country's location; read below the map the short history of the country or region in French. Next, carefully consider all three « **Avant de lire** » prereading activities just before the story: « **Questions préalables** » (personal questions relevant to the issues in the story), « **Vocabulaire** » and a special « **Stratégie de lecture** » which proposes how to better understand the unique story you will read and, by extension, how to read fiction in general. This activity will help you look for certain elements while you read the story; seeing their contribution to the meaning of the text will increase your pleasure in reading the whole piece of literature. Note that these three activities present and define vocabulary that is not explained again in the story itself, so it is important that you be familiar with those expressions before reading the story. The more preparation you do before beginning to read, the more you will enjoy the story as it unfolds.

Your reading of the story is facilitated by a **Lexique/Glossary** at the end of the book and by numerous definitions of French words, expressions, and grammatical structures you may not yet know. Footnotes give explanations other than definitions of particular words. Abbreviations you may encounter in the glossary and such notes include:

p. = page	pron. = pronom	litt. = littéraire
fam. = familier	par ex. = par exemple	ici = dans ce contexte
sing. = singulier	qqc. = quelque chose	péj. = péjoratif
pl. = pluriel (nom)	qqn. = quelqu'un	l. = ligne
f. = féminin (nom)	fig. = figuratif	ll. = lignes
m. = masculin (nom)	arg. = argot	géog. = géographique
adj. = adjectif	arch. = archaïque	anat. = anatomie
adv. = adverbe	jur. = juridique	

As you read the stories, try to guess the meaning of words, given their context in the story and parts of the words you may already know. If you can't figure out a word, mark it but continue reading and come back to review the word later; you may find that the word was not necessary to an understanding of the characters or the story. Your main objective in reading these stories is to understand the events and the characters and to have a sense of the whole piece of literature. A second and third reading of the story will help you to understand and to enjoy it more.

Acknowledgments

We warmly thank those at Houghton Mifflin, especially Kristina Baer, Cécile Strugnell, Gabrielle Stone, and Menton Sveen, whose professional assistance and encouragement made this second edition possible. Others whose ideas we incorporated include Françoise Pfaff at Howard University, and Eric Sellin at Tulane University. We particularly thank our families for their patience, understanding and love.

This second edition is dedicated to the authors of the short stories in *Diversité*, many of whom have become lasting friends. We also owe a special debt to all our colleagues and members of the Conseil International d'Etudes Francophones, with whom we share the spirit of Francophonie.

JG, VBM

The editors at Houghton Mifflin wish to thank the following colleagues for their thoughtful reviews of the previous edition of *Diversité*.

Timothy Raser, University of Georgia, Athens
Tony McRae, Concordia College
Françoise Mugnier, University of Toronto, Scarborough
Marie-France Bunting, Harvard University

Diversité

La nouvelle francophone
à travers le monde

I

La souffrance et l'éloquence

Avant de lire le chapitre I

« La souffrance et l'éloquence »

Discutez des questions suivantes.

1. Dans quelles situations souffrez-vous ?

2. Que faites-vous pour surmonter (*overcome*) votre souffrance dans des situations différentes ?

3. Cherchez-vous la cause de votre souffrance ? Gardez-vous un ressentiment envers la personne responsable, ou essayez-vous de tout oublier ? Est-ce que la souffrance mène parfois à une meilleure compréhension de la vie et des priorités importantes ?

4. Qu'est-ce que vous estimez important dans votre vie ? La famille ? L'honnêteté ? Une bonne éducation ? Un emploi utile et producteur ? La protection de l'environnement ? Les amis ? L'amour ?

5. Quelle importance donnez-vous à l'effort pour vaincre la faim dans le monde ? De quoi souffrent les familles pauvres dans les différentes régions de notre planète ? Est-ce que les familles aisées (assez riches) peuvent aussi souffrir ? De quoi ?

6. Qu-est-ce que l'éloquence ? Y a-t-il une éloquence écrite autant qu'une éloquence orale ?

7. Connaissez-vous quelqu'un que vous considérez éloquent ? Qui est-ce ? Trouvez-vous que le président des Etats-Unis est éloquent quand il s'adresse au peuple américain ? Quelle figure publique — aux Etats-Unis ou ailleurs — est plus éloquente que le président ?

8. Avez-vous lu le texte d'un auteur éloquent ? Qui est-ce ?

la France

Population: 58,3 millions d'habitants ;
la répartition par âge est la suivante :
— moins de 20 ans   25,9 %
— adultes (20 à 64 ans)   58,7 %
— plus de 65 ans   15,4 %

Superficie: 551 000 km^2 — à peu près la
même superficie que l'état du Texas — le plus
vaste état d'Europe

Capitale: Paris

Langues parlées: Français (langue romane),
occitan (langue romane), arabe, alsacien (dialecte
de l'allemand), breton (langue celtique), corse
(dialecte de l'italien), catalan (langue romane),
basque (d'origine inconnue), flamand (dialecte
du néerlandais)

Religions: Catholicisme, islam (deuxième
religion en France), protestantisme, judaïsme

Produits agricoles: Blé (*wheat*), maïs (*corn*),
bovins (*cattle*), vin, fromage

Industries: Acier (*steel*), aluminium, construction
automobile et avion

Services administratifs: Métropolitain et d'outre-
mer, commerce, justice, éducation,
communications

Gouvernement actuel: Cinquième République
(depuis 1958)

Histoire: D'habitude on commence l'histoire
de France avec l'arrivée des Francs (peuple
germanique) en Gaule entre 430 et 450. La France
évolue à travers les âges avec des noms et des
événements bien connus : Charlemagne (744–814),
Richelieu (1585–1642), Louis XIV (1643–1715), la
Révolution et la fin de l'Ancien Régime (1789),
Napoléon (1769–1821), la Première Guerre
mondiale (1914–1918), la Résistance (Seconde
Guerre mondiale) et Charles de Gaulle (1890–
1970), et tout récemment le rôle important du pays

dans la formation de la Communauté européenne
(C.E.). De nos jours on reconnaît le grand apport
intellectuel, littéraire, artistique, et linguistique de la
France dans le monde. Avec la désintégration de
l'Union soviétique et la fin de la guerre froide,
l'influence de la France en Europe et en Afrique
sera de plus en plus importante.

Climat: Des étés secs et chauds, des hivers doux
dans la région méditerranéenne ; des hivers rudes
(*harsh*) et des étés chauds dans l'ensemble des
régions de l'est ; des hivers doux et des étés frais
sur la côte Atlantique.[1]

1. *Le Petit Robert 2 : Dictionnaire universel des noms propres* (Paris :
   Dictionnaires Le Robert, 1997), 756–71; *Quid 1998* (Paris : Editions
   Robert Laffont, 1997), 591–690.

« Une lettre »

Danièle Sallenave

© Photographie Louis Monier.

Danièle Sallenave (1940–   ) began writing in 1967 and gained literary prominence during the 1980s. Born in the Loire Valley (Angers) of France, she completed her academic studies at the Ecole Normale Supérieure in Paris. She currently teaches literature and film at the University of Paris X (Nanterre).

Her literary activities include translating works by Roberto Calasso, Pier-Paolo Pasolini, and Italo Calvino, and she is co-editor of the journal *Digraphe*. For her fiction she was awarded France's Prix Femina and Prix Renaudet. The French newspaper *Le Monde* selected her volume of short stories *Un printemps froid* (1983), from which the present story is taken, as the best prose collection to have appeared in the 1980s. Sallenave's novels, *Paysages de ruines avec personnages* (1975), *Les portes de Gubbio* (1980), *La vie fantôme* (1986), *Adieu* (1988), and a short piece with only dialogue, *Conversations conjugales* (1987), have also been well received. In 1991 she published a collection of essays, *Le don des morts sur la littérature*, on the importance of reading and the role books play in a modern culture. Her later work includes *Le principe de ruine* (1994), *A quoi sert la littérature ?* (1997), and *Carnet de route en Palestine occupée : Gaza-Cisjordanie* (1998).

The eleven short stories of *Un printemps froid* depict the varied experiences of characters from different social backgrounds: an elderly woman writes from a retirement home to a neglectful son, a painter realizes he can no longer paint, former lovers suffer the pain of separation, and a daughter must make one last trip to her parents' abandoned home. Sallenave often portrays people whose lives are in transition. These transitions underscore both the impermanence of life and the little control her characters exercise over their own destinies. Though rich in human emotion and drama, her prose avoids long psychological descriptions of characters. Instead, her stories linger on past events and the depiction of seemingly unimportant occurrences. These descriptions almost always dwell upon themes of sadness, disappointment, or resignation. Her stories are embedded in very tangible human situations in which everyday voices find expression.

As you read « Une lettre », keep in mind that France, like other industrialized countries, is undergoing rapid social change, especially with regard to the family. Sons and daughters, pursuing their own careers with large companies, must often leave their older parents and move to metropolitan areas. Although participating in a global economy and recognizing the importance of the new technologies, the French have been more reluctant than others to give up traditional values such as close family ties. To what extent do you think Sallenave's story depicts changing social conditions? Does the story's tone betray in any way the author's own attitude?

Avant de lire

◆ Questions préalables

1. Cette nouvelle est un récit[1] épistolaire, c'est-à-dire un récit en forme de lettre. Quel moyen de communication préférez-vous en général ? Parler au téléphone ? Ecrire une lettre ? Envoyer un message par courrier électronique (*e-mail*) ? Dans quelles circonstances préférez-vous ce moyen de communication ?
2. Aimez-vous recevoir des lettres ? En recevez-vous souvent ? Qui vous écrit ? De quoi parle cette personne ?
3. Existe-t-il certains sentiments que l'on transmet mieux par écrit que par oral ? Lesquels ? La sincérité ? L'amitié ? L'amour ? Le respect ? Le regret ? La solitude ? Expliquez vos réponses en donnant des exemples personnels.
4. Imaginez la scène suivante et inventez une réponse qui s'accorde avec les circonstances : cela fait des mois que vous n'avez ni nouvelles ni coup de fil (de téléphone) de votre meilleur(e) ami(e). Vous comprenez bien qu'il/elle est très occupé(e), mais vous êtes quand même blessé(e) ou offensé(e) par cette inattention. Vous voulez lui communiquer vos sentiments et espérez améliorer la situation. Qu'est-ce que vous lui dites et comment ? Par oral ? Par écrit ?

◆ Vocabulaire

Il est souvent possible de reconnaître le sens général d'un mot en regardant de près le contexte dans lequel il se trouve. Voici quelques mots, écrits en italique, que vous rencontrerez dans la lecture. Essayez de deviner leur sens en étudiant les mots qui les entourent.

1. Pour célébrer l'anniversaire de l'enfant, on avait mis deux *bougies* sur un gâteau au chocolat.
2. Le jardinier a un beau jardin parce qu'il *arrache* régulièrement toutes les mauvaises herbes.
3. Les personnes qui ne se lèvent pas tôt le matin *ont* souvent *un peu de retard* toute la journée.
4. Comme elle a une longue composition à écrire, elle va *mettre* au moins *cinq heures* à la terminer.
5. *Ces temps derniers*, c'est-à-dire depuis quelques mois, le vieux monsieur marche difficilement sans canne.

---

1. Un récit indique ce qui est raconté (relaté) par l'auteur, le narrateur ou la narratrice. Il décrit les événements réels ou imaginaires, les personnages, et le thème d'une histoire, orale ou écrite.

6. Comme le jeune homme a de bonnes manières, on aime le recevoir partout. Il est toujours *le bienvenu* chez tous ses amis.
7. L'histoire ne *se passe* pas à Paris ; elle a lieu loin de la capitale.
8. Etant courageuse, elle *ose* regarder ses problèmes personnels en face.
9. *La gravure* pendue au mur illustre un grand château et la splendeur d'un autre âge.
10. Le braille est l'écriture des *aveugles*. Il a été inventé par le Français Louis Braille au 19e siècle.
11. *Quelle honte !* Quelle humiliation ! C'est vraiment souffrir une indignité!
12. Faire de *la couture* devient son passe-temps favori. Elle aime surtout faire des vêtements pour ses amies.

◆ **Stratégie de lecture : Lire pour trouver la réponse à des questions**

Quelles questions vous posez-vous avant de lire une lettre adressée à quelqu'un d'autre ?

1. Qui a écrit cette lettre ?
2. A qui est-elle adressée ?
3. A quelle occasion cette lettre a-t-elle été écrite ?
4. Quels sont les rapports entre les correspondants ?
5. Quel est le message que l'auteur de la lettre cherche à communiquer ?

Quelles autres questions vous posez-vous ? Faites-en une liste, puis parcourez (*skim*) la lettre une première fois en essayant de répondre a vos questions. Ensuite, lisez une deuxième fois pour compléter vos réponses.

« Une lettre »

Danièle Sallenave

« Mon cher petit,

« Cela ne fait rien, je comprends bien. Vois-tu, je ne m'y attendais pas trop° : c'est comme à Noël dernier, vous avez si peu de vacances ! Et je suis bien ici, très bien même. Sais-tu que, pour mon anniversaire, les sœurs (je dis les sœurs mais ce ne sont pas des religieuses, même pas des infirmières non plus, ce sont « les jeunes filles » comme on les appelle ici, deux d'entre elles sont mariées et la petite est fiancée, je l'ai rencontrée l'autre jour avec le jeune homme, il est venu me dire bonjour très poliment), donc les petites ont fait un
10 grand gâteau. Sans les bougies, heureusement, car à mon âge, il y en

je n'y comptais pas trop

aurait, hélas ! trop. Et au dessert, le champagne, enfin, du mousseux[1], mais deux ou trois étaient légèrement pompettes°. Enfin, c'est encore un bon moment de passé.

    « Il y a plusieurs choses qu'il faudrait que je te demande, ça n'a d'ailleurs° pas beaucoup d'importance, ce sont des questions relatives à la maison de Saint Julien[2]. Je ne sais plus bien s'il y avait des poiriers°, au fond du jardin. Oui, n'est-ce pas ? Ou bien est-ce que ton père les avait fait arracher après la guerre ? Mais je ne vais pas t'ennuyer maintenant avec ça, j'ai tout noté sur un papier. Depuis fin juin

20 (ce n'est pas un reproche) la liste commence à être longue. Dis aussi à Madeleine de m'envoyer les mesures exactes de Jean-François : sans quoi je ne peux pas terminer son pull. Remarque, je ne m'y tiens guère°, j'ai pris l'habitude de regarder la télévision l'après-midi, il n'y a personne (elles dorment !) au petit parloir°. Le parloir ! Tu te souviens, quand tu nous attendais au parloir, et si nous avions un peu de retard, comme tu étais nerveux. Dans la voiture, je disais à ton père : doucement, ne va pas si vite, et lui : mais tu sais bien qu'il va s'énerver°. Ah oui, pour être nerveux, tu étais nerveux.

    « Ta dernière lettre a mis neuf jours à me parvenir° : il faut dire

30 qu'elle était d'abord allée à Nyons[3], on se demande pourquoi ! J'ai beaucoup lu ces temps derniers, malgré mes pauvres yeux, et pourtant la bibliothèque laisse bien à désirer, aussi° ton envoi a-t-il été le bienvenu. J'ai surtout aimé les nouvelles, et le roman de Thomas Hardy[4], du fait qu'il° se passe à la campagne, c'est tout à fait les sentiments d'autrefois. Je le passerai à Mme Christian ; les autres, n'en parlons pas.

    « Sais-tu qui m'a écrit ? Mme Larue ! Je n'en croyais pas mes yeux. Elle ne va pas fort, la pauvre, enfin elle est toujours chez elle. Pour combien de temps encore ? m'écrit-elle. Ses deux fils sont aux Etats-

40 Unis ; tu vois que je ne suis pas seule à être seule, si j'ose dire. Je suis beaucoup mieux depuis que j'ai une chambre pour moi, à l'étage°. J'ai mis la table devant la fenêtre, j'ai repoussé le lit de l'autre côté (il est vrai que tu n'as jamais vu la chambre, mais cela ne fait rien, je t'explique) ce qui fait que, quand je suis dans mon fauteuil, j'ai vue sur la Mayenne[5] — quoiqu'en ce moment, la nature ne soit pas bien gaie. Il paraît qu'au printemps on va raccorder° la route à celle de Laval[6] : bien des tracas° en perspective, et pourvu qu'°on ne coupe pas ma belle rangée de peupliers° ! Quand tu étais petit et que nous

tipsy

actually

pear trees

je n'y travaille pas régulièrement
salle où on reçoit des visiteurs dans une institution

devenir de plus en plus nerveux
arriver

c'est pourquoi

parce qu'il

au premier étage

relier, joindre
beaucoup d'ennuis, soucis, ou difficultés / provided that / row of poplars

1. *A sparkling wine, not champagne*
2. La narratrice se réfère probablement à la très petite ville à quelques 400 km au sud-est de Paris dans le Jura. Voir la carte de **la France**, p. 2
3. Une petite ville du sud-est de la France
4. Ecrivain anglais (1840–1928) qui présente souvent une vision pessimiste de la vie en soulignant le côté éphémère de notre existence
5. Une rivière du centre de la France
6. Une ville à 274 km à l'ouest de Paris, sur la Mayenne

t'emmenions à la pêche, je te faisais toujours dormir à l'ombre des
50 peupliers, c'est une ombre qui n'est pas dangereuse.[7]

« Si la fille de Mme Christian vient la semaine prochaine, je lui
dirai de m'acheter du carton, et une vitre pour encadrer° la jolie   to frame
gravure de Madeleine, je n'ai pas le courage de prendre le car° pour   autocar interurbain
aller à Laval. Remercie Madeleine pour moi, et dis-lui que j'ai coupé
le titre : *La Maison aveugle*, c'est trop triste pour une vieille femme
comme moi. Allez, je vous quitte. Soyez bien prudents sur la route, et
je ne veux pas que vous me rapportiez un cadeau, comme à chaque
fois°. Sur mon étagère, c'est une véritable exposition, j'en ai presque   d'habitude
honte. « Vos enfants voyagent beaucoup » m'a dit la doctoresse. Des
60 bonbons, à la rigueur°, des « Quality Street »[8], la boîte est bien pra- si c'est absolument nécessaire
tique pour ma couture.

Je vous embrasse tous les trois. »

7. L'ombre n'est peut-être pas dangereuse parce que les petites feuilles du peuplier laissent
passer de la lumière, de la chaleur. Dans cette ombre un enfant ne prendra pas froid.
8. Des bonbons anglais vendus dans des boîtes en métal

Après la lecture

◆ **Questions de compréhension**

A. Retournez maintenant à la page 5 et répondez aux questions posées dans
Stratégie de lecture. Si vous avez le temps en classe, partagez (*share*) vos idées
et vos réponses avec vos camarades.

B. Nous sommes parfois obligés de deviner le sens de certains aspects d'un récit. Il
faut alors faire attention à ce que le narrateur (la narratrice) ne dit pas.[1] Regardez bien les questions suivantes et essayez de trouver la bonne réponse. Et
puis encerclez-la.

1. La personne à qui cette lettre est destinée…
   a. rend souvent visite à la narratrice.
   b. rend visite à la narratrice chaque Noël.
   c. n'a pas rendu visite à la narratrice Noël dernier.
2. La personne qui écrit cette lettre…
   a. est encore assez jeune.
   b. est probablement une personne du « troisième âge, » âgée de plus de 65 ans.
   c. est toujours très active et aime voyager.
3. La maison de Saint Julien est la maison…
   a. où habite la narratrice maintenant.
   b. où habite actuellement le fils de la narratrice.
   c. où habitait toute la famille autrefois.

1. Le non-dit (*the unspoken*), le contradictoire, ou l'ambigu se présentent souvent comme une sorte de
« **sous-texte** » (*subtext*) dans le récit. Un récit avec un riche sous-texte peut exiger plusieurs lectures attentives.

4. La narratrice aime la lecture de Thomas Hardy parce qu'elle s'intéresse…
    a. beaucoup au passé.
    b. beaucoup à la littérature anglaise.
    c. vivement à la vie moderne de tous les jours.
5. Madame Larue est une ancienne amie qui…
    a. habite dans la maison de retraite avec la narratrice.
    b. fait réfléchir la narratrice à sa propre situation.
    c. s'occupe de la maison de retraite.
6. La mère a découpé le titre de la gravure parce qu'elle…
    a. aime gêner Madeleine, sa belle-fille.
    b. n'aime pas la faute d'orthographe dans le titre.
    c. n'aime pas penser à son avenir (futur) dans la maison de retraite.

◆ **Une perspective plus large**

Interprétons le texte

1. Dans cette lettre adressée à son fils, une vieille femme nous parle de sa vie quotidienne (de tous les jours) et fait beaucoup d'allusions au passé. L'ensemble de ces détails ou anecdotes crée son portrait. Quelles anecdotes retrace-t-elle de sa vie d'autrefois ? Lesquelles révèlent son état d'esprit actuel ?
2. A votre avis, pourquoi la mère donne-t-elle autant de détails sur la fête que les sœurs lui ont faite ? Est-ce qu'elle était contente de son anniversaire ? Comment le savez-vous ?
3. Est-ce que le souvenir de la maison de Saint Julien fait plaisir ou cause du chagrin à la mère ? Pourquoi ?
4. Comment est-ce que vous imaginez les rapports entre la mère et son fils ? Qu'est-ce qui vous donne cette impression ?
5. Est-ce que la mère accepte la situation dans laquelle elle se trouve ? Comment le savez-vous ?

Allons plus loin

1. Quelles sont vos impressions de la vie de cette femme ?
2. « Cela ne fait rien, je comprends bien … je ne m'y attendais pas trop … je suis bien ici … ça n'a d'ailleurs pas beaucoup d'importance … » Quelles interprétations donnez-vous à ces phrases ? A votre avis, quelle attitude vis-à-vis de la situation est-ce que ces phrases révèlent ?
3. Dans la société française actuelle, peu de personnes âgées vivent avec leurs enfants. Celles qui ne peuvent plus maintenir leurs maisons sont souvent obligées de vivre dans des foyers-logements, ou dans des maisons de retraite où les conditions de vie ne sont pas toujours très agréables. A votre avis, toute personne âgée est-elle en fin de compte destinée à la solitude, à l'isolement dans des sociétés préoccupées de productivité, de consommation et de rentabilité (*profit*) ? Qu'est-ce qu'on peut faire pour améliorer cette situation ?

◆ Compositions

Notez l'emploi du passé dans la nouvelle. Dans le passage suivant, la narratrice se sert de l'imparfait pour **décrire** son fils et pour **exprimer des actions habituelles** dans le passé. Ce faisant, elle retrouve, grâce à sa mémoire, des souvenirs d'une autre époque, d'une période plus heureuse, au cours de laquelle elle menait un autre train de vie :

> « Quand tu **étais** petit et que nous **t'emmenions** à la pêche, je te **faisais** dormir à l'ombre des peupliers … »

A. En utilisant ce passage comme modèle, écrivez un paragraphe dans lequel vous n'employez que **l'imparfait de description** et **l'imparfait d'une action habituelle ou répétée** (dans le passé). Commencez votre paragraphe par : « Lorsque **j'étais** petit(e) et que … » Vous êtes maintenant le fils ou la fille de ce récit.

B. Relisez « Une lettre » maintenant en réfléchissant à la réponse que pourra donner le fils à sa mère. Prenez la place (le point de vue) du fils et répondez par lettre (deux paragraphes) à toutes les questions de « votre » mère.

Paris, le 15 décembre 20 —

Chère maman,
Je viens de recevoir ta lettre où tu parles de…

Je t'embrasse.

Haïti

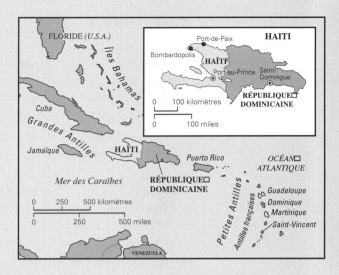

Population: 7,3 millions d'habitants (approximativement un million d'Haïtiens vivent à l'étranger)

Superficie: 27 750 km²

Capitale: Port-au-Prince

Langues parlées: Français, créole (se maintient aussi en littérature)

Religions: Catholicisme, vaudou (culte afro-haïtien qui célèbre les ancêtres et les esprits)

Agriculture: L'agriculture emploie 70% de la population active. Le café, la canne à sucre, les bananes, le cacao et le sisal (*a sturdy cordage fiber*) sont les principales cultures.

Gouvernement actuel: République

Histoire: En 1492 Christophe Colomb arrive en Hispaniola (aujourd'hui la République d'Haïti et la République Dominicaine) et l'île devient la première colonie espagnole en Amérique. Les Indiens arawaks sont vite décimés et remplacés par des esclaves noirs. Les Français occupent la partie occidentale de l'île au 17e siècle. Cette partie de l'île — Haïti — proclame son indépendance en 1804. Une succession de généraux, rois et dictateurs exploite le pays qui est troublé par des problèmes sociaux et économiques : opposition entre l'aristocratie mulâtre et la majorité noire, guerres civiles et taux de chômage très haut. Au 20e siècle la nation est instable, mais cherche à tâtons (*gropes for*) la voie (le chemin) de la démocratie. Aujourd'hui Haïti, où l'espérance de vie n'est que 58 ans et l'alphabétisation atteint seulement 53% de la population, est toujours un des pays les plus pauvres de toute l'Amérique.

Climat: Tropical, humide. Le pays est souvent ravagé par les cyclones.[1]

---

1. *Le Petit Robert 2 : Dictionnaire universel des noms propres* (Paris : Dictionnaires Le Robert, 1997), 917–18 ; *Quid 1998* (Paris : Editions Robert Laffont, 1997), 1041–42.

② « Bonjour, Maman ! Bonne fête, Maman ! »

Marie-Thérèse Colimon-Hall

Courtesy of Marie-Thérèse Colimon-Hall.

Marie-Thérèse Colimon-Hall (1918–1997), who originally published under the pseudonym Marie Bec, was a Haitian educator, writer, and political activist from Port-au-Prince (see map and information about Haiti). She taught in various schools and colleges and published articles on education and the school system in Haiti. She was particularly active in the defense of women's rights as president of La Ligue Féminine d'Action Sociale, with whose members she published a volume of essays titled *Femmes haïtiennes* (1950). She served as managing editor of *La Revue de la femme haïtienne*, and also published *L'émancipation de la jeune fille (êtes-vous pour ou contre ?)* in 1954. Colimon-Hall was a prolific writer of stories for children and adults, plays, poems, and literary criticism. Her novel, *Fils de misère*, won her the Prix France-Haïti in 1973. Her short story collection, *Le chant des sirènes* (1979), which concludes with « Bonjour, Maman ! Bonne fête, Maman ! », comprises six stories that focus on Haitian women.

The stories in *Le chant des sirènes* raise the question of the dangers faced by Haitians who yield to the temptations of the "promised lands" of France, Canada, and the United States. The stories portray many women and men of different backgrounds, social and economic classes, who seek to improve themselves by leaving their homeland for the United States. While their parents and grandparents had dreamed of France, today they dream of the United States, where about one million Haitians currently reside. Emigration is steadily stripping Haiti of its youth and productive adults. In Colimon-Hall's fictional world, the old, the poor, and the young—especially girls and women in these categories—have less opportunity to flee and are further disadvantaged by the flight of others.

In more recent years many of her contemporaries have been forced to leave their homeland due to political and social unrest. Colimon-Hall, however, remained in Port-au-Prince, where she founded and directed the Ecole Normale de Jardinières d'Enfants, a preparatory school for kindergarten teachers. Her dedication to women, children, and education in Haiti is captured in a poem she wrote titled « Où sont les enfants », in which a mother constantly worries

buried under my eyelid
(*see second column across*)

birds barely hatched

about her children, even though they are nearby. The poem concludes with quiet eloquence:

Je voudrais en mon sein
Les garder bien au chaud
Comme avant leur naissance,
Oiseaux à peine éclos°
Mais je suis là bien seule

Et ma prière la seule
Monte avec une larme
Enfouie sous ma paupière°
Où sont les enfants ?[1]

---

1. Marie-Thérèse Colimon-Hall, « Où sont les enfants », *Mon cahier d'écritures No. 1 : Choix de poèmes* (Port-au-Prince : Atelier Fardin, 1973), 13–15.

Avant de lire

◆ Questions préalables

1. Connaissiez-vous la directrice ou le directeur de votre école primaire ? De votre lycée ? Avez-vous jamais dû aller voir la directrice ou le directeur dans son bureau ? Pourquoi ? Est-ce que l'entrevue a été agréable ou désagréable ?

2. Comment réagissez-vous à la solitude ? Que peut-on faire pour combattre une triste solitude ? Quelles sont vos activités favorites quand vous êtes seul(e) ? Est-ce que les adolescents ont plus ou moins de facilité que les adultes pour lutter contre le sentiment de solitude ? Expliquez votre réponse.

3. Essayez-vous d'écrire pour résoudre vos problèmes personnels ? Tenez-vous un journal ? Ecrivez-vous une composition pour un cours ? Une lettre ? Une nouvelle ? Aimez-vous partager (*share*) ce que vous écrivez ? Le faites-vous souvent ? Pourquoi ou pourquoi pas ?

4. « Bonjour, Maman ! Bonne fête, Maman ! » est introduit par deux vers du poème « L'invitation au voyage » de Charles Baudelaire :

   « Là, tout n'est qu'ordre et beauté
   Luxe, calme et volupté. »[1]

   Rêvez-vous parfois de faire un long voyage ? Imaginez-vous un autre monde « là-bas » qui est spécial, luxueux et beau ? Quel est votre rêve ? Réfléchissez-vous à un vrai lieu ou plutôt à un endroit imaginé ? Dans quelles situations rêve-t-on le plus d'un autre monde ?

◆ Vocabulaire

Vous connaissez déjà les expressions **faire les devoirs** (les leçons qu'un élève prépare hors de la classe) et **faire le ménage** (nettoyer la maison). Voilà d'autres emplois du verbe **faire** dans « Bonjour, Maman ! Bonne fête, Maman ! » :

---

1. Le texte de Colimon-Hall est en fait légèrement différent du poème de Baudelaire :
   « Là, tout est ordre et beauté
   Luxe, calme et volupté. » (voir p. 14)

ça ne fait rien	cela n'a pas d'importance
qu'est-ce que ça me fait… ?	quelle importance est-ce pour moi… ?
faire appel à (votre raison)	rappeler, avoir recours à
se faire des illusions	se tromper, se donner des illusions
faire exprès	faire intentionnellement
faire de la peine à quelqu'un	causer de la souffrance à quelqu'un
comment est fait votre visage	quels sont les traits ou les caractéristiques de votre visage
cela fait sept ans que…	depuis sept ans; voilà sept ans que…

Il y a aussi des exemples du **faire causatif** (**faire** + infinitif) :

faire griller du pain	faire que le pain soit grillé
faire chercher (leur fille)	demander à quelqu'un de chercher (leur fille)
faire bouillir	mettre dans de l'eau à chauffer jusqu'à ce qu'elle soit très chaude

Utilisez ces expressions avec **faire** pour commenter les situations suivantes. Plusieurs réponses sont possibles.

1. Tu as perdu mon stylo ? _____ .

2. Vous n'êtes pas réaliste ; _____ .

3. J'aime les toasts. _____ .

4. Elle insulte mes parents ; _____ , pour m'humilier.

5. Une maîtresse d'école veut que ses élèves soient logiques ; elle _____ _____ .

6. Je pense à votre apparence physique, _____ .

7. Les parents ont besoin de voir leur fille ; _____ .

8. Pour préparer une soupe chaude, on _____ .

9. Je suis arrivée à Port-au-Prince il y a sept ans ; _____ .

10. Quand la jeune fille ne va jamais voir sa grand-mère, celle-ci est triste : _____ _____ .

◆ Stratégie de lecture: Comprendre le point de vue

En lisant la nouvelle « Bonjour, Maman ! Bonne fête, Maman ! » vous allez rencontrer Dolcina. Son point de vue est celui d'une jeune fille de 14 ans qui rêve de la belle vie « là-bas » de sa famille qu'elle ne connaît pas. **Qu'est-ce que les phrases suivantes vous suggèrent à l'égard de Dolcina ?** Par exemple, « Les fleurs en plastique sont plus belles et plus brillantes que les fleurs naturelles. » Le point de vue exprimé nous suggère que Dolcina aime les nouveautés de la ville, les choses de la vie moderne, que les fleurs en plastique sont pour elle comme un jouet aux couleurs vives, quelque chose d'exotique pour une jeune fille pauvre et paysanne.

(Avez-vous d'autres idées en ce qui concerne cette phrase ?) Maintenant, donnez vos commentaires sur les phrases suivantes :

1. « Je pensais à cette belle maison où vous habitez tous avec un ascenseur pour entrer chez vous. » (ll. 29–31)
2. « Quelle chose admirable que la télévision ! » (ll. 36–37)
3. « Toutes ces choses (le frigidaire, le cabinet de toilette, etc.), toutes blanches, si propres, si brillantes. » (ll. 44–45)
4. « On m'a dit qu'on vend de tout dans ces magasins-là : de la viande rouge, rouge et du pain blanc, blanc. » (ll. 75–76)
5. « (La directrice) croit que j'ignore combien la vie est douce, là-bas. » (ll. 103–04)
6. « Un bel avion m'emportera haut, haut dans le ciel. » (ll. 127–28)
7. « Sûrement mon papa possède une grosse auto rouge. » (ll. 130–31)
8. « Je hais ces compagnes d'études qui ont un père et une mère vivant à côté d'elles. » (ll. 283–84)

« Bonjour, Maman !
Bonne fête, Maman ! »

Marie-Thérèse Colimon-Hall

« Là, tout est ordre et beauté,
Luxe, calme, et volupté. »
— Baudelaire

PREMIÈRE PARTIE

Ce matin, la directrice m'a interdit l'entrée de la classe. La belle histoire ! Et qu'est-ce que ça me fait de rester dehors ? Je m'en fiche° et je m'en superfiche. Il fait bon sous les arbres. Tout à l'heure, quand j'aurai fini d'écrire, je m'endormirai bien paisiblement. Dormir est la chose que je préfère. Quand on dort on oublie tout. Oh ! la bonne chose que dormir ! Si je le pouvais, j'aurais dormi tout le temps, moi !

    Tu veux savoir pourquoi je suis hors de la classe ? Eh bien voilà. Dans deux jours ce sera la fête des Mères. La maîtresse° a donc décidé que chaque élève écrirait une lettre à sa mère. Marrant°, n'est-ce pas ?
10 D'abord il y a des enfants qui n'ont pas de mère (ça ne fait rien, elle a dit, écrivez à celle qui la remplace). D'autres ont des mamans qu'elles ne connaissent pas. Moi, par exemple.

    Alors, tandis que° les autres s'appliquaient, moi, je me suis croisé les bras, et, mine de rien°, j'ai piqué° ma voisine, Yvanne. Cette idiote a poussé un hurlement et, comme toujours, Mademoiselle m'a crié

I don't care

la maîtresse d'école
amusant

while
comme si je ne faisais rien /
enfoncé une pointe dans

dessus° : « Encore vous, Dolcina Désilus, encore vous ! D'abord, où est votre lettre ? Ah ! vous me bravez° ? Vous ne voulez pas écrire. A la direction° ! Vous êtes une mauvaise élève ! »

yelled at me
vous me défiez
au bureau de la directrice

20 Naturellement, à la direction, Madame a surenchéri°. Voici ce qu'elle m'a dit : « Dolcina, j'ai employé tous les moyens avec vous : douceur, sévérité, patience. J'ai fait appel à votre compréhension, à votre raison, à votre cœur. Rien. Aucun résultat ! Vous ne voulez pas rester tranquille durant les cours. Vous n'étudiez pas vos leçons. Vous ne faites pas vos devoirs. Et pourtant vous n'auriez qu'un petit effort à faire pour être la première de la classe. Vous êtes si intelligente ! » et patati, et patata° ! Je n'écoutais plus. J'entendais sa voix comme un ronronnement°. Et, tout en fixant la pointe de mes souliers, d'un air contrit, je pensais à tout autre chose. Je pensais à ce pays que je ne connais pas et où tu vis avec mon père, mes sœurs et frères. Je pensais

est allée encore plus loin

(fam.) et cetera, et cetera
le bruit que fait un chat qui est content

30 à cette belle maison où vous habitez tous avec un ascenseur pour entrer chez vous. Un ascenseur ! ça doit être agréable pour s'amuser tout le temps ! C'est comme un petit train qui va de bas en haut et de haut en bas ! Et puis je la voyais, cette maison, comme si je la connaissais avec ses tapis par terre, si beaux que l'on n'ose plus marcher, avec son téléviseur où l'on peut regarder tout le temps de beaux films où jouent de magnifiques acteurs. Oh ! Quelle chose admirable que la télévision ! A la télévision, toutes les filles ont de longs cheveux et tous les garçons des torses musclés. Et ils dansent, ils chantent, ils s'embrassent ! Oh ! comme j'aimerais passer ma vie à regarder la

40 télévision comme vous le faites, là-bas, vous autres… Ce que je voyais encore, pendant que la dame parlait sans arrêt, c'étaient mille autres choses que vous avez dans votre jolie maison, « là-bas » et qui nous manquent ici : le four électrique, le frigidaire, le water-closet hygiénique°. Toutes ces choses, toutes blanches, si propres, si brillantes : on a besoin de boire du café ou de faire griller du pain : clap, on tourne un bouton. Dans le frigidaire, on a toujours des pommes et des raisins glacés°. Les waters° et lavabos sont en porcelaine blanche. Ce que je voyais encore dans la maison : les beaux meubles, la radio et des fleurs de toutes les couleurs, des fleurs en plastique qui

le W.C.

très froids / les W.C.

50 sont plus belles et plus brillantes que les fleurs naturelles. Et le téléphone donc ! Ah! le téléphone ! Quelle chose merveilleuse ! En ce moment, si j'avais un téléphone, je t'aurais parlé, je n'aurais pas besoin de t'écrire tout cela. Ah ! maman ! quelle sublime invention ! Ainsi donc, si mon papa est à son travail, toi, à la maison, tu peux causer° avec lui ? Et mes petites sœurs donc ; quand tu es dehors, si tu as oublié quelque chose à la maison tu dis : « Allô, allô ! j'ai oublié ceci et cela. Et puis soyez bien sages en mon absence. » Et mes petites sœurs se disputent pour prendre l'appareil°. Et elles répondent : « Allô ! allô ! oui maman, nous serons bien sages en ton absence. »

bavarder

téléphone

60 Et puis, je te voyais, toi aussi, au milieu de tout cela. Je te voyais comme si je te connaissais et comme si je connaissais le pays où tu vis. Tu portes de belles robes avec des boutons dorés°. Tu portes des

de la couleur de l'or

souliers à semelles épaisses° et des hauts talons° qui font du bruit en marchant. Tu portes au poignet° une grosse montre en or et aux bras beaucoup de bracelets en or et de toutes les couleurs. Tu portes une grosse chaîne à ton cou, en or aussi, avec une large médaille. Et puis, sur ta tête, tu portes une perruque° de beaux cheveux blonds coiffés en un énorme chignon. Ton visage est maquillé avec des fards° bleus, verts, rouges et noirs. Que tu es belle maman ! Tu fermes la porte de

70 ta maison. Tu te mets au volant de ta machine°. Et Rran ! Rran !° te voilà partie. Tu t'arrêtes au centre-d'achat. Oh ! que de belles choses tu vas acheter ! Ici, on ne va pas au centre-d'achat, on achète à manger au marché en fer[1] et les marchandes vous injurient° quand vous touchez à leurs affaires. Toi, tu choisis, là-bas, au super-market, ce que tu veux. On m'a dit qu'on vend de tout dans ces magasins-là : de la viande rouge, rouge et du pain blanc, blanc, des assiettes en porcelaine, des tasses et aussi des robes, des bas de soie, des culottes, des jouets de toutes sortes, du savon de toutes les couleurs, des parfums et même, même des automobiles. Quel pays béni°, bon Dieu !

80 Ici, rien de tout cela ! Tiens : tu t'arrêtes au premier comptoir, tu achètes un cornet de crème à la glace°. Oh ! comme elle est grosse et abondante cette crème ! oh ! oh ! … Mais qu'est-ce qu'elle a à parler comme cela, la dame du comptoir ? Je l'entends et je la vois comme dans un brouillard. Ah ! ce n'est pas la dame du comptoir ! Je reconnais la voix, c'est encore Madame la Directrice. C'est vrai, je suis toujours ici, en Haïti, moi. Perdue dans mon rêve, je me croyais auprès de toi. Que dit-elle ?

— « Dolcina, écoutez-moi bien ! Vous vous faites des illusions, ma petite ! Votre mère et votre père ne sont pas sur un lit de roses ! Ils tri-

90 ment° dur, là-bas. Ce sont de pauvres gens qui gagnent péniblement leur vie. Ne vous imaginez pas qu'ils se la coulent douce°. Votre père est un garçon d'hôtel, il doit servir sans répit° les gens, soulever de gros sacs de voyage, dix fois par jour, ouvrir des portières° et se tenir respectueusement devant les clients pour les laisser passer, obéir à tous leurs caprices en disant sans cesse, "yes sir," et la nuit, il se couche très tard, votre père. Votre mère n'est qu'une humble travailleuse qui va de porte en porte faire le ménage chez les gens, nettoyer chaque jour des appartements entiers, votre mère n'est pas une belle dame riche ; comprenez donc, mon enfant, que vous devez bien vous con-

100 duire, bien travailler en classe pour leur rendre un peu… Cessez de vous leurrer°. »

Que dit-elle ? Je ne l'écoute plus. Elle fait exprès, pour m'humilier, me faire de la peine. Elle croit que je ne sais pas. Elle croit que j'ignore combien la vie est douce, là-bas. Elle me prend pour une idiote. Si la vie est aussi dure qu'elle le dit, pourquoi les personnes qui rentrent

---

1. Le marché principal à Port-au-Prince, un marché construit en fer

16 Marie-Thérèse Colimon-Hall

Margin glossary:

grosses / *des chaussures à hauts, talons* / *on your wrist*

a wig
couleurs qu'on applique au visage

at the wheel of your car / *le son du moteur au départ*

insultent

blessed

an ice cream cone

travaillent péniblement
que leur vie soit facile
sans arrêt
des portes de voitures

to delude yourself

ici en voyage sont-elles toujours et toutes aussi chics et élégantes ? Les dames portent de beaux pantalons et des quantités de bijoux. Leur teint° est frais, pas fatigué du tout : ah ! ah ! je trouve cela drôle pour des gens qui travaillent si durement ! Et puis, à la pension où je suis, 110 les parents envoient tout le temps des tas de jolies choses pour leurs enfants. Il y en a qui reçoivent deux, trois paires de chaussures à la fois ; d'autres reçoivent de gros jouets, jamais des petits riens ; ce ne sont que tricycles, poupées aux cheveux soyeux°, autos. Et les sacs d'école donc, et les couvre-cahiers, les plumiers de toutes les couleurs ! !

l'aspect de leur peau

silky

Oui, oui, tu peux parler, ma vieille, je ne t'écoute pas ! Un jour, maman enverra toutes ces choses pour moi aussi. Si je ne suis pas aussi gâtée° que ces enfants là, c'est parce que mon papa et ma maman rassemblent leur argent pour me faire chercher l'année 120 prochaine. Ah ! c'est alors que tout le monde sera bien attrapé° ! Quand ce sera mon tour d'aller là-bas, dans ce beau Paradis sur terre ! Oh ! plus de pension avec une dame hargneuse° toujours à vous lancer à la tête des injures et des reproches : « Dolcina, voilà trois mois que vos parents n'ont pas donné signe de vie ; si je vous supporte° c'est par charité chrétienne… Dolcina, rendez-vous utile, allez jeter les ' fatras '° pour payer le pain que vous mangez »… Finie l'école, terminés les sermons interminables de la directrice. Un bel avion m'emportera haut, haut dans le ciel. Oh ! mon Dieu ! Arrivée là-bas je vous verrai tous, m'attendant à l'aéroport. Tous réunis de- 130 vant la grande auto rouge de mon papa (car sûrement mon papa possède une grosse auto rouge). Il y aura mes quatre petits frères et sœurs : Eddy, Betty, Jeff et Daisy et puis, ma tante et mon oncle, et puis mon papa, et puis toi, maman chérie. Je me précipiterai dans vos bras. Je vous reconnaîtrai tous, tout de suite, bien que[2] je ne vous aie jamais vus. J'étais si petite quand vous êtes partis. Je n'avais que huit mois, et les autres n'étaient même pas nés, puisque c'est moi l'aînée.

spoiled

Everyone will see then!

de mauvaise humeur

if I put up with you

the trash

◆ **Questions de compréhension**

1. Qu'est-ce que la maîtresse a décidé que chaque élève écrirait ?
2. Pourquoi Dolcina refuse-t-elle de le faire ?
3. Dolcina est-elle une bonne élève ? Expliquez.
4. A quoi Dolcina pense-t-elle pendant que la Directrice lui parle ?
5. Quelles couleurs mentionne-t-elle dans ses descriptions ?
6. Quels appareils électriques est-ce que Dolcina imagine ?
7. Quelle nourriture voit-elle dans son imagination ?
8. Qui est-ce que Dolcina verra à l'aéroport quand elle arrivera au « Paradis » ?

---

2. *Although.* Notez l'emploi du subjonctif après cette conjonction.

C'est grand'mère qui m'a tout raconté. J'entends encore sa voix chevrotante°, bien que je ne l'aie pas vue depuis très longtemps, elle aussi : « Tu avais huit mois, disait-elle, quand tes parents sont partis. 140 La sécheresse battait son plein° depuis des saisons et des saisons dans le village. Tout le monde mourait de faim. Les terres ne produisaient plus rien. Plus de manioc°, plus de maïs, pas même du petit-mil[3]. Il fallait parcourir de longues routes pour trouver un peu d'eau et bien souvent, en arrivant, on trouvait une mare boueuse° à la place de la source. Alors, les bêtes commencèrent les premières à mourir. Pour ne pas les perdre toutes, les habitants allaient les vendre aux marchés des bourgs voisins avant qu'elles ne[4] meurent°. Mais on ne trouvait pas de bons prix pour elles parce qu'elles étaient trop maigres. Pour comble de malheur° un cyclone ravagea la région. Un grand vent avec 150 des pluies continuelles qui dégénérèrent en inondation. Avec bien d'autres, notre chaumière° fut° emportée. Toi et moi, nous n'eûmes[5] la vie sauve que grâce au curé de la paroisse qui nous a tirées du courant. L'eau nous avait surprises au milieu de notre sommeil, elle avait renversé la maison et nous emportait. Je ne sais par quel instinct, je t'ai enveloppée dans les hardes° et prise sur ma poitrine. Mais l'eau était plus forte ; j'ai vu le moment où elle t'arracherait de mes bras. Je te tenais le plus fort que je pouvais. Mais nous roulions toutes deux dans le flot jaunâtre du torrent. Je ne sais pas comment nous échappâmes° à la mort ce jour-là. Le Père Yves nous a tendu une 160 perche° que j'ai prise d'une main en te serrant de l'autre. Notre maison détruite, tout ce que nous possédions disparu, c'est au presbytère° que nous trouvâmes° asile avec une foule d'autres sinistrés° comme nous. C'est là que tes parents sont venus nous rejoindre. Depuis ta naissance, ils étaient partis tous les deux essayer de trouver du travail en ville. Ta mère avait pu se placer dans une famille comme cuisinière, mais ton père n'avait rien trouvé de stable, faisant ça et là de petits djobs°. Il n'y a pas grand'chose à faire à Port-de-Paix.[6] Ils passèrent° deux ou trois jours avec nous ; ton père nous reconstruisit° hâtivement° une ' ajoupa° ' avec l'aide de quelques amis et nous 170 pûmes° ainsi rentrer chez nous, à la campagne. Notre misère était extrême. Pour subsister, nous faisions bouillir des feuilles, des racines ; de temps en temps, il y avait des distributions de lait, de farine et de ' bulgur '° envoyés par le Secours Catholique. Quand on recevait ces aliments, c'étaient les bons jours, mais ils s'épuisaient° vite, car nous n'étions pas seules dans la maison : une de mes autres filles, sans abri°, nous avait rejointes avec ses trois enfants ; il y avait aussi la cousine Saintamise dont la tête était dérangée depuis le cyclone car elle

	tremblante
	était extrême
	herbe et racine d'Amérique dont on fait le tapioca
	muddy puddle
	before they died
	pour rendre le malheur complet
	petite maison de pauvre / a été / avons eu
	les vieux vêtements
	avons échappé
	une branche
	à la maison du prêtre / avons trouvé / d'autres gens ruinés par la catastrophe
	de petits jobs
	ont passé
	a reconstruit / vite / une habitation temporaire; une hutte (hut) / avons pu
	bulgur wheat
	disparaissaient
	shelter

3. Un grain que l'on fait cuire de la même façon que l'on prépare le riz. C'est la nourriture de beaucoup de pauvres en Haïti.
4. Remarquez le **ne** après l'expression **avant que**. Il suit **avant que** sans être négatif.
5. Voir l'**APPENDICE** (p. 207) sur le passé simple.
6. Voir la carte **d'Haïti**, p. 10.

avait tout perdu et n'avait aucune nouvelle de ses enfants habitant la
capitale. Il y avait l'oncle Aparis, vieux et malade, toujours grelottant° *tremblant*
de fièvre sur une natte au fond de sa case°. Il fallait partager avec tout *sa pauvre habitation*
ce monde. Dans ces conditions, les provisions ne duraient guère. »

« Un jour, grande nouvelle : Mon beau-fils, ton père, est venu
m'apprendre qu'il avait trouvé un bateau pour aller ' Là-bas ' dans les
pays étrangers, avec ta mère. Il venait me demander l'autorisation de
faire affaire avec° notre terre, ' Lan cirouelles, ' notre dernier bien. *ici : vendre*
Comment refuser ? Sans cela ils n'auraient pas pu partir. Je signai
d'une croix le papier[7] qu'il me présentait. Le lendemain il pouvait
toucher gdes 300.00[8], prix exact réclamé pour le passage des deux
jusqu'au ' pays l'aut'bô[9] ' où ils allaient chercher la subsistance. »

« Ils partirent sur un petit canot avec beaucoup d'autres. Il y avait
beaucoup de mer à traverser. Ce n'est que deux ans après que je reçus
pour la première fois de leurs nouvelles. Pendant ces deux années
j'avais vécu dans des transes°, car de temps en temps on venait racon- *(pl.): moments d'anxiété*
ter qu'un canot avait coulé° ou bien que les blancs avaient arrêté tous *sunk*
les passagers, à peine° débarqués. Bref, je reçus donc de leurs nou- *barely*
velles. Un Haïtien qui vivait là-bas monta jusqu'ici pour me voir. Ils
m'envoyaient de l'argent, beaucoup d'argent : 400 gdes ! Oh ! mes
amis ! quelle fête ! Quatre cents gourdes d'un seul coup ! Voilà ce que
ton père et ta mère envoyaient, Dol chérie. Pendant longtemps, nous
pûmes manger et vivre à l'aise. Puis, je recommençai à attendre. Ils ne
pouvaient pas envoyer l'argent souvent car ils devaient prendre des
précautions pour pouvoir rester là-bas, leurs papiers° n'étant pas *papiers d'identité pour*
conformes. Et puis, on m'a expliqué que là où ils vivaient, sur une pe- *l'immigration*
tite terre, il leur fallait traverser la mer, chaque fois qu'ils auraient
voulu m'expédier un chèque ou une lettre recommandée. Alors, ils
étaient obligés d'attendre le voyage en Haïti d'une personne sûre
pour nous faire avoir ici de quoi vivre. Un jour, après cinq ou six ans
d'absence, ils nous expédièrent leur photo avec les quatre autres enfants qu'ils avaient eus là-bas. Cette photo, tiens, la voici, nous montre vraiment qu'ils sont à l'aise, maintenant, Agué ! agué ! gadé pitites
mouin non ![10] C'est cette belle dame qui est ta maman, et ce monsieur au veston croisé, c'est ton père. Dolcina ! Voilà ce que ' l'aut'bô '
a fait pour eux, Agué ! On peut dire qu'il existe de bons pays sur la
terre ! »

Ainsi parlait ma grand'mère en essuyant ses larmes du pan° de sa *du bas*
robe. Et moi, je dévorais des yeux vos visages que je voyais pour la
première fois. Quoi, moi, Dolcina, la petite paysanne aux pieds nus

7. On signe un document avec « X » quand on ne sait pas écrire.
8. La gourde (gde) est la monnaie du pays, à peu près de la valeur d'un franc français. Selon
une autre nouvelle de la même collection (1979), 300 gdes équivalaient à peu près à $37.
9. Expression créole qui veut dire **pays étranger**, littéralement « à l'autre bord, » et dans ce
contexte, les Etats-Unis.
10. Expression créole qui veut dire **Mon Dieu ! Mon dieu ! Regardez donc mes enfants !** Le
créole est né de sources linguistiques mixtes : le français, l'espagnol, le portugais, l'anglais
en contact avec les langues africaines ou indigènes.

qui ramassait du bois mort aux côtés de sa grand'mère en haillons°, j'avais des parents si bien habillés ! de si jolis petits frères et sœurs ! *aux vêtements en très mauvais état*

220 Ce fut pour moi une découverte et une grande joie. Joie qui se dédoubla lorsqu'une lettre arriva, une autre fois, avec l'argent. Par cette lettre, mon père ordonnait à grand'mère de me préparer pour entrer à Port-au-Prince. Oh ! Je suffoquais de bonheur, ce jour-là. J'avais sept ans, alors ! Je ne comprenais pas pourquoi ma grand'mère pleurait tellement et poussait des cris comme si j'étais morte ! Mais oui, je l'aimais bien. C'est elle qui avait pris soins de[11] moi depuis ma naissance jusqu'à ce jour. Mais tout de même elle n'était pas ma maman, et puis elle devait bien se rendre compte que je ne pouvais passer ma vie dans ces bois, dans une maisonnette couverte de paille°, alors que *straw*

230 toute ma famille connaissait les plus grandes jouissances°, là-bas, de *plaisirs* l'autre côté de l'Océan ! Ma grand'mère pleurait et moi je sautais de joie car je savais que ce séjour à la capitale ne serait qu'une étape°. *one stage (of a longer voyage)* C'est à la capitale qu'on va à l'école pendant quelque temps, on apprend à lire, on apprend à se débrouiller° dans les langues des blancs : *to manage* français, anglais, on achète son passeport, on va à l'ambassade et puis ouste° ! vos parents vous envoient un ticket d'avion et vous voilà *(fam.) tout de suite* parti ! Oh ! Seigneur ! le jour où je me verrai à l'aéroport, mes valises aux bras, quel jour extraordinaire ce sera ! Ah ! jouir ! jouir aussi comme vous des délices de ce pays de rêve !

240   Je suis donc venue, ici, à Port-au-Prince, sur l'ordre de mon père. J'ai été placée en pension. Je suis déjà devenue une autre personne. Qui reconnaîtrait la petite Dolcina aux pieds nus de Bombardopolis[12] ? Qui donc ? Pas même ma grand'mère, si elle venait par ici. D'ailleurs, moi aussi je ne la reconnaîtrais pas. Depuis ces sept ans, je ne l'ai jamais revue. Je ne sais même pas si elle vit encore. Je ne peux pas lui écrire : elle ne sait pas lire. Et je ne suis jamais retournée là-bas, dans le Nord'Ouest : papa avait écrit à la directrice de la pension pour lui interdire de m'envoyer au village, même pendant les vacances. Oh ! je sais bien pourquoi ! Dites donc : je suis Haïtienne dans

250 mon pays oui ! Il y a tant de méchantes gens chez nous. En me revoyant si changée et embellie avec mes beaux souliers aux pieds et mes belles robes, qui sait le mal qu'on m'aurait fait ? Madame la Directrice pense que c'est parce que, si je vais en milieu rural pour trois mois, je perdrai tout le français que j'ai appris et toutes mes belles manières, je redeviendrai « mornière°, » a-t-elle dit. Mais moi, je sais *habitante des mornes, région* pourquoi, je le sais mieux qu'elle, cette dame. Elle ne sait pas ce qui se *montagneuse isolée* passe. Il y avait une petite fille de chez nous qui était rentrée à la campagne après avoir obtenu son certificat à la ville. Eh bien ! j'avais six ans alors, mais je me rappelle très bien ce qui s'est passé : à peine

260 était-elle arrivée, on lui avait fait du tort[13], par jalousie, tout sim-

---

11. Normalement on l'écrit au singulier : avait pris soin de.
12. Voir la carte d'**Haïti**, p. 10.
13. On lui avait fait du mal en utilisant certains procédés du vaudou.

plement ; elle était devenue folle, comme une bête enragée, et il avait fallu l'attacher avec des cordes. Alors, je ne veux pas que des histoires comme cela m'arrivent. Cela ne fait rien si je ne vois pas ma grand'mère. Et puis, qu'irais-je chercher « en dehors ? »° Mais il n'y a rien « en dehors ! » On y vit comme des animaux. Pas de cinémas. Pas de magasins. Pas d'automobiles ! Ici, au moins, à Port-au-Prince on a une idée de ce que l'on va trouver là-bas ! Oh là-bas ! Rien qu'à écrire ce mot, je me sens bouleversée !

ici: en dehors de la grande ville

Oh ! maman chérie ! cela fait sept ans ! Désira, maman Dédée[14] !
270 cela fait sept ans que je pourris° dans cet exil, loin de tous les miens, ceux d'ici comme ceux de là-bas. Sept ans que j'attends impatiemment votre appel. Je ne veux pas croire que vous m'avez oubliée. Ne suis-je pas votre enfant comme les quatre autres ? Je n'en peux plus° d'attendre le moment où j'irai vous rejoindre tous. Je n'aspire qu'à cela, je ne vis que pour cet instant. Je vais bientôt avoir quinze ans. Et je me sens sur le point de haïr° tout le monde à cause de cette attente interminable.

I rot

I can't stand it any longer

détester

Je hais déjà mes petits frères et sœurs qui ont volé ma place auprès de vous et qui sont nés, et qui vivent, sur cette terre bénie de « là-bas. »
280 Je hais cette directrice d'école, ces maîtresses qui veulent me forcer à travailler, alors que ma pensée est bien loin de la salle de classe.

Je hais ces compagnes d'études° qui ont un père et une mère vivant à côté d'elles.

camarades de classe

Oh ! comme il doit être doux de recevoir des taloches° des mains de son père !

des gifles, des coups donnés de la main

Oh ! maman Désira, je vais avoir quinze ans et je n'ai pas connu les baisers de ma mère. Je ne sais pas comment sont faits les visages de mon père et de ma mère.
290 J'ai envie de me montrer dure et méchante ! J'ai envie de déchirer°, de détruire et de mordre°.

to rip up / to bite

Et cependant, puisque c'en est le jour°, et pour obéir à l'ordre qui m'a été donné, pour faire comme tout le monde, à toi que je ne connais pas, à toi qui ne m'as jamais écrit, à toi qui vis « là-bas, » de l'autre côté de l'océan, tandis que je me trouve ici, toute seule, au milieu d'étrangers qui ne m'aiment pas, à toi donc qui sembles m'avoir abandonnée, je dis, puisqu'il faut le dire :

c'est le jour de le faire

« Bonjour, Maman ! Bonne fête, Maman ! »

Ta fille chérie

Dolcina.

---

14. Si le prénom de sa mère est Désira, Dédée est peut-être son surnom familier (*nickname*).

Après la lecture

◆ **Questions de compréhension**

A. 1. Quelles catastrophes naturelles ont frappé Haïti quand Dolcina était bébé ?
   2. Qui sont les membres de la famille de Dolcina qui sont ensemble « là-bas » ? Qui est toujours en Haïti ?
   3. Pourquoi est-ce que ses parents n'ont pas envoyé plus de lettres ? Plus d'argent ? Des cadeaux pour leur fille aînée ?
   4. Où habite la grand-mère ?
   5. A quel âge est-ce que Dolcina est partie de chez sa grand-mère ?
   6. Où Dolcina est-elle allée ? Pourquoi y est-elle allée ?
   7. A quel âge Dolcina écrit-elle la lettre que nous lisons ?
   8. Comment s'appelle la mère de Dolcina ?

B. Quelles phrases Dolcina emploie-t-elle pour exprimer sa solitude, son sentiment d'être exilée (ll. 249–91) ? Faites une liste de 10 phrases.

◆ **Une perspective plus large**

Interprétons le texte

1. Madame la Directrice explique que les parents de Dolcina triment (travaillent) dur et que leur vie est difficile. Dolcina, par contre, est sûre que sa famille est aisée, que ses parents sont assez riches et vont lui envoyer un billet d'avion bientôt pour qu'elle les rejoigne aux Etats-Unis. Considérez les deux analyses de la situation des parents proposées par Madame la Directrice et par Dolcina. Pourquoi Dolcina a-t-elle cette idée ? Qui a raison ?
2. A votre avis, est-ce que Dolcina se rappelle chaque mot de l'histoire racontée par sa grand-mère ? Pourquoi la grand-mère lui raconte-t-elle toute cette histoire ? Pourquoi pleure-t-elle quand Dolcina va partir pour Port-au-Prince, la capitale ?
3. Pourquoi est-il impossible de retourner au village ? Qu'est-ce qui est arrivé à la jeune fille qui est retournée à son village après avoir passé du temps à la capitale ? (Voir l. 260)
4. Pourquoi est-ce que les parents de Dolcina ont confié leur fille aux soins de sa grand-mère ? Ensuite, pourquoi l'ont-ils envoyée toute seule à Port-au-Prince ? L'ont-ils abandonnée ?
5. Où est concrètement « là-bas » ? Qu'est-ce que cela représente pour Dolcina ? Un jour pourra-t-elle y aller ?
6. Dolcina adore-t-elle sa mère ou la déteste-t-elle ? Comment le savez-vous ?

Allons plus loin

1. Pensez-vous que Dolcina rejoindra un jour ses parents ? Pourquoi ? Pourquoi pas ? Quelles autres possibilités existent dans l'avenir pour Dolcina ?
2. Quels problèmes de la République d'Haïti sont soulignés dans cette histoire ? Suggère-t-elle des réponses ou des solutions éventuelles à ces problèmes ?

3. Cette nouvelle est écrite en forme de lettre. Il y a aussi dans ce récit une histoire racontée par la grand-mère. Cette histoire orale est un exemple de la tradition orale du pays, les histoires — ou des chansons, ou de la poésie, ou des proverbes — transmises de génération en génération par un peuple. Quel est l'effet de cette histoire sur l'ensemble du récit ? A votre avis, pourquoi est-ce que l'auteur fait parler la grand-mère de Dolcina ?

◆ **Compositions**

A. Ecrivez deux paragraphes. Ecrivez le premier en terminant les phrases suivantes qui résument l'histoire.

> Dolcina écrit une lettre parce que la maîtresse…
> La directrice lui a dit plusieurs fois que…
> Dolcina entend la voix de sa grand-mère, …
> Dans l'histoire des pluies racontée par sa grand-mère, …
> Quand Dolcina finira d'écrire sa lettre, …

Ecrivez le deuxième paragraphe en commençant par la phrase

> « Si j'étais Dolcina, … »

Continuez en utilisant cinq verbes au **présent du conditionnel** —

> « j'irais … » ou « j'écrirais … »

Essayez de résoudre l'impasse de Dolcina, mais soyez réaliste ![1]

B. Imaginez que vous êtes la maman de Dolcina et que vous recevez cette lettre. Comment allez-vous répondre ?

---

1. Notez bien que **l'imparfait** (« Si j'**étais** … ») annonce ici une situation hypothétique. Les conséquences de cette situation sont exprimées par **le présent du conditionnel** : « Si j'étais riche, je **vivrais** aux Caraïbes. »

le Viêt-nam

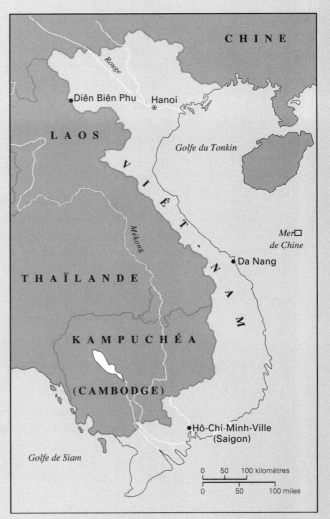

Population: 90 millions d'habitants

Superficie: 329 566 km²

Capitale: Hanoi

Langues parlées: Vietnamien, chinois, anglais, français, russe

Religions: Bouddhisme, christianisme, cao-dai, culte des ancêtres

Industries, produits: Riziculture, pisciculture (poisson), industrie alimentaire, caoutchouc, textiles

Gouvernement actuel: Socialiste/communiste

Histoire: Au cours de son histoire, le royaume du Nam-Viêt demeure longtemps sous la domination chinoise. Finalement, en 1802, la dynastie des Nguyên unifie le pays et lui donne son nom d'aujourd'hui. La France gouverne le Viêt-nam pendant presque cent ans, entre 1859 et 1945, imposant sa langue et sa culture au pays. Ce contact colonialiste crée, à côté d'une riche littérature vietnamienne, une littérature en langue française. Les Français se voient obligés de quitter le Viêt-nam après la bataille décisive de Diên Biên Phû (1954). Depuis cette date, l'ensemble colonial (l'Indochine), qui comprend le Viêt-nam, le Cambodge et le Laos, n'existe plus. En 1976 le Viêt-nam, de nouveau unifié après un conflit sanglant avec les Etats-Unis, devient une république socialiste. Ce n'est qu'en 1997 qu'il y a une reprise des relations diplomatiques entre les deux nations.

Climat: Tropical au nord, subtropical au sud. Des typhons tropicaux frappent la côte orientale.[1]

---

1. *Grand Larousse en 5 volumes* (Paris : Larousse, 1987), 3173–76 ; *Quid 1998* (Paris : Editions Robert Laffont, 1997), 1203–7.

3 « L'ombre et l'absent »

Pham duy Khiêm

Courtesy of Alain
Stanké.

Pham duy Khiêm (1908–1974), born in Hanoi, was the son of Vietnamese writer Pham duy Ton. Educated at the prestigious Ecole Normale Supérieure in Paris, he was the first Vietnamese student to complete an *agrégation* in grammar in 1935. A poet, he befriended another foreign student, Leopold Sédar Senghor, who was to become the most well-known Senegalese poet for French readers. Pham duy Khiêm taught Vietnamese poetry in France and then Greek, Latin, and French in Vietnamese *lycées*. He became an infantry officer in the French army and in the early 1940s began to record his life in the military, as well as Vietnamese legends.[1]

The story and collection titled *La jeune femme de Nam Xuong* (1944) were later renamed "L'ombre et l'absent."[2] The story is based on a true event, first recorded more than 500 years ago in a two-octet poem by Emperor Lê Thanh Tông (1460–1497), who wrote the poem to honor a young woman from Nam Xuong named Thiet-Vu, wife of Truong:[3]

Upstream from the rapids the smoke
  of incense rises to the sky;
What temple is to be compared with
  the one to Truong's wife?

. . .

As I came along, my mind turned to
  debating her case:
How blameworthy is Truong, whose
  wickedness is so great![4]

Pham duy Khiêm was also a diplomat in the 1950s, acting as Secretary of State for President Diem[5] in 1954 and later as High Commissioner. From 1955 to 1957 he was (South) Vietnam's ambassador to France. The last of his very successful novels, *Nam et Sylvie*, was published in 1957. The author died in 1974 in Saint Calais, France, of an apparent

---

1. Jack A. Yeager, *The Vietnamese Novel in French: A Literary Response to Colonialism* (Hanover and London: University Press of New England, 1987), 176.
2. Pham duy Khiêm, "L'ombre et l'absent," *Légendes des terres sereines* (Paris: Mercure de France, 1958), 19–24. The second edition of *Légendes des terres sereines*, published in 1958 by Mercure de France, included the two volumes *Légendes des terres sereines* and *La jeune femme de Nam Xuong*, published originally in Hanoi by the Imprimerie Taupin in 1942 and 1944, respectively.
3. Maurice M. Durand and Nguyen Tran Huan, *An Introduction to Vietnamese Literature* (New York: Columbia University Press, 1985), 68.
4. Yeager, 60.
5. President Diem favored maintaining close ties with the French, who had recognized the independence of Vietnam as a nation in 1949 but considered the country an *Etat associé* within the French state. He was vigorously opposed by those, especially in the north, who demanded total autonomy for Vietnam.

suicide. Like the protagonist in one of his novels who was a volunteer in the French military service, Pham duy Khiêm remained dedicated to French culture, as well as to his own.[6]

Khiêm rewrote *L'Ombre et l'absent* in French to educate outsiders about Vietnamese culture. He believed that past legends and tales of his country were important reflections of its values and sensibilities. Today, as Vietnam seeks to attract foreign investments and to industrialize its still predominantly agricultural economy, do you think the author's belief remains valid?

---

6. Yeager, 109–110.

Avant de lire

◈ Questions préalables

1. De quoi aviez-vous peur quand vous étiez très jeune ? De la nuit ? Des bruits du dehors ? Du tonnerre ? Est-ce que vos parents vous rassuraient ? Comment ? De quoi avez-vous encore peur ?

2. Quand vous ne voyez pas un ami ou un parent pendant longtemps, est-ce que la communication est quelquefois difficile à rétablir ? Pourquoi ? Qu'est-ce que vous faites si vous avez du mal à partager vos pensées avec ceux que vous aimez ? Que ressentez-vous ?

3. Vous souvenez-vous d'une situation où votre mère ou votre père ne voulaient pas parler d'un problème ? Décrivez cette situation. Y a-t-il des problèmes qui sont trop délicats pour être discutés ? Lesquels ?

4. Quels sont les éléments les plus importants du mariage ? La passion ? La communication ? La fidélité ? Est-il facile ou difficile de discuter de la possibilité d'infidélité avec un partenaire ? Pourquoi ? Comment peut-on demander discrètement si un partenaire ou un(e) époux(se) a été infidèle ?

5. Imaginez une situation où vous ne faites plus confiance à une personne que vous aimez. Comment réagissez-vous ?

6. Est-ce que les problèmes conjugaux sont les mêmes pour vos parents que pour vos grands-parents ? Pourquoi ou pourquoi pas ? Est-ce que votre génération se préoccupe des mêmes problèmes conjugaux ?

7. Le mariage est-il, de nos jours, une institution démodée ? Une institution qui n'est plus nécessaire ? Etes-vous pour ou contre le mariage ? Pourquoi ? Est-il préférable de cohabiter avec une personne avant le mariage ? Quels sont les désavantages ? Est-ce que la passion est toujours nécessaire dans un bon mariage ? Vos opinions sur ces sujets s'accordent-elles avec celles de vos parents ?

◆ Vocabulaire

Voici quelques mots et expressions utiles pour la nouvelle. Après avoir employé ce vocabulaire dans les phrases ci-dessous, essayez d'oublier l'anglais et de penser seulement en français :

craindre : to fear (je crains, il/elle craint, nous craignons)
coudre : to sew (je couds, il/elle coud, nous cousons)
sourire : to smile (je souris, il/elle sourit, nous sourions)
éteindre : to put out (j'éteins, il/elle éteint, nous éteignons)
le malentendu : misunderstanding
funeste : fatal, disastrous
l'autel (m.) : altar
les baguettes (f.) : chopsticks
furtivement : furtively, secretly
en vouloir à quelqu'un : to bear a grudge against someone

Maintenant, choisissez parmi les termes ci-dessus celui qui est approprié et accordez et conjuguez-le quand c'est nécessaire.

1. Elle aime _____ toutes ses robes à la main.

2. Chaque fois qu'elle quitte une salle, elle _____ toutes les lampes.

3. Ne _____ rien ! Tu sais que les fantômes n'existent pas en réalité.

4. Elle _____ à son fils pour lui montrer qu'elle comprend ses peurs.

5. Elle offre des sacrifices aux ancêtres en mettant les repas sur _____ .

6. Il refuse de manger du riz avec _____ .

7. Ils ont cessé de se parler à cause d'_____ .

8. Le mari _____ à sa femme de ce silence qu'il s'obstine, lui-même, à garder.

9. _____ , elle est partie en cachant son visage à son mari.

10. Dans la vie, on comprend souvent trop tard les _____ erreurs qu'on commet envers les autres.

◆ Stratégie de lecture : Identifier le rôle de la distance (temps et espace) dans les rapports des personnages

Dans la nouvelle que vous allez lire, les rapports entre personnages se définissent en grande partie par la distance. En considérant le premier paragraphe de la nouvelle, dites si la distance indiquée dans les expressions en caractères gras est de nature **spatiale** ou **temporelle**. Ensuite, quelles expressions suggèrent qu'il y a une distance dans les rapports humains ?

Voici le premier paragraphe de la nouvelle:

Il était une fois (il y avait une fois) une femme dont le mari avait été envoyé comme soldat dans un poste de **frontière, au fond** du **« pays où l'on va en remontant les fleuves. » En ce temps-là**, les communications étaient très difficiles et, depuis **plus de trois ans** qu'il était **au loin**, elle ne recevait que (elle recevait seulement) de rares nouvelles.

« L'ombre et l'absent »

Pham duy Khiêm

Il était une fois[1] une femme dont le mari avait été envoyé comme soldat dans un poste de frontière, au fond du « pays où l'on va en remontant les fleuves. » En ce temps-là, les communications étaient très difficiles et, depuis plus de trois ans qu'il était au loin, elle ne recevait que de rares nouvelles.

*

Un soir, elle cousait à la lampe près de son enfant qui dormait, quand un orage éclata[2]. Un coup de vent éteignit° la lampe, le tonnerre se mit à gronder°, et l'enfant s'éveilla. Il prit° peur. La mère alluma la petite mèche° qui trempait dans l'huile et, montrant sa propre ombre
10 sur le mur, elle dit :

    « Ne crains rien, mon petit ; père est là qui veille° sur toi. »
    L'enfant regarda et cessa de pleurer.
    Le lendemain, au moment d'aller au lit, il réclama° son père. La mère sourit°, heureuse, et se plaça de façon que sa silhouette fût° bien visible aux yeux de son fils. Elle lui apprit à joindre les mains avant de s'incliner devant l'ombre pour dire :

    « Bonsoir, mon père. »
    L'habitude en fut° vite prise et tous les soirs le rite s'accomplissait. Puis, l'enfant couché, elle veillait tard dans la nuit, seule avec son
20 ombre.

*

éteindre, passé simple
a commencé à faire du bruit /
***prendre**, passé simple /*
morceau de coton

watches

a demandé avec insistance
***sourire**, passé simple / imparfait*
du subjonctif (temps littéraire)
*du verbe **être***

***être**, passé simple*

1. *Once upon a time.* C'est la façon traditionnelle de commencer un conte ou une légende.
2. Passé simple (temps littéraire) du verbe **éclater**, sens de **est arrivé comme une explosion**. Voir l'**APPENDICE** (p. 207) sur le passé simple.

Son mari revint°.

Elle le vit°, elle n'osa[3] le regarder, elle n'eut geste ni parole pour manifester sa joie, mais quand il fut près d'elle, il vit une larme couler sur son calme visage.

Furtivement elle l'essuya°, puis il entendit la voix chère :

« Nous devons offrir un sacrifice aux ancêtres. Je vais aux provisions et vous confie notre enfant. »

Pendant son absence, l'homme apprivoisa° vite son fils. Mais quand il voulut° se faire appeler père, l'enfant refusa en disant :

30 « Non, vous n'êtes pas mon père. Je dis toujours bonsoir à mon père en allant au lit. »

*

Le malentendu était fatal et l'homme souffrit dans ses sentiments les plus profonds. Trop délicat et trop fier pour interroger sa femme, il n'en fut que plus torturé°.

Dès son retour du marché, elle sentit que le malheur était entré[4] sous leur toit, inéluctable°. Ses mots les plus discrets, comme le moindre° de ses gestes, ne faisaient qu'exaspérer son mari : il se détournait sans répondre. Il lui en voulait du silence même qu'il gardait obstinément, malgré la tentation de parler et l'espoir d'être
40 détrompé°.

Il ne manqua pas de se prosterner devant les mânes° des ancêtres, mais il plia° immédiatement la natte°, pour défendre à la femme d'accomplir les rites à sa suite. Elle retint° les larmes d'humiliation qui montaient à ses yeux.

Quand elle descendit le repas de l'autel et lui servit du riz fumant, il ne toucha pas aux baguettes. Le riz se refroidissait lentement dans le bol, elle attendait en silence, et sa douleur ne connut plus de bornes°…

Brusquement, l'homme se leva et quitta la maison, sans un mot.

*

50 Pendant quelque temps, elle conserva un vague espoir. Puis sa souffrance devint telle que la pauvre femme se jeta dans la rivière.

Quand le mari apprit sa mort, le doute ébranla° ses injustes soupçons. Il revint.

Le soir, il alluma la lampe, qui projeta son ombre sur le mur. A sa grande surprise, il vit son fils joindre les mains pour s'incliner devant l'ombre…

Trop tard il comprit sa funeste erreur. Il fit dresser° un autel au bord du fleuve et pendant trois jours et trois nuits des prières furent dites pour le repos de l'âme innocente. Il ne put ensuite que se
60 résigner à l'irréparable, en demeurant°, jusqu'à son dernier jour, fidèle au souvenir de la disparue°.

---

3. *Dared not.* Avec le verbe **oser**, le **pas** négatif n'est pas nécessaire.
4. Plus-que-parfait, qui représente un moment avant un autre moment passé.

revenir, passé simple
voir, passé simple

essuyer, passé simple, l'a séchée

a rendu plus sociable
vouloir, passé simple

he was all the more tortured

inévitable
le plus petit

de voir son erreur
les esprits
folded . . . the mat
a retenu

limites

a mis en question

a fait construire

restant
morte

Après la lecture

◆ **Questions de compréhension**

A. Est-ce que la déclaration est **vraie** (V) ou **fausse** (F) ? Si elle est fausse, corrigez-la.

1. Le mari est un homme d'affaires qui est parti en voyage d'affaires.
2. L'enfant a peur de l'orage.
3. L'enfant joint les mains pour prier Dieu.
4. L'enfant ne comprend pas l'origine de l'ombre.
5. Le mari et sa femme sont contents de se revoir.
6. Le mari de la femme est le père de l'enfant.
7. Le mari et sa femme souffrent du manque de communication.
8. La femme va à la pêche dans la rivière.
9. La protagoniste est infidèle.
10. « L'âme innocente » pour laquelle on dit des prières à la fin est l'enfant.

B. Choisissez **l'expression équivalente** à chacune des expressions suivantes :

1. Elle ne recevait que de rares nouvelles. (ll. 4–5)
   a. Elle recevait assez souvent des nouvelles.
   b. Elle ne recevait pas souvent des nouvelles.
   c. Elle recevait pas mal de nouvelles.
2. L'habitude en fut vite prise. (l. 18)
   a. Il s'y est vite accoutumé.
   b. Il n'a pas pu s'y accoutumer.
   c. Il n'a jamais pu s'y accoutumer.
3. Elle veillait tard dans la nuit. (l. 19)
   a. Elle ne dormait pas.
   b. Elle s'est couchée tard.
   c. Elle s'est levée très tard le matin.
4. Quand il voulut se faire appeler père, l'enfant refusa. (l. 29)
   a. Il a voulu que l'enfant appelle son père.
   b. Il a voulu que l'enfant le reconnaisse comme son père.
   c. Il a voulu que l'enfant le reconnaisse comme frère.
5. Elle sentit que le malheur était entré sous leur toit. (ll. 35–36)
   a. Elle a senti un changement d'atmosphère chez eux.
   b. Elle a apporté chez eux un changement d'atmosphère.
   c. Elle a compris que quelque adversité était entrée chez eux.

◆ **Une perspective plus large**

Interprétons le texte

1. Considérez cette phrase dans le premier paragraphe : « En ce temps-là, les communications étaient très difficiles… » Pourquoi étaient-elles tellement difficiles ?
2. Comment est-ce que la protagoniste communique avec son enfant ? Avec son mari ? Quels sont les détails qui indiquent une absence de communication ? Pourquoi est-ce que les époux ne se posent pas de questions ?

3. Est-ce que l'homme aime sa femme passionnément ? Comment le savez-vous ? Est-ce que la femme aime son mari ? Comment le savez-vous ? Et l'enfant aime-t-il ses parents ? Comment est-ce que l'homme peut faire souffrir sa femme, tout en l'aimant (*while loving her*) ?

4. Quel est le sens du titre « L'ombre et l'absent » ? Est-ce que l'ombre est physique ou spirituelle ? Est-ce que l'ombre s'oppose à la lumière ? Quelle lumière ? Qui est « l'absent » ?

Allons plus loin

1. Dans cette nouvelle qui rappelle une légende (et aussi une histoire vraie), il y a peu d'adjectifs, peu de description. Il y a, par contre, beaucoup de verbes. Trouvez 10 verbes d'action dans la nouvelle et décrivez leur sens et leur effet.

2. Quels sont les éléments naturels dans cette nouvelle ? Quel est l'effet de la nature ici ? Est-elle menaçante ? Paisible ? Neutre ?

3. Etes-vous d'accord avec le point de vue du poème (voir l'introduction, p. 25), où le mari seul est responsable de la tragédie ?

4. Pouvez-vous imaginer une scène de retour de guerre dans une famille américaine traditionnelle ? Quels sont les premiers gestes ? Les premières paroles ? Les premières questions ? Et après, comment célèbre-t-on la réunion ?

5. Qu'est-ce que vous avez appris sur la culture vietnamienne dans « L'ombre et l'absent » ? Selon l'histoire, quels sont les rapports entre femme, mari et enfant dans la famille ? Quel est le rôle des ancêtres ?

◆ Compositions

A. Vous souvenez-vous d'un événement qui vous a fait peur quand vous étiez très jeune ? Décrivez cet événement et la réaction de vos parents. D'abord écrivez une liste de verbes (10–20 verbes) au **passé composé**. Ensuite, employez ces verbes dans des phrases qui racontent cette histoire. N'oubliez pas de choisir entre les deux auxiliaires possibles, **avoir** et **être**. (Evitez toute description, qui au passé s'exprime par l'imparfait.) Par exemple,

« A l'âge de trois ans, je suis sorti(e) de la maison tout(e) seul(e) et... »

B. Imaginez la scène où la femme revient du marché. En utilisant le modèle ci-dessous, récrivez la scène et inventez une conversation entre la femme et son mari où elle lui explique pourquoi l'enfant refuse de l'appeler « père ». Essayez de respecter l'atmosphère de l'histoire.

Quand la femme est revenue du marché, son mari a dit : _____ .

La femme, en essayant de retenir ses larmes, a voulu expliquer : _____ .

Le mari, fier, n'a pas compris ce que sa femme lui disait : _____ .

Cherchant à éviter un malentendu à tout prix, elle a répondu : _____ .

Comparons les nouvelles !

Maintenant considérez les questions et les thèmes suivants, qui comparent les trois nouvelles du chapitre. Qu'est-ce que vous avez appris ? Qu'est-ce qui vous a impressionné(e) ? Comment réagissez-vous à ces nouvelles tellement diverses ? Y voyez-vous de la souffrance ? De l'éloquence ?

◆ Personnages

1. Trois des protagonistes (la mère dans « Une lettre », la grand-mère dans « Bonjour, Maman ! Bonne Fête, Maman ! » et la femme dans « L'ombre et l'absent ») habitent dans la campagne, tandis que Dolcina, ayant quitté la campagne, habite dans une grande ville, la capitale de son pays. Aiment-elles l'endroit où elles habitent ? Dans quelle mesure l'endroit influence-t-il les actions et la personnalité de ces trois personnages ?
2. Considérez le rapport entre parent(s) et enfant dans les trois nouvelles de ce chapitre. Quel rôle y joue le silence ? La communication orale ? La communication écrite ? Qui souffre le plus dans les différentes nouvelles, l'enfant ou le(s) parent(s) ? Expliquez votre réponse.

◆ Thèmes

3. Dans les trois nouvelles il y a un manque de communication qui fait souffrir tous les membres de la famille. Est-ce que la vraie communication est difficile dans une famille quelles que soient l'époque et la culture ? Est-ce qu'une de ces trois nouvelles est plus universelle que les autres ? Pourquoi ? Ou pourquoi pas ?
4. Dans ces trois nouvelles, les personnages ont du mal à changer la direction de leur vie, à surmonter (*overcome*) des obstacles. Quels sont les obstacles dans chaque histoire ? Est-ce que les protagonistes réussissent à les surmonter ? Si oui, comment ? Si non, qu'est-ce qui les en empêche ?

◆ Style

5. A votre avis, quelle est la nouvelle la plus touchante ? La plus vraisemblable (croyable) ? Justifiez vos réponses.
6. Un des mots dans le titre de ce chapitre est « l'éloquence ». Trouvez-vous qu'il y a une certaine éloquence dans les trois nouvelles ? Est-ce l'éloquence du narrateur, ou d'un des personnages ? Est-ce l'éloquence de ce qui est dit, ou de ce qui est passé sous silence ? A votre avis, se distingue-t-elle différemment d'une nouvelle à l'autre ? Elaborez votre réponse.

◆ Généralités

7. Quelle est votre nouvelle favorite, « Une lettre » , « Bonjour, Maman ! Bonne fête, Maman ! » ou « L'ombre et l'absent » ? Pourquoi ?

8. A votre avis, quels éléments des trois cultures et des trois lieux dépeints semblent être spécifiques aux Caraïbes, au Viêt-nam, à la France ? S'accordent-ils (*Do they agree*) avec ce que vous saviez déjà de ces régions du monde ? Avec ce que vous avez entendu dire ou lu ailleurs ?

II

L'aventure et l'amour

Avant de lire le chapitre II

« L'aventure et l'amour »

Discutez des questions suivantes.

1. Etes-vous attiré(e) par l'idée d'aventure ? Décrivez une aventure que vous avez eue ou une aventure idéale.

2. Préférez-vous une vie sans surprises où vous accomplissez des choses prévues, ou plutôt une vie plus spontanée et pleine d'imprévus ? Cherchez-vous l'aventure par curiosité ou par préférence ? Aimez-vous courir des risques ?

3. Croyez-vous que l'aventure se lie à une certaine jeunesse d'esprit ? A certains endroits (exotiques) ou à certaines activités ? Y a-t-il quelqu'un que vous admirez pour ses aventures ou ses exploits ?

4. Quel rôle joue l'amour dans votre vie ? Est-ce une de vos priorités principales ? Pourquoi, ou pourquoi pas ?

5. Dans quels sens peut-on dire que l'amour est une aventure ? Considérez les rapports entre vous et votre famille et ceux que vous aimez.

le Canada : le Québec, le Manitoba, et la Saskatchewan

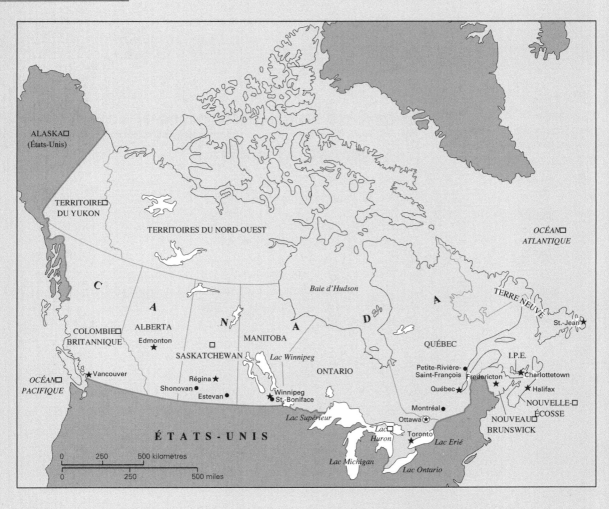

ALASKA□
(États-Unis)

TERRITOIRE□
DU YUKON

TERRITOIRES DU NORD-OUEST

OCÉAN□
ATLANTIQUE

Baie d'Hudson

C

A

N

A

D

A

TERRE NEUVE

St.-Jean ★

COLOMBIE□
BRITANNIQUE

ALBERTA
Edmonton ★

MANITOBA

QUÉBEC

I.P.E.

SASKATCHEWAN

Lac Winnipeg

ONTARIO

Petite-Rivière- ●
Saint-François

Charlottetown

Fredericton ★

OCÉAN□
PACIFIQUE

★ Vancouver

Régina ★

Shonovan ●

Estevan ●

Winnipeg ●
St.-Boniface

Lac Supérieur

Québec ★

Montréal ●

Ottawa ★

Halifax ★

NOUVELLE-□
ÉCOSSE

NOUVEAU□
BRUNSWICK

ÉTATS-UNIS

Lac
Huron

Toronto ●

Lac Erié

Lac Michigan

Lac Ontario

0   250   500 kilomètres
0   250   500 miles

Population: **le Canada** Environ 29,7 millions d'habitants
le Québec 7 334 200
le Manitoba 1 132 800
la Saskatchewan 1 017 200

Superficie: **le Canada** 9 970 610 km²
le Québec 1 667 926 km²

le Manitoba 649 047 km²
la Saskatchewan 570 113 km²

Capitale: **le Canada** Ottawa
le Québec Québec
le Manitoba Winnipeg
la Saskatchewan Regina

4

« Pour empêcher un mariage »

Gabrielle Roy

Courtesy of Alain Stanké.

One of French-speaking Canada's most important authors, Gabrielle Roy (1909–1983) was born in Saint-Boniface, Manitoba. She taught in Manitoba for eight years, and began to write during her travels in England and France from 1937 to 1939. Turning to the field of journalism, she wrote for *Le Jour*, *La Revue moderne*, and *Le Bulletin des agriculteurs*. Her first novel, *Bonheur d'occasion*, which is considered a Canadian classic, earned her international acclaim: she won the Prix Femina in 1947, medals from the Académie française and the Académie canadienne française, acceptance by the Literary Book Guild of America, and election to the Royal Society of Canada.[1] In 1950, after the publication of her second novel, *La petite poule d'eau*, Roy moved to Quebec, where she lived and wrote fiction in the city of Quebec and in La-Petite-Rivière-Saint-François. Her collection of short stories *Rue Deschambault* (1955), from which "Pour empêcher un mariage" has been selected, was translated into English as *Street of Riches* in 1967, the year she was awarded the title of Companion of the Order of Canada. In 1971 she received the Prix David from the government of Quebec for her entire oeuvre.

Roy often wrote about daily life in the city, in the country, in the plains of Saskatchewan and Manitoba. Her characters represent Canada's diverse population and are drawn from many cultures and ethnic groups. Old and young, they often look to children for lessons about the force and the fragility of life, as they seek a humane and peaceful existence. Confronting issues of faith, religion, duty, old age, and social justice, they see love as both personal and social, in terms of interdependency and cooperation. Such characterizations distance Roy from contemporary writers in Quebec who often favor cultural and political separation over unity and assimilation.[2]

In Roy's fiction, many relationships between men and women fail, in contrast with the relationships between children and parents, grandparents, or teachers. Her protagonists are often women, at once traditional and independent, who face sorrow, poverty, injustice,

1. Paula Gilbert Lewis, *The Literary Vision of Gabrielle Roy: An Analysis of Her Works* (Birmingham, Alabama: Summa, 1984), 4.
2. The separatists of the Canadian province of Quebec have insisted that they are culturally distinct from both France and Anglophone Canada. They prefer to be called "Québécois" rather than "Canadiens français."

physical challenges, loneliness, and the demands of the frontier and the natural world. The author describes their wide range of concerns, from personal events to the meaning of existence, as they live at home or move through central Canada's vast landscapes.

Avant de lire

◆ **Questions préalables**

1. Avez-vous jamais fait un long voyage quand vous étiez enfant ? Qui vous a accompagné(e) ? Comment avez-vous voyagé ? En voiture ? En avion ? En train ? Par bateau ? Est-ce que c'était un voyage de vacances, ou bien un voyage d'affaires que faisaient vos parents avec vous ? Quel était le but (la raison) de ce voyage ? Vous souvenez-vous du passage du temps ? Quels incidents vous rappelez-vous ? Est-ce que tout le voyage s'est fait le jour (pendant la journée) ? Sinon, comment avez-vous passé la nuit pendant le voyage ? Est-ce que c'était une aventure pour vous ?

2. Quand vous étiez très jeune, compreniez-vous la notion de l'amour d'un couple ? La notion de mariage ? Qu'en pensiez-vous ? Avez-vous jamais discuté de l'amour avec un couple marié ? S'aimaient-ils au moment de se marier ? S'aiment-ils toujours ? Comment le savez-vous ?

3. Qui joue un rôle important dans les décisions les plus importantes que vous prenez ? Quand est-ce que vous leur demandez conseil ? Acceptez-vous toujours leurs conseils ? Pourquoi ? Pourquoi pas ?

4. Avez-vous jamais vu un acte terroriste ? Avez-vous été affecté(e) par un acte terroriste ? A votre avis, est-ce qu'on peut jamais justifier la violence — une bombe, une prise d'otages (*hostages*), un pont brûlé, etc. — pour rendre le monde plus juste ? Y a-t-il d'autres moyens de protester contre une injustice, contre une loi du gouvernement ? Avez-vous jamais protesté contre quelque chose ?

◆ **Vocabulaire**

Lisez les phrases suivantes extraites de la nouvelle. Avec tous les renseignements donnés par le contexte et en considérant d'autres mots similaires aux mots indiqués, essayez de découvrir le sens du mot ou de l'expression en italique. Choisissez la bonne réponse de la liste.

1. Tu vas aller là-bas, Eveline, tâcher de (essayer de) *lui faire entendre raison*.
   a. lui expliquer la situation
   b. lui parler
   c. lui faire comprendre la situation
   d. la faire revenir avec toi

2. Je n'avais jamais beaucoup vu Georgianna qui, l'année où *je vins* (**venir**, passé simple) *au monde*, partit enseigner la classe en Saskatchewan.
   a. j'ai voulu voir le monde
   b. je suis né(e)
   c. j'ai vécu
   d. j'ai voyagé

3. C'est curieux : il m'a semblé, il me semble encore que tout ce long voyage a *dû s'accomplir* la nuit. Pourtant il est bien sûr qu'une bonne partie du moins s'est faite le jour.
   a. a probablement été un rêve
   b. a probablement continué
   c. a probablement commencé
   d. s'est probablement effectué

4. Et maman plus fort encore disait :
   — Pourquoi *t'entêtes-tu* à faire ton malheur ?
   Et Georgianna répétait toujours et toujours la même chose :
   — Je l'aime.
   a. t'obstines-tu à
   b. penses-tu
   c. veux-tu
   d. t'arrêtes-tu de

5. Je l'aime, tu entends, je l'aime ! Personne ne *me fera changer d'idée*.
   a. sera capable de m'aider.
   b. sera capable de me faire changer d'opinion.
   c. me fera voir la vérité.
   d. pourra me comprendre.

6. J'étais la seule enfant parmi les voyageurs, et je reçus tant d'oranges, tant de bonbons, que maman *supplia* les bonnes gens de ne m'en plus donner.
   a. a invité
   b. a imploré
   c. a ordonné à
   d. a crié à

7. (Dans un train de marchandises) Des couples *se mirent à* (**se mettre à**) danser dans le peu d'espace libre entre les deux rangées de personnes assises sur le plancher.
   a. ont hésité à
   b. ont appris à
   c. ont commencé à
   d. ont refusé de

8. (A une enfant) *T'es trop raisonneuse* ! C'est pas ton affaire… tout ça… Oublie… Dors…
   a. Tu es trop impulsive !
   b. Tu penses ou discutes trop !
   c. Tu es trop impolie (*impolite*) !
   d. Tu ne dors pas assez !

◆ **Stratégie de lecture : Deviner les éléments de la nouvelle**

En lisant les huit premières lignes de la nouvelle, pouvez-vous deviner l'identité de certains des personnages de la nouvelle, ce qu'ils font et leurs motifs (raisons d'agir) ? En partageant vos idées avec deux ou trois camarades de classe, dressez trois listes selon les catégories suivantes :

| Personnages | Actions | Motifs |

« Pour empêcher un mariage »

Gabrielle Roy

PREMIÈRE PARTIE

Maman et moi nous roulions dans un train vers la Saskatchewan, pour aller là-bas empêcher° un mariage.

ici : arrêter

Je me rappelle : mon père était rentré un soir d'un de ses voyages chez les Doukhobors[1], tout pâle, agité et nerveux. Il avait dit à Maman :

— Tu vas aller là-bas, Eveline, tâcher de lui faire entendre raison[2]. Moi, j'ai essayé. Mais tu me connais : j'ai dû être° trop violent. Je n'ai pas su° lui parler comme il faut. Tu vas aller, Eveline, empêcher ce mariage à tout prix.

I must have been
I didn't know how to

10 Maman avait dit alors :

— Mais la petite, Edouard !

Depuis que j'étais née, maman ne m'avait pas quittée un seul jour. Et mon père avait dit :

— Emmène-la°. J'ai ta passe.[3] Quant à elle, elle n'est pas encore tenue° de payer une place… Une demi-place tout au plus° !

Take her
responsable / half-fare at the most / *ici : un avantage*

C'était commode° d'être encore trop petite pour payer en chemin de fer°. Dans ce temps-là j'ai beaucoup voyagé, mais j'étais si jeune qu'il ne m'en reste pas grand souvenir, sauf de ce voyage-ci pourtant°.

train
however

---

1. Membres d'une secte religieuse en Ukraine à la fin du 18e siècle. Rejetant l'orthodoxie russe, ils ont été persécutés pendant 50 années, et sont partis est sont exilés d'abord dans les montagnes du Caucase entre la mer Noire et la mer Caspienne. Puis, à partir de 1898, ils ont émigré en Chypre (*Cyprus*), une île dans la Méditerranée, et au Canada, avec l'aide des Quakers, secte protestante établie en Angleterre et aux Etats-Unis. Les Doukhobors lisaient les Psaumes (*the Book of Psalms*) de la Bible pour mieux comprendre l'esprit de chaque individu. *Grand dictionnaire encyclopédique Larousse* (Paris: Larousse, 1983), 3382.
2. Comprendre la situation. Notez l'emploi du faire causatif ici. Le sujet du verbe (Eveline) cause un effet à l'objet (lui = Georgianna).
3. *Your pass*, alors tu peux voyager sans payer.

Nous étions dans le train depuis assez longtemps. Maman était as-
20 sise en face de moi, les mains sur sa jupe, à ne rien regarder du
paysage.[4] Elle devait préparer ce qu'elle dirait à ma grande sœur Georgianna. Je n'avais jamais beaucoup vu Georgianna qui, l'année où je
vins au monde, partit enseigner la classe en Saskatchewan. Il y avait
une photo d'elle à la maison. Ses cheveux étaient en deux fortes tress-
es° noires roulées et attachées avec un ruban° au-dessus des oreilles, et
sur cette photo elle avait les yeux excessivement parlants°. Même en
photographie, Georgianna avait l'air d'être prête à se lever, à dire :
« C'est moi !… » puis à éclater de rire° à voir tout le monde surpris.
30   Assise sur la banquette de peluche°, maman de temps en temps
prenait un air fâché ; elle nouait ses sourcils° ; elle remuait les lèvres°
comme pour un discours tout en reproches. Ensuite, elle devait se
rappeler ce que mon père avait dit : de la douceur… d'être patiente…
car elle passait à un air suppliant, vraiment très malheureux. J'étais
triste de voir maman se parler comme ça au dedans°.
       Mais j'avais presque toujours le visage collé à la vitre°. C'est
curieux : il me semble encore que tout ce long voyage a dû s'accomplir la nuit. Pourtant il est bien sûr qu'une bonne partie du moins
s'est faite le jour. Du reste, je me rappelle la couleur pain brûlé du
40 pays : la nuit, je n'aurais pas pu la voir, ni qu'elle était bien la couleur
des foins° et de la terre elle-même. Le pays a été plat longtemps,
longtemps, puis un peu bosselé°, puis encore tout à fait plat. Il y avait
des petits villages en bois autour des élévateurs à blé° peints en rouge
sombre. J'ai toujours pensé que le mot : Estevan[5] que je ne peux relier
à° aucun souvenir précis doit dater de ce voyage, que, peut-être, je
l'avais déchiffré° sur le devant° d'une petite gare en plaine°. Je lisais
aussi les hautes lettres écrites en noir sur les tours° de blé : *Manitoba
Wheat Pool…* Et puis ce fut : *Saskatchewan Wheat Pool…*
       — Nous sommes en Saskatchewan ? ai-je demandé à maman, et
50 j'allais me sentir contente, parce que passer d'une province à l'autre
me paraissait être une si grande aventure que sans doute elle allait
nous transformer complètement maman et moi, nous rendre
heureuses, peut-être.
       Mais maman, qui aimait pourtant elle aussi l'aventure, ne me fit
qu'un signe distrait°, comme si c'était aussi triste[6] en Saskatchewan
qu'au Manitoba.
       Nous sommes descendues du train, et, cette fois, ce devait être
véritablement la nuit, car, de ce gros village, je ne me rappelle que le
nom déchiffré à la clarté d'une lumière perdue°, peut-être à l'œil°
60 brûlant de la locomotive. C'était : Shonovan.[7]

braids / a ribbon

expressifs

to break out laughing
comme du velours (plush)
frowned / moved her lips

à l'intérieur
glued to the window

pl. : mown hay
hilly
wheat

connect to
décodé / la façade / in the plains
les élévateurs

distracted

isolée, au loin / the headlight;
literally, the eye

4. Maman ne regardait pas du tout le paysage. Cette construction est familière et indique une
   conversation ou le langage d'une jeune personne.
5 Une ville de 9 000 habitants dans le sud-est de la Saskatchewan. Voir la carte **au Canada**,
   p. 36.
6. Est-ce que cet adjectif décrit le paysage ou l'état d'esprit de la mère ?
7. Une autre petite ville en Saskatchewan. Voir la carte, p. 36.

Nous avons attendu longtemps un autre train qui devait nous emmener jusque chez Georgianna. Nous étions assises côte à côte dans la salle d'attente à peine éclairée°. Maman m'avait enveloppée de son manteau, et elle me dit de dormir. Mais je ne pouvais pas. N'ayant plus, pour m'occuper, à lire° des noms de gares ou des lettres sur les élévateurs à blé, je me sentais prise d'une sorte de peur de la Saskatchewan toute noire et inconnue où nous étions échouées° si seules sur un banc. Souvent, croyant que je dormais ou pour me calmer, maman effleurait° ma joue de sa main… et je sentais qui

70 grattait un peu ma joue son alliance d'or…°

Mais je pensais beaucoup. Et je lui demandai tout à coup° :

— Il ne faut pas se marier, comme ça, dans la vie ?…

Alors maman me dit que parfois c'était bien, très bien même.

Mais pourquoi est-ce qu'il faut à tout prix empêcher Georgianna de se marier ?[8]

— Parce qu'elle est encore trop jeune, dit maman.

— Il faut se marier vieille ?

— Pas trop vieille quand même°, dit maman.

Et alors, elle me dit :

80 Ne te tracasse pas à ce sujet°. Il se peut encore° que l'on réussisse. Prie pour qu'°on réussisse.

C'était gentil à elle° de m'associer au but° de notre voyage. Mais je dus° m'endormir. Et sans doute maman me porta dans ses bras jusqu'au train et plus tard à la maison où logeait° Georgianna, car, lorsque je me réveillai, j'étais couchée dans un lit et j'entendis dans la pièce voisine maman et Georgianna qui déjà discutaient ensemble.

*

Cette scène, je crois qu'elle a dû se passer° la nuit, j'en suis à peu près sûre… quoique° sur tout ce voyage pèse° la même clarté pauvre — c'est-à-dire pas tellement l'obscurité qu'une absence de

90 véritable lumière — la même indécise couleur pénétrée par des bruits de rails, puis des éclats de voix.

Maman avait dû oublier ce que lui avait si vivement recommandé mon père. Je l'entendais dire :

— Ne parle pas trop fort pour réveiller la petite, mais elle-même haussait° le ton : Georgianna, écoute-moi, écoute mon expérience. Ton père dit que ce garçon ne vaut rien°.

— C'est pas vrai,[9] disait Georgianna.

Et maman plus fort encore disait :

— Pourquoi t'entêtes-tu à faire ton malheur ?

100 Et Georgianna répétait toujours et toujours la même chose :

— Je l'aime. Je vais me marier. Je l'aime…

---

8. La fille répète les mots de son père sans savoir exactement ce qu'il voulait dire.

9. Ce n'est pas vrai. Notez la construction familière où on supprime souvent le **ne** de la négation.

avec très peu de lumière

having no more . . . to read

ici : run aground, shipwrecked

brushed
and I felt her gold wedding ring scratch my cheek a little … / soudainement

even so

Don't worry about this / It could still be / Pray that

(fam.) de sa part / objectif
***devoir**, passé simple*
habitait

avoir lieu
although / weighs

augmentait
is worthless

Après, moi, presque toute ma vie, je n'ai pu entendre un être humain dire : « J'aime… » sans avoir le cœur noué de crainte° et vouloir de mes deux bras entourer, protéger cet être si exposé…[10]

    tied in a knot from fear

Georgianna, je ne la connaissais pas assez pour prendre son parti° contre celui de maman. Cependant°, il me semblait que quelqu'un aurait dû être du côté de Georgianna°, à cause de tout cet orgueil° dans sa voix quand elle reprenait° : « Je l'aime, tu entends, je l'aime ! Personne ne me fera changer d'idée. »

    son côté
    However
    someone should have been on G's side / pride / repeated again

110   — Pauvre Georgianna, dit alors maman, tu parles de l'amour comme s'il devait durer°… Mais lorsqu'il finit… s'il n'y a pas autre chose pour prendre sa place… c'est affreux° !

    last
    monstrueux

Elles devaient marcher en parlant, aller peut-être l'une vers l'autre, ou, au contraire, s'éloigner° l'une de l'autre. Sur les murs de la chambre où j'étais je voyais leurs ombres se promener. Une lampe renvoyait° devant mes yeux leurs gestes, et je finis par reconnaître ceux de maman qui étaient désolés°, ceux de Georgianna… De temps en temps, maman levait les bras au ciel, comme lorsqu'on est découragé.

    se séparer
    sent back
    très tristes

120   Je ne me rappelle presque plus rien d'une autre journée que nous avons dû passer° chez Georgianna, presque rien de ce séjour° jusqu'au moment où nous étions de nouveau dans un train et qu'apparemment nous avions échoué[11] dans notre entreprise°.

    must have spent / *visite*
    ici : projet

Je revoyais à rebours° et ne paraissant plus du tout les mêmes les petits villages rouge sombre de la Saskatchewan, les champs de blé, les élévateurs aux grandes lettres noires.

    I saw again, in the opposite direction

Mais il nous arriva une aventure.

10. *Wanting to wrap my two arms around and protect that (human) being so exposed (to the dangers of loving)*
11. Ici : *we had failed*. Remarquez l'autre sens (l. 67) où mère et fille étaient **échouées** dans la salle d'attente sur un banc.

◆ Questions de compréhension

Est-ce que la déclaration est **vraie** (V) ou **fausse** (F) ? Si elle est fausse, corrigez-la.

1. La narratrice et sa mère voyagent en avion.
2. Le père rend visite à sa fille et la persuade de ne pas se marier.
3. La narratrice ne connaît pas sa grande sœur avant d'entreprendre ce voyage en Saskatchewan.
4. Le paysage est très montagneux pendant tout le voyage.
5. Selon la mère, il faut à tout prix arrêter Georgianna de se marier parce qu'elle est encore trop jeune.
6. Georgianna s'entête à se marier avec le garçon, parce qu'elle n'aime pas ses parents.
7. A la fin, Georgianna accepte le raisonnement de sa mère et change d'idée.
8. La narratrice et sa mère échouent apparemment dans leur entreprise.

Sur le parcours° que nous suivions, les Doukhobors avaient brûlé un pont°, pour protester contre une loi du Gouvernement. Il n'en restait
130 plus que les rails tenant à peine sur quelques traverses à moitié calcinées°. Le train ne pouvait s'y engager°. On fit descendre tout le monde° avec les bagages, et on entreprit de° nous transporter de l'autre côté de la rivière, pas plus que cinq ou six personnes à la fois, dans un *hand-car*. Les grandes personnes furent loin d'être braves° ; plusieurs crièrent que nous allions mourir et firent des crises de nerfs°. Mais je n'eus pas peur, assise les jambes pendantes au-dessus de l'eau, bien maintenue par maman qui me serrait à la taille°. Un employé activait à la main le petit wagon qui filait° assez vite. Je trouvai ça amusant. Jamais encore je n'avais traversé une rivière dont je
140 pouvais très bien voir l'eau, à travers un pont presque entièrement brûlé.

Les voyageurs étaient furieux contre les Doukhobors. On devrait les jeter en prison, fit l'un°, et un autre demanda : Pourquoi reçoit-on dans notre pays des gens qui ne veulent pas se conformer à ses lois ? J'allais dire que mon père aimait bien ses Doukhobors, qu'il les avait installés en Saskatchewan et que, lui, il ne les trouvait pas méchants.[12] Maman me rappela et me fit taire° ; elle dit que ce n'était pas le temps de crier partout que mon père était ami avec les Doukhobors.

Quand nous fûmes° de l'autre côté de la rivière, le chef de train
150 lui-même vint nous dire que du secours allait venir, de ne pas nous énerver°, que la Compagnie prendrait bien soin de nous et nous dirigerait vers Regina[13] ; de là nous pourrions continuer dans un train ordinaire.

Il y avait une petite butte° sur ce côté de la rivière, et tout le monde s'y assit°, dans l'herbe. Ce devait être l'après-midi. C'est le seul moment de ce voyage où je me rappelle avoir vu° des rayons de soleil ; il y en avait sur la butte et sur les visages qui finirent par n'être plus fâchés. J'étais la seule enfant parmi les voyageurs, et je reçus tant d'oranges, tant de bonbons, que maman supplia les bonnes gens de
160 ne m'en plus donner. Là, sur la butte, c'était comme un grand pique-nique ; l'herbe était parsemée° de pelures° d'oranges, d'écailles de noix°, de papiers gras°, et l'on chantait de tous les côtés, tous chantaient, sauf maman et moi. Alors, je pensai me distraire en cueillant° des fleurs sauvages pour m'en faire un petit bouquet, mais maman me rappela encore : elle avait l'air de ne pas aimer aujourd'hui que je m'éloigne d'un pas°.

Le train de secours° arriva ; ce n'était que deux wagons de marchandises, rouges comme les élévateurs à blé, et sans ouverture

---

12. Quelle sorte d'emploi son père a-t-il ? Serait-il peut-être fonctionnaire gouvernemental (employé public) ?
13. Capitale de la Saskatchewan. Voir la carte, p. 36.

44   Gabrielle Roy

Glosses (right margin):

the path
had burned a bridge

barely attached to a few half charred railroad ties / enter the area / *Les employés du train ont obligé les passagers à descendre du train / a commencé à / ici : vaillants, courageux*
were hysterical

who held me tight by the waist
roulait

a dit quelqu'un

called me back and made me be quiet
***être**, passé simple*

ici : de ne pas devenir impatients

colline
***s'asseoir**, passé simple*
I remember having seen

couverte un peu partout / peelings / nutshells / greasy
picking

for me to go one step away (from her) / rescue

autre que de grandes portes pleines°. Les gens furent° mécontents, ils
dirent° : « Oui, la Compagnie prend bien soin de nous en effet ; nous
faire voyager° dans un wagon de marchandises ! » Après, ce fut tout
de suite la nuit ; je pense qu'elle vient plus rapidement en
Saskatchewan qu'ailleurs. Un employé du chemin de fer agitait une
lanterne ; ainsi il guidait les voyageurs dans l'obscurité et il les aidait à
grimper° dans le wagon sans marchepied°. Moi, je fus soulevée° dans
ses bras et mise à l'intérieur comme un paquet. Le pays autour de
nous était absolument noir ; il n'y avait pas de fermes aux environs ;
c'était la vraie plaine, sans lumières de maisons. Mais, au long du
chemin de fer, il y avait un va-et-vient° ; des falots° couraient près des
rails. Des voix en anglais se croisaient° : "All right? . . . All right . . .
Ready? . . . All clear . . ."

Alors on suspendit° une lampe au plafond du wagon. Elle n'é-
clairait pas beaucoup, juste assez pour voir les planches nues° entre
lesquelles nous étions enfermés. Presque tous les voyageurs s'assirent
par terre. Maman et moi étions assises sur notre valise. Maman
m'avait encore une fois enveloppée dans son manteau. Et bientôt
nous avons senti que nous roulions, mais à peine ; la voie° devait être
endommagée° sur un assez long parcours° ; les grandes portes fermées sur nous, c'était comme dans nos rêves où l'on sait que l'on
avance° un peu, mais comment le sait-on ?

Quelqu'un avait un phonographe et des disques, et il fit jouer des
blues, du *jazz*... Des couples se mirent à danser dans le peu d'espace
libre entre les deux rangées° de personnes assises sur le plancher. Le
falot n'éclairait pas bien ; les couples avaient de grandes ombres qui
dansaient sur le mur... des ombres qui avançaient, qui reculaient°...
Parfois elles se détachaient les unes des autres... puis elles se
fondaient° ensemble...

Une vieille dame près de maman se plaignit° :

— N'est-ce pas terrible ! Des jeunes gens qui il y a une heure ne se
connaissaient pas, et voyez-les dans les bras les uns des autres ! Et
puis, danser dans un moment pareil !

Alors, ils dansèrent quelque chose de pire° encore : un tango. Je
sentais maman près de moi toute raidie°. Ma tête était au creux de°
son épaule. Elle mettait sa main sur mes yeux pour m'engager° à les
fermer, peut-être pour m'empêcher de voir les danseurs. Mais à travers ses doigts je voyais les ombres sur le mur...

Et j'ai demandé à maman :

— Georgianna ne t'a pas écoutée ? Est-ce qu'elle va être malheureuse comme tu l'as dit ?...

Maman dit qu'elle espérait bien que non.

Alors je lui ai demandé ce qu'il fallait° pour se marier.

— Il faut s'aimer...

Mais Georgianna dit qu'elle aime...

— Elle pense qu'elle aime, dit maman.

— Et les Doukhobors, eux, pourquoi brûlent-ils des ponts ?

Line numbers: 170, 180, 190, 200, 210

Marginal glosses:
- ici : massives / **être**, passé simple
- **dire**, passé simple
- to make us travel
- climb up / step / picked up
- de l'activité / de grandes lanternes / s'échangeaient
- **suspendre**, passé simple
- the bare boards
- the track
- damaged / distance
- où on sait qu'on avance
- rows
- reculer : contraire d'avancer
- ici : s'unissaient
- complained (**se plaindre**)
- plus mauvais
- stiff / dans la concavité créée par
- ici : m'encourager
- ce qui était nécessaire

— Ce sont des illuminés[14], dit maman ; ils prennent le mauvais chemin pour faire sans doute le bien.

— Est-ce qu'on ne sait pas pour sûr°, quand on aime ?…   for sure

— Des fois, non, dit maman.

220   — Toi, tu le savais ?

— Je pensais que je le savais.

Puis ma mère s'irrita. Elle eut l'air très fâchée contre moi. Elle dit :

— T'es trop raisonneuse ! C'est pas ton affaire… tout ça… Oublie… Dors…

14. Des gens qui ont une vision, peut-être une vision peu claire. Le mot **illuminé** a deux interprétations : un sens affirmatif — mystique ou visionnaire — et aussi un sens péjoratif ou négatif — un rêveur qui est très sûr de ses inspirations.

Après la lecture

◆ Questions de compréhension

A. Avec un(e) partenaire, complétez les débuts des phrases de la colonne de gauche avec les éléments donnés dans la colonne de droite.

1. La mère et sa fille partent en voyage …
2. Eveline et la petite traversent …
3. Georgianna …
4. La mission d'Eveline, Edouard, et leur fille …
5. Les Doukhobors avaient brûlé un pont …
6. La Compagnie du chemin de fer …
7. Les passagers doivent monter dans …
8. La narratrice …

a. pour protester une loi du Gouvernement.
b. un wagon de marchandises.
c. a échoué (n'a pas réussi).
d. prendrait bien soin des passagers.
e. pour empêcher le mariage de Georgianna à tout prix.
f. a eu une aventure avec sa mère.
g. le Manitoba et la Saskatchewan.
h. est amoureuse.

B. Qu'est-ce que la narratrice a **vu** ou a **entendu** quand elle était **dans le train** ? Attention ! Il faut éliminer les détails qui n'ont pas été vus ou entendus.

1. Dans le train, la narratrice **a vu** …
2. Dans le train, la narratrice **a entendu** …

a. la photo de Georgianna
b. le mot Shonovan
c. le paysage plat
d. les Doukhobors
e. *"All right? . . . All right . . ."*
f. un pont presque entièrement brûlé
g. le Manitoba
h. son père
i. des danseurs
j. « *Ontario Wheat Pool* »
k. la salle d'attente
l. la Saskatchewan
m. une lanterne
n. une explosion
o. du jazz

Interprétons le texte

1. Qui annonce d'abord son désir d'empêcher le mariage de Georgianna à tout prix ?
2. Pourquoi est-ce qu'Edouard veut que sa femme accomplisse cette mission ?
3. Est-ce une mission qu'Eveline accepte volontiers, avec plaisir ? Expliquez.
4. Pourquoi Eveline emmène-t-elle sa fille cadette ?
5. Est-ce que le père a mis en danger la vie de sa famille pour régler la question du mariage de Georgianna ? Expliquez.
6. Est-ce que Georgianna aime son fiancé ? Quelle sorte de personne est ce garçon ?
7. Pourquoi Eveline doute-t-elle de l'amour entre sa fille et son fiancé ?
8. Est-ce que la mère et la narratrice font preuve de courage dans cette aventure ? Expliquez.

Allons plus loin

1. Quel est l'effet de la nuit, de l'obscurité dans la nouvelle ? L'obscurité influence-t-elle le comportement et les émotions des personnages ? De quelle manière ?
2. Qu'est-ce qui se passe au cours du voyage ? Quels sont les éléments du voyage qui créent l'aventure pour la narratrice ? La peur joue-t-elle un rôle important dans cette aventure ? Quel est le sens de la phrase suivante : « ... je me sentais prise d'une sorte de peur de la Saskatchewan toute noire et inconnue où nous étions échouées si seules sur un banc » (ll. 66–68) ?
3. Regardez encore une fois le texte, en considérant le point de vue d'une petite fille. Est-ce qu'elle décrit les incidents et rapporte les dialogues, ou est-ce qu'elle les explique ? Quelles sont les réactions de la narratrice qui sont particulièrement enfantines (*childlike*) ? Est-ce qu'elle comprend toujours ce qui se passe ? Quel est l'effet de l'histoire narrée par une fille innocente ?
4. Avez-vous une idée du moment historique de cette histoire ? Pouvez-vous préciser ce moment ? Qu'est-ce qui indique que l'action se passe dans un certain endroit historique ? Les coutumes ? Les descriptions du pays ? Le moyen de transport ? Elaborez.
5. Avez-vous l'impression qu'Eveline respecte les terroristes ? Est-ce que son mari les respecte ?
6. Voici quatre commentaires de la narratrice. Dans chaque phrase, qu'est-ce qui vous fait penser que c'est une petite fille qui parle ?
   a. — Mais pourquoi est-ce qu'il faut à tout prix empêcher Georgianna de se marier ? (ll. 74–75)
   b. J'allais dire que mon père aimait bien ses Doukhobors, qu'il les avait installés en Saskatchewan ... (ll. 145–46)
   c. Après, ce fut tout de suite la nuit ; je pense qu'elle vient plus rapidement en Saskatchewan qu'ailleurs. (ll. 171–73)
   d. Alors, ils dansèrent quelque chose de pire encore : un tango. (l. 202)
   Maintenant, considérez un cinquième commentaire fait aussi par la narratrice. En quoi est-il différent ? Est-ce une enfant qui parle ? Ou bien est-ce le point de vue d'un(e) adulte ? Expliquez votre réponse :

e. Après, moi, presque toute ma vie, je n'ai pu entendre un être humain dire : « J'aime… » sans avoir le cœur noué de crainte et vouloir de mes deux bras entourer, protéger cet être si exposé … (ll. 102–4)

7. Quelle est votre impression de la plaine du Manitoba et de la Saskatchewan ? Aimeriez-vous y vivre ? Quels aspects de ces deux provinces canadiennes vous attirent (*attract*) le plus ?

◆ Compositions

1. Considérez l'aventure des passagers après qu'ils ont entendu dire que les Doukhobors avaient brûlé un pont par où devait passer leur train. Racontez l'histoire du point de vue des passagers dans un paragraphe au passé composé.

2. Considérez Georgianna, d'après la description de sa photo et la rencontre avec sa mère. Racontez l'histoire de sa perspective à elle, en imaginant un peu sa vie d'enseignante, séparée de sa famille, sa solitude, puis le jeune homme qu'elle a rencontré. Commencez votre composition par :

   « L'année où ma sœur cadette est née, je suis partie pour la Saskatchewan … »

la France

Population: 58,3 millions d'habitants ; la répartition par âge est la suivante :
— moins de 20 ans   25,9 %
— adultes (20 à 64 ans)   58,7 %
— plus de 65 ans   15,4 %

Superficie: 551 000 km^2 — à peu près la même superficie que l'état du Texas — le plus vaste état d'Europe

Capitale: Paris

Langues parlées: Français (langue romane), occitan (langue romane), arabe, alsacien (dialecte de l'allemand), breton (langue celtique), corse (dialecte de l'italien), catalan (langue romane), basque (d'origine inconnue), flamand (dialecte du néerlandais)

Religions: Catholicisme, islam (deuxième religion en France), protestantisme, judaïsme

Produits agricoles: Blé (*wheat*), maïs (*corn*), bovins (*cattle*), vin, fromage

Industries: Acier (*steel*), aluminium, construction automobile et avion

Services administratifs: Métropolitain et d'outre-mer, commerce, justice, éducation, communications

Gouvernement actuel: Cinquième République (depuis 1958)

Histoire: D'habitude on commence l'histoire de France avec l'arrivée des Francs (peuple germanique) en Gaule entre 430 et 450. La France évolue à travers les âges avec des noms et des événements bien connus : Charlemagne (744–814), Richelieu (1585–1642), Louis XIV (1643–1715), la Révolution et la fin de l'Ancien Régime (1789), Napoléon (1769–1821), la Première Guerre mondiale (1914–1918), la Résistance (IIe Guerre mondiale) et Charles de Gaulle (1890–1970), et tout récemment le rôle important du pays dans la formation de la Communauté européenne (C.E.). De nos jours on reconnaît le grand apport intellectuel, littéraire, artistique, et linguistique de la France dans le monde. Avec la désintégration de l'Union soviétique et la fin de la guerre froide, l'influence de la France en Europe et en Afrique sera de plus en plus importante.

Climat: Des étés secs et chauds, des hivers doux dans la région méditerranéenne ; des hivers rudes (*harsh*) et des étés chauds dans l'ensemble des régions de l'est ; des hivers doux et des étés frais sur la côte Atlantique.[1]

1. *Le Petit Robert 2 : Dictionnaire universel des noms propres* (Paris : Dictionnaires Le Robert, 1997), 756–71 ; *Quid 1998* (Paris : Editions Robert Laffont, 1997), 591–690.

5

« Le temps ne passe pas »

J.-M. G. Le Clézio

© Louis Monier, Gamma Liaison.

J.-M. G. Le Clézio (1940–   ) was born on the French Riviera in the city of Nice. Like his Breton ancestors, who emigrated to Mauritius (l'île Maurice) in the 18th century, he seeks adventure and travel, and dislikes certain aspects of modern city dwelling. As a student, he attended Bristol University in England, the University of Nice, and the University of Aix-en-Provence. Later, as an alternative to French military service, he taught literature at the Buddhist University of Bangkok and at the University of Mexico.

From the publication of his first novel, *Le procès-verbal* (1963), to that of his last, *Poissons d'or* (1997), Le Clézio has enjoyed wide public acclaim in the Francophone world. He has received awards (Théophraste Renaudot, Paul Morand) for his novels, long essays, and collections of short stories. He has continued to roam the remote corners of the world, from the forests of Central America to the deserts of Africa, to the Indian Ocean. And, like the author himself, the characters of his stories are often nomadic—wanderers drawn toward deserts, seas, stars, and forests. In a prose style that has become increasingly simple, chronological, and accessible, the author depicts characters with childlike qualities. In three successive short story volumes: *Mondo et autres histoires* (1978), *La ronde et autres faits divers* (1982), and *Printemps et autres saisons* (1989), Le Clézio writes of dreams, memories, and innocence: Alia, who must look for freedom elsewhere when evicted from her slum home; Annah, who only finds consolation far from the city in an abandoned and condemned theater building; and finally Zobéïde, whose inexplicable flight has left an emptiness in David's life.

An impending, ill-defined danger often menaces Le Clézio's characters. Sometimes this danger comes from gratuitous acts of cruelty; sometimes it results from the neglect of an unfeeling, uncaring world. On those occasions when the author places the action of a story in a modern city, he expresses sympathy for those who must live in such places; feelings of nostalgia, solitude, and melancholy are themes that are woven into the urban fabric he describes. Here human innocence and kindness are threatened by elements of the story's setting: the effects of industrialization, the chaotic din of urban life, and the alienation of people from each other.

Avant de lire

◆ **Questions préalables**

1. A quoi est-ce que le mot « aventure » vous fait penser ? Voici quelques exemples d'aventures extraordinaires. Lesquelles voudriez-vous avoir ? Lesquelles avez-vous déjà eues ? Expliquez vos choix.
   a. Etre transporté(e) sur un tapis volant (*flying carpet*) vers un pays exotique
   b. Vous jeter d'une falaise (*cliff*) et être emporté(e) par le vent comme un oiseau à l'aide d'un deltaplane (*hang glider*)
   c. Partir à l'aube et suivre la voie ferrée (*railroad tracks*) à travers la campagne
   d. Vous coucher tout habillé(e) (*fully dressed*) et dormir sur une belle plage
   e. Tomber amoureux(se) d'une personne mystérieuse que vous avez rencontrée par hasard
   f. D'autres aventures que vous voudriez vivre

2. Avez-vous jamais eu une aventure amoureuse ? Où s'est-elle passée ? Quel âge aviez-vous à ce moment-là ? Quel âge avait l'autre personne ? Etes-vous sortis longtemps ensemble ? Avez-vous gardé une photo de cette personne ? Quels sont vos souvenirs de la personne sur la photo ? Du premier rendez-vous ? Du premier baiser (*kiss*) ? De la dernière fois que vous vous êtes vus ?

3. Comment vous souvenez-vous de vos années passées au lycée ? Avez-vous gardé un album ou des photos d'école ? Vous rappelez-vous tous les noms des personnes sur les photos ? Apportez une photo en classe la prochaine fois, et racontez quelque chose au sujet des personnes qui y figurent (apparaissent). Est-ce une photo de votre meilleur(e) ami(e) ? De votre petit(e) ami(e) ?

◆ **Vocabulaire**

Voici quelques mots, écrits en italique, que vous allez trouver dans la nouvelle. Essayez de deviner leur signification avant de les rencontrer dans la lecture. Ayez surtout confiance en vous-même, et n'employez ni glossaire ni dictionnaire.

1. Dans le quartier le plus pauvre de la ville, c'est-à-dire *le bidonville*, se trouvaient des bâtiments *vétustes*, détériorés par le temps et la pollution.
2. *Chassés* de leur pays d'origine, les immigrés cherchaient asile dans un pays voisin.
3. La petite *étincelle* d'une cigarette jetée d'une voiture a mis le feu à la forêt de toute la région.
4. La découverte de la pierre de Rosette en Egypte a aidé les archéologues à *déchiffrer* les hiéroglyphes.
5. Le photographe choisit un *objectif* grand-angle pour son appareil photographique.
6. Polies par le roulement des vagues, les agates sont devenues translucides avec une surface parfaitement *lisse*.
7. *Dotée* d'une détermination extraordinaire, la jeune fille allait avoir beaucoup de succès dans la vie.
8. Elle partait dès la première lueur du soleil levant, *à l'aube*, de chez elle pour arriver à l'heure au lycée.

◆ **Stratégie de lecture : Imaginer l'histoire avant de la lire**

En étudiant le titre, ainsi que les deux premières et deux dernières phrases de la nouvelle, devinez le thème de la nouvelle et essayez d'anticiper son histoire. Qui sont les personnages principaux ? Que font-ils ensemble ? Quelle sorte d'histoire est-ce ? Est-ce une histoire d'aventure ? D'amour ? De science-fiction ? D'épouvante (*horror story*) ? Se termine-t-elle bien ou mal ?

« Le temps ne passe pas »

J.-M. G. Le Clézio

PREMIÈRE PARTIE

D'abord, je voudrais vous dire qui était Zobéïde, comme elle était belle, unique. Mais au moment de le dire, je ne sais plus très bien par où commencer. Je ne me souviens plus comment je lui ai parlé pour la première fois, ni de ce qu'elle m'a dit. Je me souviens seulement du jour où je l'ai vue, sur la petite place au-dessus de la rue Rossetti. Maintenant, tout a changé, la rue où j'habitais n'est plus la même, les immeubles vétustes ont été ravalés°, on en a chassé les gens pour vendre les appartements à des Allemands et à des Anglais. Maintenant, il y a des magasins nouveaux, qui vendent des choses bizarres comme
10 des tapis persans ou des dentelles normandes°, de l'encens, des bougies parfumées. Les escaliers où les enfants jouaient en poussant des cris stridents, les passages, les cours où séchaient les draps, tout cela est différent, peut-être parce que Zobéïde n'est plus là. Elle a disparu, non seulement du présent, mais aussi du passé, comme si on l'avait effacée, comme si elle s'était jetée du haut d'une falaise, ayant fait° un trou dans le ciel de tous les jours, du haut d'un immeuble, dans le bleu brûlant pour disparaître ainsi que° les oiseaux, qu'on ne trouve presque jamais morts dans la rue.

    Zobéïde, c'était le nom que je lui avais trouvé. Son vrai nom,
20 c'était Zoubida. Moi, je m'appelle David, et pour s'amuser, elle m'appelait Daoud. C'est comme cela que j'avais inventé ce nom, Zobéïde. Mais c'était un jeu entre elle et moi.

    Je n'ai jamais très bien su° d'où elle venait. Elle avait caché ses traces, dès° le début. Tout en elle était mystérieux. La première fois que je l'ai vue, c'était sur la petite place, là où les garçons se réunissaient en sortant de classe, pour jouer au ballon, ou pour boxer. Elle est passée sans regarder personne, elle a disparu dans les rues sombres. Je ne me rappelle plus très bien comment elle était habillée,

nettoyés, rendus propres

Normandy lace

having made

comme

found out
from

parce que le souvenir que je garde d'elle, c'est cette photo qu'elle m'a
30 donnée un jour, quand on a commencé à se voir. Une photo d'école,
où elle est assise au premier rang. Sur cette photo, je la trouve très
belle, très étrange. Il y a une étincelle en elle, dans son regard sombre,
au fond de ses yeux. Pourtant, elle est vêtue de ces habits trop grands,
trop vieux, des enfants pauvres. Une jupe blanche, avec un volant° _____ ruffle
bizarre au-dessous des genoux, un jupon° de bohémienne. Une _____ *une jupe de dessous*
chemise de garçon avec les poignets retroussés° pour être à sa taille, et _ *les poignets de la chemise relevés, repliés*
d'affreuses chaussettes montantes en laine noire, et des chaussures,
non pas des sandales de petite fille, mais des escarpins° trop grands, _ *des chaussures qui laissent une partie du pied découverte, à semelle très mince / longues et étroites bandes de tissu ou de cuir*
dont les lanières° semblent détachées.
40   Je ne sais pas combien de fois j'ai regardé cette photo, pour essayer
de comprendre. Comme s'il y avait une histoire secrète écrite sur ces
visages, que j'allais pouvoir déchiffrer. Elle m'a apporté la photo un
jour, quand nous allions nous promener dans les jardins publics, et
elle m'a dit tous les noms des garçons et des filles qui étaient sur la
photo avec elle, c'était une litanie° qu'elle récitait par cœur. « Martine _ *ici : long list*
Eyland, Cécile Sappia, Marie-Antoinette Lieu, Raïssa Laabi, Alain
Pagès, Sophie Gerardi, Maryse Aubernet, Nadia Cohen, Pierre
Barnoud, Fadila… » Je me souviens de certains de ces noms, j'avais
écouté avec attention sa voix quand elle les prononçait, et c'était la
50 chose la plus importante du monde.
       Ce que je vois, c'est son visage surtout, le visage qu'elle a à cet âge,
sur la photo, l'arc parfait de ses sourcils comme dessinés au charbon,
ses yeux sombres et profonds, brillants, et cette chevelure° noire où _ *ensemble des cheveux*
s'accroche° la lumière. Quand je l'ai connue, elle portait encore les _ *se retient*
cheveux en une seule natte° épaisse qui descendait jusqu'à ses reins°. _ *single braid / la partie inférieure du dos*
Jamais elle ne se montrait avec les cheveux défaits, et j'imaginais cette
chevelure noire tombant en pluie sur ses épaules et dans son dos. Sur
la photo, elle est assise au premier rang, sa jupe prise entre ses genoux
à la manière des bohémiennes, son regard dirigé droit vers l'objectif
60 sans timidité ni coquetterie. Elle regarde, pour se défendre, pour
déjouer les pièges°, peut-être. A cette époque-là, quand je l'ai connue _ *pour éviter les dangers cachés*
sur la petite place, derrière chez moi, elle ne portait jamais de lunettes
noires.
       C'est ce regard que je ne peux pas oublier. Sur la photo, elle est as-
sise très droite, les mains posées sur ses genoux, les épaules carrées, le
visage légèrement en arrière par le poids de sa tresse°. Son front est _ *sa natte*
lisse, barré° par les arcs de ses sourcils, et dans son regard brûle l'é- _ *marqué d'une barre, d'une ligne*
tincelle rapide de sa vie. Elle regarde à travers le glaçage° de la photo, _ *gloss*
il me semble qu'elle est le seul visage doté d'un regard au milieu des
70 inconnus. J'ai souvent essayé d'imaginer ce qu'elle pouvait être, pour
les autres, pour Martine, et Sophie, Maryse Aubernet, Nadia Cohen,
ou pour les deux garçons de sa classe, ce Pierre Barnoud au visage
timide de blond, ou cet Alain qui grimace un peu. Comment est-ce
qu'elle a pu vivre avec eux sans qu'ils la voient ? Un jour, quand j'étais
chez elle, dans les derniers temps, elle m'a parlé pour la première et

unique fois du Lycée Français, des professeurs, du trajet qu'elle devait faire à pied, à l'aube, pour venir du bidonville, et le soir, pour rentrer. Elle a dit cela, qu'elle n'avait pas d'amis, qu'elle ne parlait à personne, qu'elle croyait qu'elle était invisible. Et moi je regarde son visage, sur
80 la photo, et je ne vois plus qu'elle.

◆ **Questions de compréhension**

    A. Qu'est-ce que nous apprenons dans ces premières pages au sujet de la jeune fille ? Décrivez la jeune fille et sa vie d'après le texte. Considérez les questions suivantes :

    1. Son vrai nom ?
    2. Son lycée ?
    3. Ses amis ?
    4. Son quartier ?
    5. Ses vêtements ?
    6. Son visage ?
    7. Ses cheveux ?
    8. Son regard ?

    B. Que savons-nous de la photo mentionnée dans la nouvelle ? Qui l'a donnée au narrateur (David) ? Qui est sur la photo ? Quelle est l'importance de la photo pour David ?

DEUXIÈME PARTIE

Au début, avec Zobéïde, je jouais à cache-cache°. C'était peut-être à cause de la pauvreté dans laquelle elle avait vécu toute son enfance, ou bien parce qu'elle ne voulait rien savoir de moi, ni de personne. Plusieurs fois, je l'ai vue passer et disparaître dans les ruelles° étroites. Un soir, après la classe, je l'ai suivie, pour découvrir son adresse, son secret. Ce n'était pas la première fois que je suivais quelqu'un dans les rues. Je peux même dire que j'étais assez fort dans cet exercice. J'avais suivi comme cela plusieurs types louches°, et des filles qui ne s'en étaient même pas aperçues. Mais avec Zobéïde, ç'avait° été une véri-
90 table aventure, qui m'avait entraîné à travers toute la ville.

    Je me souviens de cette marche interminable, les places qu'elle traversait, les carrefours entre deux voitures. On était allé plus loin que la gare, dans les quartiers que je ne connaissais pas. Il y avait des néons qui brillaient, des cafés, des hôtels, des gens embusqués°, des prostituées aux yeux fatigués. Toujours, devant moi, la silhouette de Zobéïde, qui marchait vite, bien droite, sa jupe bleue, son blouson°, et la longue natte noire qui se balançait° dans son dos.

    Jusqu'à cet immeuble ordinaire, contre la voie ferrée, avec ce nom bizarre écrit au-dessus de la porte en lettres moulées° dans le plâtre :
100 *Happy days.* Après elle, je suis entré dans le hall, et j'ai lu à la hâte° les noms écrits sur les boîtes aux lettres, pendant que la minuterie° tic-taquait°, ces noms dont je me souviens encore maintenant comme de

hide and seek

les petites rues

des individus bizarres et suspects
(fam.) ça avait

ici : cachés pour ne pas être vus

jacket
swinging

lettres imprimées
très vite
un appareil électrique contrôlant les lumières / faisait le son « tic-tac »

noms magiques, écrits à la main sur des bristols fixés aux boîtes[1]. Balkis, Savy, Sauvaigo, Eskenazy, André, Delphin. Au bout de la rangée, écrit d'une jolie main sur un rectangle de papier d'écolier punaisé° sur la boîte, ce nom, qui est devenu pour moi le nom le plus important du monde, le plus beau, le nom que je crois avoir toujours entendu : Alcantara. Ensuite, j'ai même osé° monter quelques marches de l'escalier, de drôles de marches° en ardoise° usées au cen-
110 tre qui vous faisaient perdre l'équilibre. J'ai écouté les bruits qui résonnaient dans la cage d'escalier, les éclats de voix, des cris d'enfants, les grognements° d'animaux des postes de télévision.

C'était là que Zobéïde habitait, avec sa mère, je l'ai su un peu plus tard. Elles vivaient toutes les deux seules, et sa mère ne sortait jamais parce qu'elle ne parlait pas autre chose que l'arabe. Plusieurs fois j'ai suivi Zobéïde jusqu'à l'immeuble, puis je rentrais chez moi, le cœur battant, le visage brûlant, parce que j'avais l'impression de commettre une trahison°. Et peut-être que c'était vraiment une trahison. Un soir, c'était au commencement de l'été, les classes étaient
120 finies, Zobéïde est venue vers moi. Je m'en souviens bien, c'était le long d'un haut mur de pierre qui longeait la voie ferrée, il n'avait aucune issue° pour que je puisse m'échapper. Elle est venue vers moi, et je ne me rappelle pas bien ce qu'elle m'a dit, mais je sentais la brûlure du soleil sur le haut mur qui avait chauffé toute la journée, et les yeux de Zobéïde qui me regardaient avec colère. Elle a dit quelque chose comme :

« Pourquoi marches-tu tout le temps derrière moi ? »

Je n'avais pas envie de nier°.

« Tu crois peut-être que je ne t'ai pas vu, derrière moi, comme un
130 caniche° ? »

Elle m'a regardé un bon moment comme cela, et puis elle a haussé° les épaules et elle est partie. Moi, je restais contre le mur, je croyais que j'allais tomber, je sentais un vide au fond de moi. Pourtant, c'est après cette rencontre que nous sommes devenus amis. Je ne comprends pas bien pourquoi tout a changé. Peut-être qu'au fond, ça l'avait fait rire de parler de moi comme d'un caniche. Simplement, un jour, elle est venue sur la placette° et elle m'a invité à me promener. Nous avons marché dans les jardins poussiéreux°. C'était le matin, et l'asphalte fondait° déjà sous la chaleur. Elle avait une jupe
140 claire et une chemise blanche aux poignets retroussés, comme sur la photo. Par le col ouvert, je voyais sa peau brune, la forme légère de ses seins. Elle était jambes nues°, pieds nus dans des sandales. Nous avons marché, en nous tenant par la main. Je crois que c'est ce que j'ai aimé, quand elle m'a montré cette photo. Parce qu'elle était encore tout près de ce temps-là°, il me semblait qu'en fermant les yeux, en écoutant sa voix, en sentant son odeur, j'étais avec elle dans cette école, avec les autres. Comme si je l'avais toujours connue.

---

1. Des cartes de visite attachées aux boîtes aux lettres ; terme dérivé de Bristol, ville d'Angleterre.

Margin glosses:

fixé sur la boîte par un petit clou à tête plate

j'ai même eu le courage de
strange steps / slate

cris

betrayal

aucune sortie, aucune porte

to deny it

poodle

a monté et a laissé tomber

la petite place, un endroit public
dusty
devenait liquide

sans bas

c'est-à-dire près de l'époque où on avait pris la photo

C'était vraiment l'été, même les nuits étaient chaudes. A peine° *presque pas, tout juste (hardly)*
levé, j'étais dehors. Mon père et ma mère se moquaient de moi, peut-
150 être qu'ils se doutaient de° quelque chose. Ils imaginaient un flirt°, *soupçonnaient / des relations*
une fille du quartier, la fille des voisins du dessous, Marie-Jo, très *peu sérieuses*
pâle, avec de beaux cheveux blonds. Ils ne savaient pas.

Nous nous voyions chaque jour. Nous partions ensemble, au
hasard des rues, vers la mer, ou bien vers les collines, pour échapper
au° bruit des voitures. Nous restions assis sous les pins, à regarder la *éviter le*
ville blanche, brumeuse. Dès dix heures du matin, il faisait si chaud
que ma chemise collait° à mon dos. Je me souviens de l'odeur de *adhérait*
Zobéïde, jamais je n'avais senti une telle odeur, piquante, violente,
qui me gênait au début, puis que j'aimais, que je ne pouvais plus ou-
160 blier. Une odeur qui voulait dire quelque chose de sauvage, un désir,
et ça faisait battre mon cœur plus fort. J'avais seize ans, ce mois-là, en
juin, et bien qu'elle n'eût que° deux ans de plus que moi, j'avais l'im- *imparfait du subjonctif du verbe*
pression de ne rien savoir, d'être un enfant. C'était elle qui décidait ***avoir** : même si elle n'avait que*
tout, quand elle me verrait, où on irait, ce qu'on ferait et ce qu'on di- *(langue courante)*
rait. Elle savait où elle allait. La chaleur de l'été, les rues, les pins au
soleil, cela pesait et enivrait°, cela faisait perdre la mémoire. Un jour, *rendait ivre, exaltait*
je lui ai dit :

« Pourquoi tu veux me voir ? Qu'est-ce que tu veux ? »

« Comme ça. Pour rien. Parce que j'en ai envie. »
170 Elle me regardait avec moquerie. Je ne savais pas ce que je voulais
d'elle. Simplement regarder son visage, ses yeux sombres, toucher sa
peau, tenir son corps dans ses vêtements blancs, sentir son odeur.

Quelquefois, nous allions nous baigner, tôt le matin, ou vers le
soir, quand la plage se vidait°. Sous ses habits, Zobéïde avait un mi- *les gens quittaient la plage ; la*
nuscule bikini noir. Elle entrait dans l'eau d'un seul coup, et elle *plage restait vide*
nageait longtemps sous l'eau, puis elle ressortait, avec ses cheveux
noirs qui flottaient autour d'elle. Dès qu'elle revenait sur la plage, elle
les réunissait en torsade° pour les essorer°. Sa peau était luisante, mé- *les cheveux réunis en spirale /*
tallique, toute hérissée° par le froid. Elle allumait une cigarette améri- *enlever l'eau pour faire sécher /*
180 caine, et nous regardions la mer battre le rivage, pousser les détritus°. *dressée (with goose bumps) /*
Le ciel était voilé° de brouillard, avec le soleil rouge. Je me souviens *les débris /*
que je lui ai parlé de Venise. « Oui, ça doit être comme ça à Venise. » *voiled (fig.)*
Mais j'ai pensé que c'était peut-être comme ça dans son pays, en
Syrie, au Liban, ou peut-être en Egypte, ce pays dont elle ne parlait jamais, comme si elle n'était née nulle part°. *nowhere*

Un après-midi, nous étions allongés sur les aiguilles de pin°, dans *les feuilles étroites des conifères*
la colline, nous nous sommes embrassés pour la première fois. Moi,
je faisais cela vite et maladroitement°, comme au cinéma, mais elle, *d'une manière gauche, mal*
tout de suite m'a embrassé avec violence, sa langue bougeant dans ma
190 bouche comme un animal. J'étais effrayé, subjugué, c'était le contact
le plus étroit que j'avais jamais eu avec un être humain. Elle a fait cela
trois ou quatre fois, puis elle a détourné son visage. Elle riait un peu,
elle disait, en se moquant de moi : « Je suis le diable ! » Je ne la comprenais pas. J'étais ivre, il me semblait que j'avais le goût de sa salive

dans ma bouche, la lumière de l'après-midi était éblouissante°. Entre les fûts° des arbres, je voyais la ville blanche, et la vapeur qui montait peu à peu de la mer, les scintillements° des milliers de voitures, dans les ornières° des rues. Zobéïde est partie en courant à travers les bosquets. Elle jouait à se cacher derrière les arbres, derrière les rochers. Il y avait d'autres couples, dans les clairières°, et des voyeurs embusqués°. En haut de la colline, les voitures passaient lentement. Zobéïde montait encore plus haut, elle se cachait dans des creux°, contre des vieux murs. J'entendais son rire quand je m'approchais. Je la désirais, et j'avais peur qu'elle ne[2] s'en rende compte. Quand la nuit tombait, nous redescendions vers la ville, par des escaliers jonchés de° graines de cyprès. Les oiseaux du soir poussaient de drôles de cris angoissés. En bas, nous nous séparions brutalement, sans rien dire, sans nous fixer de rendez-vous, comme si nous ne devions jamais nous revoir. C'était son jeu, elle ne voulait rien qui la retienne. J'avais peur de la perdre.

C'est à cette époque qu'elle m'a donné sa photographie. Elle l'a mise dans la vieille enveloppe jaune, elle me l'a donnée : « Tiens, c'est pour toi. Je veux que tu la gardes pour moi. » J'ai dit bêtement°, solennellement : « Je la garderai toute ma vie. » Mais cela ne l'a pas fait rire. Ses yeux brillaient étrangement, avec fièvre. Je comprends maintenant, quand je regarde la photo, c'était elle qu'elle donnait°. Comme si elle n'avait jamais eu d'autre vie, d'autre visage. Alors c'est tout ce qui me reste d'elle.

Il y a les derniers instants, marqués en moi, malgré° l'invraisemblance°, la confusion, qui font que je crois quelquefois les avoir rêvés, quand je suis avec Zobéïde sur le toit de cet immeuble abandonné, la nuit, à regarder les étoiles de la ville. Comment est-ce que cela a été possible ? Je n'ai jamais pu retrouver l'immeuble, je n'ai jamais compris ce qui m'est arrivé cette nuit-là, comment tout cela s'est passé. Je suppose que Zobéïde avait tout prévu, sans vraiment y penser, à sa façon, je veux dire qu'elle savait sûrement qu'on ne devait pas se revoir. Elle avait sûrement décidé bien avant cette nuit-là qu'elle partirait, qu'elle laisserait tout ce qu'elle connaissait, et que sa mère silencieuse devrait aller travailler là où on voudrait d'elle°, et qu'elle ne rentrerait plus dans le petit appartement des combles° de *Happy days*. Pourtant, c'est le souvenir de cette nuit qui me semble le plus extraordinaire, très proche du monde de la photo d'école, je crois que c'est cette nuit-là que j'ai été le plus près d'elle. Sur la plage, nous avons regardé les feux d'artifice° du 14 juillet. Il faisait chaud et humide, les nuages des fusées° traînaient comme de la brume au-dessus de la mer. Et tout à coup, sur la plage, il y a eu cette bagarre°. Dans l'obscurité, des hommes se battaient, des Arabes d'un côté, des militaires du contingent° de l'autre. La foule° nous a portés vers eux, nous a fait

---

200

210

220

230

brillante, éclatante

les troncs

*de **scintiller** : briller comme une étoile / ruts*

là où il n'y a pas d'arbres
cachés pour surprendre
hollows

couverts de

d'une manière stupide

elle se donnait

en dépit de (in spite of)
ici : les choses qui ne semblent pas vraies

où on aurait besoin d'elle, où on l'accepterait / the small attic apartment

fireworks
les projectiles de feu d'artifice
une dispute violente

des soldats / le grand groupe de gens

2. Une figure de style en français qui n'ajoute rien au sens de la phrase

tomber sur les pierres. Les visages grimaçaient dans les éclats de lu-
240 mière, j'entendais les déflagrations° qui résonnaient sur toute la ville. *les explosions*
Il y avait des cris de femmes, des insultes, et je cherchais Zobéïde, puis
j'ai reçu un coup de poing° sur la tempe°, et j'ai vacillé, sans tomber. blow of the fist / *la partie latérale*
J'ai entendu la voix de Zobéïde qui m'appelait, elle a crié mon nom *de la tête*
une seule fois « Daoud ! » et je ne sais pas comment, elle a pris ma
main et m'a entraîné au loin, sur la plage. Nous nous sommes arrêtés
près du mur de soutènement°. Je tremblais sur mes jambes. Zobéïde retaining wall
m'a serré contre elle, et nous avons cherché les escaliers, pour nous
enfuir°. Nous avons traversé la foule avant que les lumières ne³ re- *partir*
viennent, et nous avons couru à travers les rues, sans savoir où nous
250 allions, zigzaguant entre les voitures.

Au bout de cette course, nous nous sommes arrêtés devant cet immeuble en construction, une carcasse de béton° vide et silencieuse au concrete
milieu d'un terrain vague°. Par des échelles°, nous sommes montés a vacant lot / ladders
d'étage en étage, jusqu'en haut. Le toit était comme un désert, avec
des gravats°, des scories°, des bouts de fer°. Le vent soufflait très fort, rubble / cinders / bits of iron
le vent de la mer, le vent qui use° les falaises. Zobéïde s'est assise con- *détruit, consomme*
tre une cheminée, un réservoir°, je ne sais plus, et elle m'a fait asseoir tank
à côté d'elle. C'était vertigineux°. Il y avait le bruit du vent qui dizzying
chargeait par intermittence, le bruit du vent venu du fond du ciel noir,
260 par-dessus les toits des maisons, par-dessus les rues et les boulevards.

La nuit commençait. Après la chaleur étouffante° du jour, les lu- *qui étouffe, suffocante*
mières des fusées, les bruits de la foule, et ce combat terrible sur la
plage, dans le noir, les visages grimaçants, les éclats de lumière des
fusées, les sifflements°, les cris, la nuit apportait la paix, il me semblait whistling
que j'étais, d'ailleurs, très loin, dans un pays étranger, que j'allais pouvoir tout oublier de cette ville, les ruelles, les regards des gens, tout ce
qui me retenait, me faisait mal. Je sentais un frisson°, mais ce n'était *un tremblement*
pas le froid, c'était la peur, et le désir. Il y avait la lumière de la ville,
une sorte de bulle° rouge qui recouvrait° la terre devant nous. Je re- bubble / covered
270 gardais le visage de Zobéïde, son front, ses lèvres, l'ombre de ses yeux.
J'attendais quelque chose, je ne savais quoi. Je l'ai entourée avec mon
bras, j'ai voulu attirer son visage, mais elle s'est écartée de moi°. Elle a *a mis une certaine distance entre*
dit seulement, je crois, « non, pas comme ça, pas ici… » Elle a dit : *elle et moi*
« Qu'est-ce que tu veux ? » C'était moi qui lui avais posé la question,
avant. « Rien, je ne veux rien. C'est bien d'être ici, de ne rien
vouloir. » Il me semble que j'ai dit cela, mais peut-être que je l'ai rêvé.
J'ai peut-être dit encore : « C'est bien, on a tout le temps, maintenant. » On dit tant de choses dans une vie, et puis ce qu'on a dit
s'efface°, ça n'est plus rien du tout. Cela, ce que je voulais entendre, *disparaît, n'existe plus*
280 dans la musique du vent, dans le grondement des voitures qui mon-
tait des rues de la ville, avec cette bulle de lumière rouge autour de
nous, comme si nous étions pris dans une aurore boréale. Dire à une
fille, comme au cinéma : « Je t'aime. Mon amour. » L'embrasser,

3. Voir note 2.

toucher ses seins, coucher avec elle dans les collines, avec le bruit du vent, l'odeur des pins, les moustiques, sentir sa peau douce, entendre son souffle devenir rauque°, comme si elle avait mal. Quand un garçon reste la nuit avec une fille, est-ce que ce n'est pas ça qui doit se passer ?[4] Mais je tremblais, je n'arrivais même plus à parler°. Elle a dit : « Tu as froid ? » Elle m'a serré contre elle, en passant les mains

ici : rough and loud

je n'étais plus capable de parler

290 sous mes bras. « Tu veux qu'on s'embrasse ? » Ses lèvres ont touché les miennes, et j'ai essayé comme elle avait fait, dans la colline, avec ma langue. Tout d'un coup, elle m'a repoussé durement. Elle a dit : « Je fais ce que je veux. » Elle s'est levée, elle a marché jusqu'au bord du toit, les bras étendus, comme si elle allait s'envoler. Le vent agitait ses habits, ses cheveux. La lumière rouge faisait une auréole bizarre autour de son corps. Je pensais qu'elle était folle, mais ça ne me faisait plus peur. Je l'aimais. Zobéïde est revenue, elle s'est blottie° contre moi. Elle a dit : « Je vais dormir. Je suis si fatiguée, si fatiguée. » Je ne tremblais plus. Elle a dit encore : « Serre-moi très fort. »

curled up, snuggled

300 Moi je n'ai pas dormi. J'ai regardé la nuit tourner. Le ciel était toujours plein de cette cloque° de lumière rouge, on ne voyait presque pas d'étoiles. C'était autre chose qui tournait, qui bougeait. La ville résonnait comme une maison vide. Zobéïde dormait vraiment. Elle avait caché sa tête dans le creux de son bras, et je sentais son poids sur ma cuisse°. Elle ne s'est pas réveillée, même quand j'ai posé sa tête sur mon blouson roulé, et que je suis allé à l'autre bout du toit pour pisser dans le vide, sous le vent des cheminées.

blister

thigh

A l'aube elle s'est réveillée. J'avais mal partout, comme si on m'avait battu. Nous nous sommes quittés sans nous dire au revoir. 310 Quand je suis rentré chez moi, mes parents n'avaient pas dormi. J'ai écouté leurs reproches, et je me suis couché tout habillé. J'ai été malade pendant trois jours. Après, je n'ai pas revu Zobéïde. Même son nom avait disparu de la boîte aux lettres.

Maintenant, chaque été qui approche est une zone vide, presque fatale. Le temps ne passe pas. Je suis toujours dans les rues, à suivre l'ombre de Zobéïde, pour essayer de découvrir son secret, jusqu'à cet immeuble au nom si ridicule et triste, *Happy days.* Tout cela s'éloigne, et pourtant, cela fait encore battre mon cœur. Je n'ai pas su la retenir, deviner ce qui se passait, comprendre les dangers qui la guettaient°,

l'attendaient, la menaçaient

320 qui la chassaient°. J'avais le temps, rien n'était important. Je n'ai gardé d'elle que cette photographie d'une école où je n'ai même pas été. Le souvenir de ce temps où chaque jour était la même journée, une seule journée de l'existence, longue, brûlante, où j'avais appris tout ce qu'on peut espérer de la vie, l'amour, la liberté, l'odeur de la peau, le goût des lèvres, le regard sombre, le désir qui fait trembler comme la peur.

la poursuivaient, l'ont fait partir

4. *Isn't that what's supposed to happen?* (Qu'est-ce qui doit arriver ? De quoi parle David ?)

Après la lecture

◆ **Questions de compréhension**

A. A l'aide des phrases suivantes, essayez de rétablir la succession des événements de l'histoire que vous venez de lire. Numérotez les phrases suivantes dans l'ordre chronologique. Pourriez-vous ajouter d'autres événements à cette liste ?

_____ David découvre la maison de Zobéïde.

_____ David voit Zobéïde pour la première fois.

_____ David suit Zobéïde pour la première fois.

_____ Zobéïde disparaît. Le temps ne passe pas.

_____ Un après-midi, allongés sur les aiguilles de pin, Zobéïde et David s'embrassent pour la première fois.

_____ David a mal partout, comme si on l'avait battu.

_____ David passe toute la nuit avec Zobéïde sur le toit de cet immeuble abandonné.

_____ Quand David rentre chez lui, ses parents sont encore éveillés.

B. L'auteur de « Le temps ne passe pas » emploie un style qui souligne l'importance de nos sens ; c'est-à-dire qu'il se sert d'images qui font appel à nos sens (le goût, l'odorat, l'ouïe, le toucher, la vue). Indiquez lesquels de nos sens semblent impliqués dans les phrases qui suivent.

1. Maintenant, il y a des magasins nouveaux, qui vendent des choses bizarres comme des tapis persans ou des dentelles normandes, de l'encens, des bougies parfumées.
2. Parce qu'elle était encore tout près de ce temps-là, il me semblait qu'en fermant les yeux, en écoutant sa voix, en sentant son odeur, j'étais avec elle dans cette école, avec les autres.
3. Sa peau était luisante, métallique, toute hérissée par le froid.
4. Moi, je faisais cela vite et maladroitement, comme au cinéma, mais elle, tout de suite m'a embrassé avec violence, sa langue bougeant dans ma bouche comme un animal.
5. Les oiseaux du soir poussaient de drôles de cris angoissés.
6. Les visages grimaçaient dans les éclats de lumière, j'entendais les déflagrations qui résonnaient sur toute la ville.

C. Y a-t-il d'autres images sensorielles à relever dans cette histoire ? Donnez encore deux ou trois exemples tirés de la nouvelle et indiquez quels sens ils évoquent.

Interprétons le texte

1. Qui nous raconte les événements de l'histoire ? Les événements que le narrateur nous décrit se passent-ils au présent ? Ou se sont-ils déjà passés à une autre époque (période) ?

2. La jeune fille de l'histoire est-elle encore avec le narrateur ? Savons-nous d'où elle venait ? Où elle allait ? Quel souvenir d'elle est-ce que le narrateur garde ?

3. Pourquoi le narrateur a-t-il suivi Zobéïde après la classe, un soir ? Qu'a-t-il appris en la suivant ? Le nom de son immeuble ? Le nom de sa famille ? Plus tard, qu'a-t-il appris au sujet de la mère de Zobéïde ? Quelle a été la réaction de Zobéïde quand elle a su que David la suivait ?

4. Quelles sortes d'activités est-ce que Zobéïde et David faisaient ensemble ? En quelle saison de l'année les faisaient-ils ? Pourquoi voulaient-ils s'éloigner de la ville ?

5. Quand a eu lieu la bagarre sur la plage ? Qui se battait dans l'obscurité de cette nuit-là ? Savons-nous pour quel motif ?

6. Comment la dernière nuit que Zobéïde et David ont passée ensemble ressemblait-elle à un film de cinéma ? Y a-t-il d'autres scènes qui vous font penser au cinéma ? Lesquelles ? Pourquoi est-ce que chaque été est maintenant « une zone vide, presque fatale » pour David ?

Allons plus loin

1. Quels sont les détails dans cette nouvelle qui révèlent que Zobéïde et David appartiennent à deux mondes différents ? Quelle est leur situation sociale ? Leur situation financière ? La famille de David nous paraît bien insérée dans la société française. Zobéïde et sa mère sont-elles aussi intégrées à la population française ? Qu'est-ce qui indique que ce n'est pas le cas ? Qu'est-ce qui indique qu'elles sont défavorisées par la société ? Peut-on parler d'une expression de racisme dans l'histoire ? Comment est-ce que ce racisme se manifeste ?

2. Le narrateur de « Le temps ne passe pas » est aussi un des personnages. Comme narrateur/personnage, David se limite à une perspective partielle, incomplète, souvent fragmentaire. Imaginez que Zobéïde raconte cette histoire. Quels sont quelques-uns des éléments de l'histoire que vous aimeriez comprendre de son point de vue ?

3. Souvent dans ses écrits, Le Clézio met en relief (souligne) le thème de la nature, le ciel, les arbres, la mer, etc. L'auteur le fait-il ici ? Relevez (indiquez) des scènes où nous voyons l'importance de la nature.

4. L'auteur semble considérer la jeunesse comme un état privilégié, un état d'innocence loin du monde des adultes. Existe-t-il un rapport apparent entre Zobéïde et David et la nature dans le récit ? Et le paysage urbain (*urban landscape*) est-il aussi en harmonie avec la nature et le jeune couple ? Comment l'auteur décrit-il la grande ville ?

1. Reprenez le cours du récit en donnant toujours la parole à Zobéïde. Continuez maintenant l'histoire de son point de vue. Ecrivez au moins deux paragraphes en commençant de la manière suivante :

   A l'aube, je me suis réveillée. Nous nous sommes quittés sans nous dire au revoir. Quand je suis rentrée chez moi, ma mère …

2. Dans cette histoire David nous dit qu'il a gardé un très vif (*vivid*) souvenir de Zobéïde. Il a peint un portrait romanesque très mystérieux, très touchant, de Zobéïde. Gardez-vous un souvenir semblable de quelqu'un ? Est-ce une personne que vous avez connue quand vous étiez plus jeune ? Pourriez-vous « peindre » cette personne sous forme de récit ? Avant de commencer à écrire, relisez les premières pages de la nouvelle de Le Clézio pour y puiser (trouver) de l'inspiration.

la Martinique et la Guadeloupe

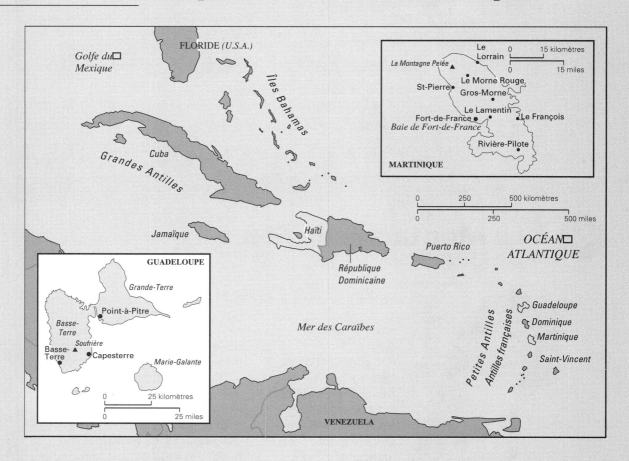

Population: **la Martinique**   384 000 habitants
la Guadeloupe   417 000 habitants

Superficie: **la Martinique**   1 102 km²
la Guadeloupe   1 780 km²

Chef-lieu: **la Martinique**   Fort-de-France
la Guadeloupe   Basse-Terre

Langues parlées: Français, créole (se maintient aussi en littérature dans les deux départements)

Religion: Catholicisme

Produits agricoles: Canne à sucre, bananes, ananas (*pineapples*), café, cacao, melons, avocats, citrons verts, épices ; agriculture de plantation domine dans les deux départements

Industries: Sucreries (*sugar refineries*), distilleries de rhum (*rum*), tourisme, produits pétroliers

Gouvernement actuel: Départements d'Outre Mer (D.O.M.) de la France depuis 1946

Histoire: Venus du continent de l'Amérique du sud, les Caraïbes chassent les anciens habitants (les Arawaks et les Taïnos) des Petites Antilles et habitent la Guadeloupe et la Martinique au moment de l'arrivée de Christophe Colomb (en 1493 et en 1502). Les îles sont colonisées en 1635 par la France ; en 1660 la France et l'Angleterre (les Anglais occupent les îles pendant quelque temps) expulsent les derniers Caraïbes. Les colons français introduisent la canne à sucre et utilisent une main-d'œuvre (*workforce*) d'esclaves africains. La prospérité des îles à cette époque est due en grande partie au commerce des esclaves. L'esclavage est enfin aboli en 1848. La Guadeloupe et la Martinique jouissent (profitent) d'un riche mélange de races. La majorité de la population est mulâtre.

Climat: Tropical, humide. Les pays sont souvent ravagés par des cyclones.[1]

---

1. *Grand Larousse en 5 volumes* (Paris : Larousse, 1987), 517, 1462, 1976–77 ; *Quid 1999* (Paris : Editions Robert Laffont, 1997), 851–855.

6 « La Montagne de Feu »

Suzanne Dracius

Courtesy of Suzanne Dracius.

Suzanne Dracius (1951–) is a descendant of Blacks from Africa, Whites from France, Caribbean Indians and Indians from India, and has a Chinese great-grandmother. Like Matildana, heroine of her novel *L'autre qui danse* (1989), Dracius is "bien plantée dans la confusion de ses sangs" (well situated in the intermingling of her bloodlines). She was born in Fort-de-France, spent her childhood in Martinique, and moved to Sceaux, France, near Paris. She completed a university bachelor's degree (*licence*) and a master's in the classics at the Sorbonne, prepared a D.E.A. (Diplôme d'études approfondies) in literature and civilization, and wrote her doctoral thesis on Saint Peter and Pompeii.

Since returning to Martinique in 1982, Dracius has taught French textual analysis (*analyse de texte*) and Latin language, literature, and civilization at the Université des Antilles et de la Guyane, directed the writing and literary creation workshop at the Université du temps libre, and taught literature at a *lycée* in Fort-de-France. Professor, writer, and mother of one son, Dracius still finds time for dance and music, two themes of her first novel. The second novel, now in preparation, will be titled *La mangeuse de lotus*. Her poems in Creole, with French translations, were published in 1993 in Brussels, Belgium, in the journals *Negzagonal* and *Aux Horizons du sud*. She has written several short stories, among them "De sueur, de sucre et de sang," "L'âme Sœur," "La Virago," and "La Montagne de Feu," which is published for the first time in the present anthology.[1]

The author's energy and spontaneity are reflected in her novel and stories, sweeping the reader along with her passion for life, her love of the Caribbean, and her affinity with Caribbean women. Consider the touching, lively Rehvana and the cooler, methodical Matildana, mulatto sisters and protagonists of *L'autre qui danse*. Their common experiences as Martiniquaises exiled in Paris lead them away from Africanness, away from easy assimilation with the French, to hope, self-awareness, and mutual esteem.[2] Consider Emma B., protagonist of the short story "De sueur, de sucre et de sang" : an attractive, warm mulatto woman married to the notary public since the age of 16, who lives isolated and bored in their large home in Fort-de-France. Attracted irresistibly by the odors of caramel and sugar cane alcohol, the young bride descends to the distillery her husband has prohibited her from visiting; there she finds a world of workers' sweat, of liquid sugar, and of mutilating machines—[un monde] « de sueur, de sucre et de sang. »

From the rum distillery, the writer takes us to "La Montagne de Feu" in her story named after the Montagne Pelée in northern Martinique. Here centuries of oppression are shaken by a volcanic eruption whose story is itself part of the island's social history.

---

1. Biographical and bibliographical information: editors' interviews with Suzanne Dracius, Arcata, California, April 1998, and by telephone January 1999.
2. Serge Médeuf, «Entretien avec Suzanne Dracius,» *Antilla*, April 17–23, 1989.

Avant de lire

◆ Questions préalables

1. Connaissez-vous un endroit isolé — une île ou un bourg (village) — où on est près de la nature ? Un endroit qu'on peut atteindre seulement en avion ou en bateau ? Aimeriez-vous y vivre ? Pourquoi ? Pourquoi pas ? Pourriez-vous facilement vous passer de (*easily do without*) la vie agitée des grandes villes ?

2. Etes-vous jaloux des personnes qui semblent toujours avoir des aventures extraordinaires ? Avez-vous des ami(e)s qui osent (*dare*) tout faire ? Avez-vous jamais fait le vœu (*wish*) secret d'avoir une aventure ? Expliquez. Votre vœu a-t-il été exaucé (*fulfilled*) ? Subrepticement ou ouvertement ? Etait-il question d'un défi (*challenge*) personnel que vous vous étiez donné ? S'agissait-il de faire quelque chose d'interdit (*forbidden*) ?

3. Avez-vous jamais été brusquement emparé(e) (*seized*) de quelque vertige ? Où étiez-vous à ce moment-là ? Sur un volcan qui commençait à cracher (*to spew*) du feu ? Au bord d'un précipice, sur le point de tomber, la tête la première, dans une eau profonde ? Expliquez les circonstances dans lesquelles vous avez éprouvé le vertige.

4. Etes-vous superstitieux(se) ? Le côté magique ou surnaturel de la vie est-il complètement exclu de votre vie ? Croyez-vous que certains actes ou signes peuvent entraîner des conséquences que la raison n'explique pas ? Avez-vous déjà subi (*been subjected to*) une telle expérience ? Expliquez.

5. Attribuez-vous une importance particulière à certains objets dans votre vie ? Lesquels ? Décrivez-les. Avez-vous l'impression qu'ils sont capables de vous porter bonheur (*to bring you good luck*) ou malheur comme des objets-fétiches dans certaines pratiques religieuses ? Ou au moins de vous rendre plus heureux(se) ou malheureux(se) selon leur présence ou absence ? Expliquez.

◆ Vocabulaire

Une compréhension des verbes suivants vous aidera à lire l'histoire plus facilement. Voilà ce qu'ils signifient et un exemple de leur emploi dans une phrase :

se tarir	cesser de couler	Le lait des vaches se tarit.
s'abîmer	détruire	Sans une bonne lampe on s'abîme les yeux.
flanquer	jeter brutalement	Si tu m'insultes, qui m'empêche de te flanquer dehors ?
repérer	apercevoir	Au fond de l'eau elle repère une pièce d'or.
esquisser	commencer à faire	Léona esquisse un faible mouvement.
fixer	regarder fixement	Elle fixe la pièce de monnaie devant elle.
crever d'envie de	vouloir tellement	Je crève d'envie de me battre avec toi !
aduler	adorer, idolâtrer	Lusinia adule son amie.
quémander	demander humblement et avec insistance	Il quémande un meilleur prix.
salir	rendre sale	Léona salit ses vêtements.

Maintenant, terminez les phrases suivantes avec un des verbes ci-dessus, au présent de l'indicatif.

1. En jouant dans la boue (*mud*), l'enfant _____ son pantalon.

2. Après longtemps on _____ au loin le bus qui arrive.

3. Le chanteur _____ la vocaliste célèbre.

4. A la plage on _____ plonger dans l'eau rafraîchissante.

5. L'eau de la rivière _____ chaque année en août.

6. Le chef d'orchestre _____ un geste et l'orchestre commence à jouer.

7. On _____ les mains en travaillant dans le jardin.

8. Les pauvres désespérés _____ une vie plus juste pour leurs enfants.

9. Le chat _____ l'insecte avant de se fondre (tomber) sur lui.

10. La directrice de l'école voit l'étudiant en train de fumer une cigarette et le _____ dehors.

◆ Stratégie de lecture : Se référer au contexte géographique et culturel

Lisez le passage suivant sur l'île de la Martinique. Ensuite, répondez aux questions. Une meilleure connaissance de la région — sa géographie, son histoire et sa culture — vous aidera à mieux comprendre le vocabulaire et le sens de la nouvelle « La Montagne de Feu ».

La Martinique est connue sous le nom « Perle des Antilles » pour sa beauté tropicale autant que pour ses richesses naturelles. Les eaux cristallines et les douces brises caressent les belles plages et la côte rocheuse (*rocky*) où dominent les flamboyants, arbres couverts de fleurs rouges. La terre fertile des plaines nourrit la canne à sucre, et la Montagne Pelée, un grand volcan, se dresse majestueuse au-dessus des collines du nord. Elle attire le regard et le respect des Pierrotins, les habitants de Saint-Pierre, ville en bas sur la côte, autant que ceux de tous les visiteurs qui viennent grimper (*climb*) ses flancs verts. Ce sont les mêmes flancs qui ont été « pelés » de leurs arbres dans la grande éruption volcanique du 8 mai 1902, explosion qui a donné le surnom de « la Montagne de Feu » au volcan. Les Caraïbes, habitants de l'île cinq cents ans auparavant, avaient nommé le volcan « Maman Pelée », ou « Manman Pelée » en créole, pour sa qualité de protectrice du peuple contre des invasions. Cependant, les conquistadors avaient réussi à établir l'esclavage et avaient décimé (*decimated*) la population caraïbe. En bas de la Montagne Pelée, près de Saint-Pierre, se trouve une falaise (*cliff*) qui porte le nom du « Tombeau des Caraïbes » ; c'est de cette falaise que le grand chef des Caraïbes s'est jeté vers sa mort plutôt que d'accepter l'esclavage des Européens conquérants. Les Blancs ont donc importé des esclaves africains pour labourer les champs de canne à sucre et pour maintenir la grande vie que menaient ensuite leurs descendants, appelés « les békés » par les esclaves et les autres gens de couleur. Quoique l'esclavage fût aboli en 1848, les Noirs ont continué de souffrir sous le joug (*yoke*) de la domination des riches békés jusqu'au 20e siècle.

Discutez de ces questions avec vos camarades de classe.

1. Quel peuple vivait en Martinique au 15e siècle au moment de l'arrivée des conquistadors européens ?
2. Comment s'appelle le volcan surnommé « la Montagne de Feu » et « Manman Pelée » ?
3. Pourriez-vous imaginer le rôle protecteur de « la Montagne de Feu » ? Que pourrait faire ce volcan pour protéger les habitants de l'île ?
4. Qu'est-ce que c'est que le « Tombeau des Caraïbes » ?
5. Pourquoi les békés ont-ils contrôlé la destinée d'un grand nombre de Noirs en Martinique pendant plusieurs siècles ?

6. Quels travaux domestiques ferait une jeune servante dans la maison d'une békée ? Quels seraient des rapports possibles entre la servante et la dame de la maison ?
7. Quelle est la ville côtière (*coastal*) en bas de la Montagne Pelée ? Qui y habite ?
8. Quel est le sens de « mener la grande vie » ? Si vous meniez la grande vie dans une ville quelque part, quelles seraient vos distractions ou activités favorites ?
9. Quel est le produit principal des plantations en Martinique au cours des 17ᵉ, 18ᵉ et 19ᵉ siècles ?
10. Pourquoi appelle-t-on la Martinique la « Perle des Antilles » ?

« La Montagne de Feu »

A ma Manman créole

« La Montagne de Feu nous vengera ! » avait hurlé le grand chef, avant de se donner la mort en se précipitant du haut de la falaise baptisée depuis lors « Tombeau des Caraïbes », plutôt que d'accepter la servitude sous le joug des conquistadors venus de l'au-delà des mers. « Vivre libre ou mourir ? » Cet homme-là avait fait son choix.

*

« Je retire mes pieds de cette ville de débauche », a craché l'évêque° furieux, quittant Saint-Pierre en secouant la poussière de ses sandales. Il faut avouer que, dans la « Perle des Antilles », on menait la grande vie — une grande vie pas très catholique, du moins

10 ceux qui en avaient les moyens, ceux qui pouvaient s'offrir des nuits d'orgie à Saint-Pierre.

bishop

*

« Manman Pelée ne va pas les laisser faire ! » cria l'esclave révolté contre les esclavagistes.

*

« Y a pas° moyen dans cette maison ! Je vais partir. Je suis partie. Bien le bonsoir, la compagnie ! » explose soudain la petite da°.

(fam.) Il n'y a pas
servante

A la rue Monte-au-Ciel, dans les chambres, ça chauffe ! Surtout dans celle, minuscule, de Léona. Dans sa chambrette, elle avait mis une bougie allumée à brûler, par dévotion de bonne chrétienne. La cire°, en fondant, a formé une vierge. Ça, c'est un signe. Léona a ra-

wax

20 massé ses petites affaires dans son panier caraïbe.

Tout devenait tellement dur et tellement étrange : les oiseaux ne chantaient plus, on n'entendait plus une grenouille faire son petit concert nocturne, le lait des vaches se tarissait, les gens faisaient des cauchemars, des serpents étaient descendus de la Montagne jusqu'aux habitations, la maîtresse était devenue de plus en plus impossible, de plus en plus tyrannique, et Léona s'étonnait de n'avoir pas vu ses règles° depuis un bon moment.

menstruation

« On vous a vue sur le port vous battre comme une marchande de poisson, manzèl° Léona ! C'était bien la peine° de vous envoyer à l'In-
30 struction ! ... Si c'était pour que tu gardes tes mauvaises manières de nègre ! Tu ne peux pas t'en passer, n'est-ce pas ? C'est plus fort que toi ? Tu as ça dans le sang. Quand je pense que je me suis privée de tes services pendant des quantités d'heures pour que tu puisses assister à l'Instruction ! Mais c'est que ça me coûte de l'argent, qu'est-ce que tu crois ? Des heures de travail perdues. Pour qui ? Pour quoi ? Je vous le demande un peu. Pour que tu finisses par batailler dans les rues ?

mademoiselle / wasted effort

C'est que je n'y suis pas obligée. Monsieur l'abbé qui prétend° que c'est mon devoir de chrétienne ! ... S'il te voyait en plein combat sur le port... « Elle est éveillée, cette petite, ce serait dommage de ne pas lui
40 apprendre à lire... » Ah, ça, elle apprend même plus vite que mon fils ! ... As-tu vu dans quel état tu m'as mis ton linge ? Et qui est-ce qui va payer ça ? Monsieur le curé peut-être ? Et qui va faire ton travail pendant que tu vas perdre ton temps à recoudre° tous ces vêtements déchirés ? Et ne va pas me faire ça la nuit, pour m'user encore un tas de bougies et t'abîmer° les yeux. Allez, raconte ! Qu'est-ce que c'est encore que cette histoire de combat avec Lusinia ? Allez, ne mens pas, on t'a vue sur la jetée°. Et tes habits parlent pour toi. »

affirms

to resew

to damage

jetty

« ... »

« Baissez les yeux, insolente ! Tu vas parler, oui ou non ? »
50 « ... »

« Sacrée° p'tite menteuse, Léona ! »

(fam.) hell of a

Léona n'a pas dit un mot. Si jamais elle ouvre la bouche, elle sait déjà que ce sera pire : le simple son de sa voix va provoquer une catastrophe. Elle le sent. Elle en reconnaît tous les signes. « On aurait dit que le seul son de ma voix a le don° de la faire exploser. Je vais pas lui donner ce plaisir », se dit-elle en jubilant intérieurement. Mais son visage reste de marbre, de marbre noir comme y'en a dans la salle de bain, « Où j'ai pas° le droit de me baigner, pourtant c'est moi qui la nettoie... J'ai lu tes livres, tous tes livres, même que maintenant je
60 m'ennuie à relire et relire les mêmes, toujours les mêmes, je les connais par cœur, tes livres, mieux que toi-même, et mieux qu'ton fils, ça tu l'as dit, c'est d'ailleurs tout ce qu'tu as dit d'intelligent, pas surprenant qu'il soit idiot, ça porte un nom : c'est la consanguinité° ; ton mari, c'est pas ton cousin ? ... Ton cousin germain°, en plus. Mais comme je n'ai plus rien à lire, je partirai, je suis partie. Tu n'en as pas assez, de livres. D'ailleurs tu les as même pas lus. Tu t'en aperçois même pas, quand j'en prends un dans ma chambre. Y a que Monsieur qui peut savoir ça, toi tu n'y mets jamais les pieds, dans ma chambre, mais c'est sûrement pas lui qui va aller le répéter. Là, de ce
70 côté-là, je me fais pas de souci ! »

ici : capacité

(fam.) je n'ai pas

blood relationship
first cousin

« Tu faisais cette chose interdite, n'est-ce pas, Léona, j'en suis sûre ? Allez, avoue, ma p'tite fille ! Tu sais bien que faute avouée est à moitié pardonnée. Allez, dis-le, que tu plongeais pour aller chercher dans la baie les pièces d'or que vous jetaient ces touristes pour s'amuser à vous voir gesticuler comme des macaques° que vous êtes. Hein, c'est bien ce qu'tu faisais ? » (« Macaque toi-même, grosse malpropre ! » lui crie dans son ventre Léona.)

Asian monkeys

« ... »

« Hein, ne nie pas°, je sais tout, attention, hein ? Je sais tout ce que tu fais comme bêtises derrière mon dos, rien ne m'échappe dans cette maison. Tu vas demander pardon et promettre de ne plus recommencer ? ... Non ! Ne jure pas. Surtout pas. Tu vas faire pleurer la Sainte Vierge. »

don't deny it

Elle l'a battue, la maîtresse, comme si la pauvre malheureuse n'avait pas pris assez de coups !

Léona ne répond toujours pas. Elle a eu mal, il a fallu fermer les yeux sous la douleur, mais elle ne les a pas baissés.

« Tu n'as pas tout c'qui faut ici, alors ? »

Les coups tombent, imprévisibles°. Elle n'a pas le droit de s'en aller. Elle doit rester là, à subir. Elle n'a même pas le droit de pleurer. Ça, elle se l'est interdit. Pas devant la vieille méduse[1]. « Tout à l'heure là, quand je serai seule dans ma chambre ... Le peu de temps que je serai seule, subrepticement je vais pleurer. Pendant mon temps de repos. »

inattendus

« ... »

« Nous avons beau faire tout ce qu'nous pouvons pour toi°, Monsieur et moi, rien à faire, c'est peine perdue, c'est pisser dans un violon. De la confiture aux cochons, tout ce que nous faisons pour toi, Monsieur et moi. Le naturel revient au galop. Quand je pense que Monsieur est si indulgent pour toi... Il n'est pas bon avec toi, Monsieur ? Tu ne vas pas oser me dire que Monsieur n'est pas bon pour toi ? Qu'est-ce que c'est que cet air que tu prends ? »

It's in vain that we do everything we can for you

« ... »

« Lui qui est toujours le premier à te défendre... Petite ingrate ! ... Lui qui fait tout pour m'inciter à te garder, même quand tu fais les pires bêtises, hein, tu te rappelles, sale ingrate, le jour où tu m'as cassé une de mes belles coupes en cristal que je réserve pour Noël, pour boire le champagne de France ? Hein, Léona, dis-moi un peu, qui est-ce qui m'a empêchée de te flanquer dehors ? Hein, c'est pas Monsieur, peut-être, qui vient toujours se mettre entre toi et ma colère ? »

« ... »

Léona préfère ne pas parler de Monsieur et de la façon dont Monsieur la traite. Quant au reste ! ... Mais elle bout° intérieurement.

bouillir : to boil

« Et moi, Léona, ma fille, je ne suis pas bonne avec toi ? »

---

1. Une des trois Gorgones, des monstres fabuleux dans la mythologie grecque. Son regard était mortel.

« ... »

« Mais qu'est-ce que tu as dans le corps ? Manzèl a le culot° d'aller se mettre buste nu, et en pantalons encore ! Et qui est-ce qui te les a donnés, ces jolis pantalons de dentelle à peine° usés, han ? C'est pas moi ? ... Dans quel état tu les a mis ? Regardez-moi ça ! Dire que je les
120 avais portés seulement deux-trois ans... Des mignons pantalons presque neufs, avec de la broderie anglaise, des jolis pantalons de dame, et tu vas montrer ça à tout le monde ? Mais on ne se promène pas toute nue en pantalons comme ça, enfin Léona, ma fille ! Où as-tu la tête ? Tu crois que ce sont des manières pour une domestique de grande maison ? Tu as un rang à tenir, ma fille. »

« ... »

« C'est devant tout le monde qui te connaît et qui connaît ma maison et qui connaît mon nom que tu vas exhiber ton corps et te donner en spectacle, demi-nue, pour salir ma réputation, pour faire
130 les gens parler de moi et insinuer que je te donne pas assez à manger et que je n'ai pas donné d'éducation, qu'on peut te voir maigrelette comme ça, avec tout ton p'tit corps dehors, que tu as besoin d'aller te précipiter la tête la première dans cette vieille eau malpropre°, au risque d'aller prendre un chaud et froid° et d'aller mourir là pour moi. Pour quoi, Sainte Vierge, je vous le demande ? Pour l'appât° de l'or. Quelle honte ! Si c'est pas malheureux ? Une fille que je couvre de dentelle et que j'envoie à l'Instruction ! »

Elle l'aime, pourtant, l'or, la maîtresse, quand elle arbore° ses gros bijoux dès le matin, ses bracelets à chaîne forçat°. L'or serait-il bon
140 pour elle, et pas pour Léona ? Deux poids, deux mesures. Tant d'injustice la submergeait, bien plus que les eaux de la baie, si douces, si rafraîchissantes, si délicieuses, maternelles, presque, pour cette enfant sans maman, quand elle se livrait à elles à la recherche d'un trésor. Menu°, le trésor, mais qu'importe ? De quoi acheter deux pouces° de dentelle neuve bien à elle ? Un ruban rose, quelques friandises°, deux-trois fruits, pour améliorer l'ordinaire ? Jamais assez pour un livre, malheureusement ... Mais son bonheur était total, quand elle se jetait dans la baie la tête la première. Elle plongeait bien, Léona, et elle nageait mieux encore. Mal nourrie mais bien musclée.
150 Léona se sentait juste un peu moins agile, un peu moins légère, ces jours-ci. C'est comme ça que Lusinia a pu lui voler sa pièce. Enfin, la pièce. Celle qu'elle avait vue la première, elle, Léona. C'est aussi elle qui voit le mieux, en temps normal, les yeux grands ouverts sous l'eau, à l'aise, heureuse, comme si elle était dans la case° de sa maman. D'ordinaire personne n'est plus vite que Léona pour repérer les pièces d'or, fondre sur° elles, s'en saisir et les remonter triomphalement à la surface en un rien de temps. « De coutume, personne ne me gagne. Mais là, Lusinia... » Elle ne sait quel vertige s'est brusquement emparé d'elle, quelle nausée monta à sa gorge avec un goût de lait
160 caillé°. Elle eut mal au cœur, soudain. Très mal au cœur. A en vomir. Le tchololo° du matin qui était mal passé ? Pas étonnant. Baark° ! cette vieille eau de café clairotte ...

Lorsque Léona eut fini de vomir, baark, son tchololo, sa patronne, son patron et les petits des patrons, rien que d'y penser, elle n'était pas bien vaillante. Lusinia en profita. Des deux Totors[2] que Léona avait repêchés, il ne lui en restait plus qu'un. Près d'elle, Lusinia, goguenarde°. Dans sa main droite, bien brillant, éclatant comme ses grandes dents, le Totor manquant. A travers l'eau de ses yeux, larmes et sel de mer mêlés la piquant, l'empêchant de bien voir, Léona ne distingua que cela : ces deux rangées de dents provocantes, cet or volé. Incisives et canines° disposées en ordre de bataille, Totor presque à sa portée, en un évident défi.

ironic and mocking

dents

« Il est à moi, ce Totor. Je l'ai trouvé là, à terre. »

Mensonge, mensonge effronté. Tout le monde sait qu'aucune pièce d'or ne traîne par terre, à Saint-Pierre ; que si les Totors en or se promenaient comme ça, tout seuls, sur le quai de Saint-Pierre, ça se saurait ! Il n'y aurait pas tant de nègres crève-la-faim° et de va-nu-pieds. L'or, il est dans les coffres des békés, dans les poches des touristes et au gros cou de Madame, « Je sens que j'ai encore envie de vomir, rien que d'y penser, il ne faut pas que je recommence à vomir, j'ai vu ce qu'ça m'a coûté ! »

mourant de faim

Sans prendre la peine de répondre — en aurait-elle eu la force ? —, Léona esquissa un faible mouvement tout en fixant le Totor, comme hypnotisée par cet œil d'or luisant° au soleil déjà haut. Entre ses dents assassines, Lusinia crachait : « Allez, viens, ma chérie ! Viens prendre ! Allez, viens, je vais te donner ... Y a tellement de temps que j'en crève d'envie ! ... »

brillant

Lusinia, sa meilleure amie, Lusinia, son alter ego, son double, même qu'elles étaient inséparables, même qu'on les appelait « L et L », ou « Elles », tout court — par ici, on aime les surnoms ; pour ces deux-là, surnom global : pas de Léona sans Lusinia. Enfin, son ex-meilleure amie ! ... Lusinia sa meilleure ennemie, qui depuis toujours l'imitait, l'admirait, l'adorait, la jalousait en secret. L'idolâtrait. L'adulait. La haïssait°. L'applaudissait, la congratulait. La maudissait°. Aimait se montrer avec elle, parader à ses côtés ; aimait se glisser° dans son ombre pour s'épanouir° à son soleil, avec l'espérance secrète que quelques éclats des succès de Léona rejaillissent° sur Lusinia, que l'aura de Léona, petite lionne, projette un peu de lumière sur Lusinia, qui n'avait de brillant que les dents — et encore, à cause du contraste, parce qu'elle avait la peau noire comme hier au soir.

détestait / condamnait
s'introduire
s'ouvrir pleinement
reflect

Léona réussit à se redresser, péniblement, toute dolente°, tendit une main pour récupérer son Totor. Lusinia n'attendait que cela. Elle mordit dedans°, et la suite s'enchaîna d'elle-même. Griffe°. Tire les cheveux, les oreilles, le nez. Secoue° comme un manguier, étrangle. Coups de poings°, coups de pieds, coups de tête. Couteau jailli d'on ne sait où. Saigne, frappe, roulent à terre ...

souffrante

bit into it / scratch
shake
fists

2. Les Totors sont de vieilles pièces de monnaie italienne en usage en Martinique au début du siècle, d'où l'effigie du roi Vittorio Emmanuel II dessus. Le prénom en français, « Victor », a été abrégé familièrement en « Totor » en Martinique. Note de l'auteur.

Le petit marbrier-graveur° de la rue Monte-au-Ciel — qui voyait Léona passer chaque matin que Dieu faisait à Saint-Pierre et qui aimait la voir, mais qui jamais n'avait osé lui adresser la parole —

210 était descendu au port marchander une livraison de marbre blanc pour les tombes des bourgeois pierrotins. (Il n'aurait jamais l'occasion de l'utiliser, ce carrare° ; les Pierrotins qui allaient mourir prochainement n'auraient guère° recours à ses services ; mais il l'ignorait encore.)

Le marchand de marbre était en train de lui crier, « Mon argent est en péril ! Où est-ce que j'irai avec ça ? » parce que le graveur quémandait un rabais°, quand soudain son apprenti, qui l'avait entendu confesser à haute voix, du fond de son atelier, le plaisir qu'il éprouvait à regarder passer Léona chaque matin, accourut essoufflé. Le graveur

220 sentit passer un grand vent et comprit à l'instant même que c'était, que ce ne pouvait être que sa petite lionne de marbre qui était en mortel péril.

Le petit marbrier-graveur de la rue Monte-au-Ciel, un petit béké-goyave° dont une Euryale de° Dendur n'aurait voulu pour rien au monde, pas même pour cirer ses bottines, « Pfuh ! un artisan, un manuel ! » était éperdu d'amour pour Léona, la petite lionne de marbre noir, d'un noir plus beau que l'ophite°, plus chatoyant° que l'onyx, plus brillant que le mica. L'apprenti était encore en train de bégayer : « Et puis elle est t-tom-tombée, biwa ! » qu'il volait déjà au

230 secours de sa petite lionne de marbre pour la délivrer des griffes de son ex-amie, séparait pour toujours L et L d'une large main calme, d'un bon regard apaisant. D'Elles, il ne restait plus grand-chose ... De leur fausse amitié, plus rien. Léona le gratifia à son tour d'une longue œillade reconnaissante qui le mit dans tous ses états°. Il devint plus rouge que le sang qui coulait des nombreuses blessures de Léona, fut pris d'une terrible tremblade, mais Léona n'en sut rien, car elle se mit elle aussi à trembler de tout son corps quand elle vit l'état de ses vêtements, encore plus gris que les chiffons° dont elle astiquait° l'argenterie de Madame Fairschenne de Dendur. Ce que la rage de Lusinia

240 n'avait pu déchirer s'était irrémédiablement taché° lorsque Léona vaincue s'était effondrée°, ensanglantée, à demi morte, dans une boue° mêlée de cendres volcaniques. Il y avait de la catastrophe dans l'air. Comment oser se présenter dans cet état devant Madame ?

« Vous n'êtes pas ici à votre place, mademoiselle Léona », murmurait le marbrier. « Je sais. Je ne le sais que trop. », répondit-elle. « D'ailleurs je ne suis pas d'ici. Je viens du Lorrain[3]. Et je ne vais pas faire de vieux os dans ce Saint-Pierre, croyez-moi ! »

« ... Mais je m'en moque°, de qui des deux a commencé ! Lusinia n'est pas à mon service, elle ! ... Une grande fille comme toi, qui a déjà

---

3. Le Lorrain est un bourg ou une commune en Martinique. Voir la carte de **la Martinique** p. 63 et la Guadeloupe pour des noms de communes et de villes.

monument sculptor, engraver

marbre
à peine

réduction de prix

blanc pauvre / signe de noblesse (le nom de famille de Madame)

marbre de couleur sombre / miroitant

très agité

rags / nettoyait

sali
était tombée
mud

I couldn't care less

250 jeté pour moi au moins douze-treize calendriers ! Tu n'as pas honte ? » vociférait Madame.

Elle est partie. Elle n'a pas attendu la nuit, ni la fête de la Sainte Vierge, jour férié, jour de liberté, rare jour où elle peut aller et venir comme elle le veut. Léona a payé un franc et elle a pris le bateau.

Arrivée à Fort-de-France, elle entend tous les gens crier, « Saint-Pierre est en train de brûler ! Bon Dieu ! Saint-Pierre est en train de brûler ! »

« L'usine Guérin a commencé à descendre ! L'usine rentre dans la mer ! » glapit° une vieille femme. *cria*

260 De Fort-de-France, on voyait une lumière. On ne voyait pas les flammes, mais tous en parlaient, tous hurlaient°. Léona a repris sa *were yelling* route, à pied, bourg après bourg ... Elle a gardé comme fétiche son unique Totor, avec lequel elle avait débarqué à Fort-de-France. Sur la tête de Vittorio Emmanuel II, Re d'Italia, 1863, — c'est ce qu'elle déchiffrait sur la face usée du Totor —, elle avait fait un vœu secret en même temps que ses dévotions à la Sainte Vierge. Arrivée après plusieurs jours, elle a trouvé tout le monde en deuil° au Lorrain : *in mourning* deux frères de Léona étaient partis à sa recherche avec des chevaux. Mais ils sont passés par Morne-Rouge par la route, et ils ne sont ja-
270 mais revenus.

Un seul être au Lorrain avait le cœur en fête : le petit marbrier-graveur de la rue Monte-au-Ciel, qui n'était pas là par hasard, mais par la grâce du Totor et de la Vierge réunis qui daignèrent exaucer° le *were willing to grant* vœu secret de Léona — ou parce qu'il avait bonne mémoire et aimait voir la petite lionne de marbre noir et aurait fait n'importe quoi° *anything* pour la revoir, jusqu'à quitter sa ville natale et ses marbres blancs de Carrare et traverser la Martinique à dos de mulet.

Pour lui Léona mit au monde l'enfant que lui avait fait, en ca-chette et de force, le mari de Madame, et pas par l'opération du
280 Saint-Esprit, elle en jurerait, il n'a rien de saint, l'esprit malsain° qui *ici : impur, pervers* est venu la visiter. Des choses qu'elle ne voudrait pas, des choses qu'elle n'oserait jamais dire, et surtout pas à Madame, des choses bien plus interdites. Et après ça° elle a bien envie de se baigner, de plonger *toute cette expérience* tout au fond de la baie et parfois de ne plus remonter, et elle sait que Madame ne les aimerait pas, ces choses. D'ailleurs Monsieur lui a juré qu'il lui décollerait° la tête d'un coup de coutelas, d'un seul ! si jamais *would take off* elle en disait mot à quiconque° : « Mets bien ta tête sur ton cou ! Et *whomever* enfonce-toi bien ça dedans : tu vois ton miroir ? Regarde : tu vois ta bouche ? Si jamais un jour tu l'ouvres, tu n'auras pas le temps de dire
290 hac ! Alors mets ta tête sur ton cou, n'oublie pas ce qu'je te dis là, si tu veux la garder en place... » Mais tout cela n'est que cauchemars.

Malgré tout ce qu'elle avait subi, la Sainte Vierge ne voulut pas que Léona fît une fausse couche°. L'enfant naquit mulâtre, bien sûr, *miscarriage* mais les gens n'y virent que du feu°, puisque le papa était blanc : *n'y ont rien vu* n'est-ce pas le petit béké-goyave qui est allé le déclarer à la mairie ? N'est-ce pas lui qui a épousé en justes noces sa petite lionne de mar-

bre noir ? C'était un fils. Elle l'appela Dartagnan, comme dans le roman qu'elle avait lu en cachette de sa patronne. Elle l'avait aimé, ce livre, *Les trois mousquetaires*[4], lu fiévreusement à la clarté de sa
300 bougie qui s'était transformée en Vierge le matin du 7 mai 1902, pour lui dire de quitter Saint-Pierre avant qu'il ne soit trop tard.

Ensuite, la lionne de marbre noir fit pour son béké-goyave une fille café au lait, des jumeaux° tchololo au lait, une série de filles café   twins
noir, puis une ribambelle° de garçons couleur café, avec plus ou   *beaucoup*
moins de lait, et, pour, finir, un garçon tchololo sans lait. Elle vomit beaucoup pendant ses grossesses. Elle vomissait allègrement le souvenir de Madame Baaark de Baaark, l'odeur de mort de Monsieur, une odeur de lapin mort, oui ! qu'elle prenait même dans son sommeil, quand il pénétrait dans sa chambre.

310 Il avait la peau bien dorée, le petit Dartagnan, à force de° courir   from
au soleil, d'un jaune doré comme le Totor. Bien qu'il ne fût pas de marbre noir, le marbrier-graveur l'aima et l'éleva comme son fils.

Si Léona était retournée à Saint-Pierre, — chose que jamais elle ne fit, elle abhorrait trop cette ville, — après l'éruption de la Pelée, la petite lionne de marbre noir aurait sans doute été émue de découvrir, écrasé sous des ruines de la rue Monte-au-Ciel, parmi les cadavres calcinés, le corps raidi° de Lusinia. Elle aurait sans doute aimé voir,   stiff
accrochée au cou de sa fausse amie par une vulgaire chaînette de fer, la pièce d'or percée qu'elle lui avait volée et qui n'était, tout compte
320 fait, peut-être même pas en or. Elle aurait sans doute pensé, en les voyant tous, noirs, blancs, indiens, rouges, jaunes et mulâtres, pareillement noircis par le même incendie, que la Montagne de Feu avait réglé d'un seul coup, de manière fort expéditive, les problèmes de différences de couleurs, de races et de classes.

4. Roman très populaire, écrit en 1844 par Alexandre Dumas, dit Dumas père. D'Artagnan est un des mousquetaires.

Après la lecture

◆ Questions de compréhension

1. Quelle religion pratique Léona ?
2. Pourquoi Léona quitte-t-elle son emploi chez sa patronne ?
3. Qu'est-ce qu'elle fait sur la jetée qui choque Madame ?
4. Où est-ce que Léona apprend à lire et écrire ?
5. Comment s'appelle Madame ?
6. Que savons-nous de Monsieur, son mari ?
7. Pourquoi Léona aime-t-elle plonger dans les eaux de la baie de Saint-Pierre ?
8. Pourquoi Lusinia vole-t-elle le Totor à son amie Léona ?
9. Quel rôle joue le petit marbrier-graveur de la rue Monte-au-Ciel dans cette histoire ?

10. Léona part de Saint-Pierre en bateau pour la capitale. Quel est le nom de la capitale ?
11. Où est-ce que le marbrier rencontre Léona après le désastre ? Qu'accepte-t-il de faire après leur mariage ?
12. Que savons-nous de Léona et de son mari des années plus tard ?

◆ Une perspective plus large

Interprétons le texte

1. Pourquoi Léona ne se défend-elle pas contre les accusations de sa patronne ?
2. Quelle est l'importance de la phrase « Léona s'étonnait de n'avoir pas vu ses règles depuis un bon moment » (ll. 26–27) ? Quelles sont d'autres phrases qui font allusion à l'état physique de Léona ?
3. Quelle est l'importance de l'image de l'or ? Du marbre noir ?
4. Décrivez l'intrigue amoureuse de la nouvelle.
5. Pourquoi la nouvelliste mentionne-t-elle la date précise du 7 mai 1902 ?
6. Relevez les détails tout le long de la nouvelle qui préparent la scène de l'éruption volcanique.

Allons plus loin

1. Dans quelle mesure les événements du récit font-ils partie de l'histoire et des traditions de la Martinique ?
2. Quelles forces naturelles ou surnaturelles jouent un rôle dans la nouvelle ?
3. Léona a-t-elle de la chance de partir de Saint-Pierre avant la catastrophe, ou y a-t-il une certaine justice ou un certain ordre cosmique qui détermine ou règle tout ? Expliquez votre conclusion.
4. Quelle est la morale du dernier paragraphe du récit ?

◆ Compositions

1. Faites une description physique et psychologique de Léona. Utilisez autant de vocabulaire nouveau que possible.
2. Partout dans le monde les peuples anciens ont créé des mythes pour donner du sens aux phénomènes naturels mystérieux : la progression du soleil dans le ciel, les éclipses solaires, les comètes, les éruptions volcaniques. Dracius invite le lecteur à participer à la création d'un mythe moderne relié au passé de son île natale. Quel grand événement naturel constitue la base de son mythe/sa nouvelle ? Dans les quatre premiers paragraphes de la nouvelle, quels sont les quatre groupes culturels qui paraissent prévoir ce grand événement ? Quelle est la raison ou quelles sont les raisons qu'ils offrent pour l'événement à venir ? Comment est-ce que les différents éléments de la nouvelle se relient à l'explosion du volcan ? En répondant aux questions ci-dessus, écrivez une composition qui met en relief les caractéristiques de cette nouvelle.

Comparons les nouvelles !

Considérons maintenant certains aspects littéraires et historiques de chacun de ces récits.

◆ Personnages

1. Qui, à votre avis, est le personnage principal de chacune de ces nouvelles ? Justifiez votre réponse en considérant l'intrigue de ces histoires et le(s) rôle(s) de ces personnages. Dans deux de ces nouvelles le personnage principal ne raconte pas l'histoire. Est-ce que cela diminue son influence, son intérêt ? Y a-t-il des personnages qui jouent des rôles secondaires, mais pourtant critiques pour l'histoire ?

2. Au premier abord (à première vue), il semble que Georgianna, Zobéïde, et Léona partagent à plusieurs égards certains traits de caractère. Comment se ressemblent-elles ? Comment s'opposent-elles ? Examinez de près ces trois personnages et leurs actions.

◆ Thèmes

3. L'idée d'aventure fait partie des trois nouvelles. Est-ce que l'aventure dans chaque histoire possède les mêmes éléments ? Est-ce que chaque aventure a aussi des caractéristiques distinctes, des nuances différentes ? Dans votre réponse, décrivez les trois aventures en essayant de faire ressortir ce qui est original à chacune.

4. Quel rôle la nature joue-t-elle dans les trois histoires ? Pourriez-vous discuter du rôle de la nature en commentant certains passages qui soulignent son importance ?

◆ Style

5. Laquelle des nouvelles, par son style, son langage, ses images, fait le plus appel (s'adresse le plus) à nos sens ? Ce style correspond-il au thème de la nouvelle ? Expliquez votre réponse.

6. Un des auteurs se sert d'un style saccadé (staccato), brusque et discontinu qui souligne le côté changeant et inattendu de la vie. Quel est le titre de cette nouvelle ? En quoi ce titre suggère-t-il, à l'avance, le style de la nouvelle ? Quel est le rythme des deux autres nouvelles ?

◆ Généralités

7. Dressez une liste des éléments des trois nouvelles qui indiquent la diversité des populations en question. Utilisez votre liste pour parler de la diversité d'âge, de langue, d'origine, de race, et de région géographique.

8. Quelle est votre nouvelle favorite de ce chapitre ? Pourquoi ?

III

La culture et la différence

Avant de lire le chapitre III

« La culture et la différence »

Discutez des questions suivantes sur les thèmes de la culture et de la différence :

1. Quand vous réfléchissez à vos origines, à quoi pensez-vous ? A une certaine ville, un état, ou un pays ? Aux rites religieux de votre enfance, aux coutumes, ou à la cuisine de la région ? A la couleur de votre peau ? Ou bien encore à certains aïeuls (ancêtres) ?

2. Avez-vous certaines traditions familiales que vous observez encore aujourd'hui ? Des réunions ou activités qui se font en famille ?

3. Quelle est votre définition de « culture » ? En avez-vous plusieurs ?

4. Le concept de diversité est celui de différence. Chaque personne est unique. Même dans certains groupes homogènes, les personnes se différencient d'après le sexe, l'âge, le groupe ethnique. En plus on se distingue par la religion, la force physique, les privilèges de classe sociale et l'accès au pouvoir. Dans votre communauté y a-t-il des groupes qui affirment et qui célèbrent leurs différences ?

5. Est-ce que vous vous sentez parfois isolé(e) par de telles différences culturelles ? Dans quelles circonstances ? Avez-vous travaillé pour une personne d'une autre classe sociale ? Décrivez le travail et les rapports entre vous et votre employeur. Avez-vous voyagé à un endroit où vous ne parliez pas la langue des habitants ? Quels étaient vos sentiments ?

le Maroc

Population: 28 millions d'habitants

Superficie: 710 850 km²

Capitale: Rabat

Langues parlées: Arabe, berbère, français, espagnol

Religion: Islam

Produits agricoles: Céréales, betteraves à sucre (*sugar beets*), oranges, olives, maïs, riz, coton, poulets, moutons, chèvres, chameaux (*camels*), vin

Industries: Mines de phosphates, manganèse, plomb (*lead*) ; engrais (*fertilizer*), textiles, raffineries de pétrole, tourisme, pêche

Gouvernement: Monarchie constitutionnelle

Histoire: Les populations du Maroc, comme celles de l'Algérie et de la Tunisie, remontent aux temps lointains. La civilisation berbère (2000 avant J.-C.), la colonisation phénicienne sur les côtes (3e siècle avant J.-C.), l'occupation des Romains (40 après J.-C.), toutes s'inscrivent dans l'histoire de la nation. Plus tard (7e–10e siècles), le Maroc subit la conquête musulmane et la domination arabe. A cette même époque le domaine musulman s'étend à travers la péninsule Ibérique. Ensuite les dynasties berbères (11e–14e siècles) fondent un vaste et riche empire qui comprend encore l'Espagne musulmane.

Au cours des siècles suivants, le Maroc est souvent sujet à l'anarchie, aux particularismes tribaux, et au colonialisme européen. Au début du 20e siècle, la France et l'Espagne occupent le pays et y établissent des protectorats — l'Espagne dans la région du Rif et du sud et la France dans le reste du Maroc. Ce n'est qu'en 1956 que la nation marocaine regagne son indépendance. A la mort de Mohammed V, qui avait pris le titre de roi, son fils Hassan II devient souverain (1961). La première constitution est promulguée l'année suivante. De nos jours, la nation connaît des conflits internes dûs d'une part aux confrontations entre les étudiants islamiques et les forces de l'ordre et d'autre part au taux élevé du chômage (*high rate of unemployment*). En 1997 ont lieu les premières élections des représentants de la Chambre au suffrage universel, et le Maroc cherche à établir un meilleur équilibre entre le pouvoir exécutif et le pouvoir législatif. Ce mouvement vers la démocratie semble se confirmer en 1998 quand le roi nomme Abderrahman Youssoufi, membre de l'opposition socialiste, au poste du Premier ministre. En juillet 1999, le pays se trouve en deuil au décès du Roi Hassan II. Son fils Mohammed lui succède au trône.

Climat: Climat marin de la Méditerranée et de l'Atlantique ; climat saharien sec et plus chaud vers le sud ; variations selon le relief (plaines, montagnes, etc.)[1]

---

1. *Le Petit Robert 2 : Dictionnaire universel des noms propres* (Paris : Dictionnaires le Robert, 1997), 1324–26 ; *Quid 1998* (Paris : Editions Robert Laffont, 1997), 1103–06.

7

« Le cauchemar »

Abdelhak Serhane

© 1996 Isabel Franco.

Abdelhak Serhane (1950–) was born in the small northern Moroccan city of Sefrou, near the fertile basin at the foot of the Middle Atlas Mountains. A gifted student, he chose teaching as his first profession. Since 1972 he has left the Moroccan classroom only twice, in both instances to pursue advanced degrees at the University of Toulouse in France. In 1983 he completed a doctorate in psychology and in 1989 a doctorate in literature. While a student in Toulouse, he founded the review *Horizons Maghrébins* (1984) and has since contributed several articles to this scientific and cultural journal. Serhane presently occupies the position of Maître de Conférences (professor) at the Ibn Tofaïl University of Kenitra. Although leading an intense literary and academic life— traveling and lecturing in Europe and North America—he spends much time with his wife and three children.[1]

Now a well-known novelist, Serhane had difficulty in finding a publisher for his first book, *Messaouda* (1983). He then received the Prix littéraire des radios libres (1984), and his next two novels, *Les enfants des rues étroites* (1986) and *Le soleil des obscurs* (1992), served to confirm his reputation as one of the leading Moroccan Francophone writers of his generation. Two collections of poetry, *L'ivre poème* (1989) and *Chant d'ortie* (1993), have contributed to his reputation as a writer who explores the sensuality— often sexuality—of language and who deeply cares about the plight of the poor and the underprivileged. These same themes figure prominently in his book of short stories, *Les prolétaires de la haine* (1995), in the long essay, *L'amour circoncis* (1995), and again in his most recent novel, *Le deuil des chiens* (1998).[2]

In a time of social strife in Europe and the Middle East, as well as in North Africa, when many voices are responding timidly to violations against human rights and intellectual freedoms, Abdelhak Serhane writes about double standards, human suffering, and lost liberties. In international literary conferences, in national newspapers of his country, and in almost every page of his books, his words are "des cris de révolte contre les injustices, la corruption, la misère matérielle et morale, les inégalités entre les

---

1. Biographical and bibliographical information: editors' interview with Abdelhak Serhane, Rabat, **Morocco**, 1996.
2. « Le cauchemar » was written expressly for the present anthology.

couches sociales et entre les sexes, l'exploitation de la femme et de l'enfant, l'abus de pouvoir, le vol et le viol."[3] His commitment to those who experience the nightmare of social inequality and injustice resonates as clearly in Morocco as in the former Yugoslavia or the West Bank.

---

3. « Entretien avec Abdelhak Serhane », in James Gaasch, *Anthologie de la nouvelle maghrébine* (Casablanca : Eddif, 1996), 194.

Avant de lire

◆ Questions préalables

1. Avez-vous jamais visité un marché en plein air (*open air market*) ? Où ? Quand ? Le marché avait-il lieu sur une place publique ? Quelle en était l'ambiance ? Qu'est-ce qu'on y vendait ? Est-ce qu'une foule (beaucoup de gens) surexcitée vous bousculait (poussait) ? Est-ce que c'était une expérience agréable ou désagréable, ou même une espèce de cauchemar (*nightmare*) ? Expliquez.
2. Rêvez-vous souvent quand vous dormez ? Faites-vous aussi, de temps en temps, des cauchemars ? Vous souvenez-vous de vos cauchemars lorsque vous vous réveillez ? Faites-vous souvent le même cauchemar ? Expliquez.
3. Faites-vous aussi de beaux rêves pendant que vous dormez ? De qui ou de quoi rêvez-vous pendant votre sommeil ? Rêvez-vous quelquefois de vos amis ? de vos professeurs ? Rêvez-vous que vous réalisez certains désirs ? Lesquels ? Rêvez-vous de richesses, de voyages, d'oasis lointaines ? Vos rêves durent-ils longtemps ? Est-il toujours facile de discerner la frontière entre le rêve et la réalité ? Parlez de vos propres rêves et de vos expériences en répondant à ces questions.

◆ Vocabulaire

Voici quelques mots et expressions utiles pour comprendre la nouvelle. Après avoir employé ce vocabulaire dans les phrases ci-dessous, essayez d'oublier l'anglais et de penser seulement en français.

affairé(e) : busy
guetter : to watch (for); to lie in wait (for)
hurler : to howl; to yell
bousculé(e) : pushed, bumped; upset; turned upside down
étincelant : sparkling, shining
ambulant : strolling; itinerant; travelling
domestique : servant, maid, domestic
faillir tomber : to almost fall (down) (participe passé : **failli**)

Maintenant choisissez le terme approprié pour compléter la phrase. Accordez et conjuguez quand c'est nécessaire.

1. La pauvre femme a été _____ par la foule de la grande ville.
2. On la poussait si violemment qu'elle _____ deux fois.

3. Toutes les femmes de ménage, _____ à payer des fleurs et des fruits, se groupaient autour des vendeurs.

4. Tous les vendeurs _____ criaient le prix de leurs marchandises pendant qu'ils se déplaçaient.

5. Elle avait l'impression que tout le monde devenait fou ; les gens couraient et _____ au milieu d'une grande place publique.

6. Quelque chose de menaçant l'attendait dans cet endroit ; quelque chose la _____ .

7. Dans cette maison de luxe tout brillait, tout semblait être _____ .

8. Les _____ servaient et nettoyaient sans faire de bruit.

◆ Stratégie de lecture : Analyser la voix narrative

L'auteur nous communique son histoire grâce à un narrateur ou une narratrice. Pour parler de cette voix narrative, nous pouvons nous servir de deux termes littéraires : **personne** et **perspective**. L'histoire se raconte le plus souvent à la première personne (au singulier « je », ou au pluriel « nous ») ou à la troisième personne (au singulier « il », « elle », « on », ou au pluriel « ils », « elles »). La perspective, à son tour, se distingue par les notions de point de vue et d'analyse.

En lisant l'histoire, nous nous posons certaines questions : Quel est le point de vue du narrateur ou de la narratrice ? Est-ce un point de vue impersonnel ou celui d'un personnage particulier ? Comment ce point de vue révèle-t-il les personnages du récit ? Peint-il l'extérieur des personnages, sans entrer dans leur conscience, sans lire leurs pensées ? Ou bien entre-t-il, au contraire, à l'intérieur des personnages en analysant leur caractère, en révélant, d'une manière omnisciente (illimitée), leur conscience ?

Regardons ensemble deux passages de nouvelles que vous connaissez déjà.

Le premier est tiré de « Bonjour, Maman ! Bonne fête, Maman! ».

Tu veux savoir pourquoi je suis hors de la classe ? Eh bien voilà. Dans deux jours ce sera la fête des Mères. La maîtresse (la maîtresse d'école) a donc décidé que chaque élève écrirait une lettre à sa mère. (p. 14)

Ici nous entendons la voix d'une jeune fille qui écrit à sa mère. Elle lui écrit, bien sûr, à la première personne. Le récit à la première personne semble renforcer à la fois le réalisme de l'histoire et l'absence de l'auteur. Dans ce court passage nous n'avons que la perspective, le point de vue, d'un des personnages du récit. Nous, les lecteurs, nous partageons l'optique de la jeune fille séparée de sa mère. Cette optique a l'air de se limiter à ce qui touche directement la narratrice.

Le deuxième passage est tiré de « Le temps ne passe pas ».

D'abord, je voudrais vous dire qui était Zobéïde, comme elle était belle, unique. Mais au moment de le dire, je ne sais plus très bien par où commencer. Je ne me souviens plus comment je lui ai parlé pour la première fois, ni de ce qu'elle m'a dit. (p. 52)

Dans cette nouvelle, Le Clézio, lui aussi, utilise le « je ». Mais dans le passage ci-dessus, qui ouvre le récit, le narrateur ne se dépeint pas ; il voudrait plutôt tracer le portrait d'un autre personnage. Nous allons connaître Zobéïde grâce aux souvenirs du narrateur ; il nous dit, cependant, qu'il ne possède pas tous les faits (*facts*). Nous nous demandons ce que le narrateur pourra nous dire au sujet de Zobéïde. Limité par ce qu'il sait, dépendra-t-il d'une mémoire fautive, faillible ? L'histoire qui suivra sera-t-elle inachevée (sans conclusion) d'une manière ou d'une autre ?

Voici maintenant les premières phrases de la nouvelle d'Abdelhak Serhane, « Le cauchemar ». Essayez de répondre, d'une façon provisoire, aux questions ci-dessous avant de lire l'histoire. Ensuite, après avoir lu la nouvelle, retournez à ces questions pour réviser vos réponses.

Le car [le bus] la déposa au milieu d'une grande place grouillante et hurlante [pleine de gens et de bruit]. Elle regarda dans tous les sens pour rencontrer un visage ami ou un sourire encourageant. Un regard amical. Une main secourable [qui pourrait l'aider]. Elle chercha longtemps.

1. Ce passage est-il à la première ou à la troisième personne ?
2. Est-ce le point de vue d'un personnage particulier ?
3. Avons-nous l'impression de connaître les sentiments et les pensées du personnage ? Pourquoi ? Pourquoi pas ?
4. Voyons-nous seulement ce que le personnage voit ? Pourquoi, à votre avis, le narrateur veut-il attirer notre attention uniquement sur cette femme qui semble perdue ?

« Le cauchemar »

Abdelhak Serhane

Le car la déposa° au milieu d'une grande place grouillante et hurlante. Elle regarda dans tous les sens pour rencontrer un visage ami ou un sourire encourageant. Un regard amical. Une main secourable. Elle chercha longtemps. Ne rencontra que des mâchoires° serrées, des regards creux° ou agressifs.[1] Elle fut bousculée de toutes parts, ballotée° comme un baluchon° par les vagues furieuses d'une mer inhospitalière. Ce fut sa première rencontre avec la ville. Son premier contact avec les citadins°. La première fois qu'elle quittait son coin perdu° depuis vingt ans. Là-bas les oiseaux avaient le temps
10 de chanter et de faire leur nid°. Les arbres poussaient pour dispenser

déposer, passé simple

jaws
ici : indifférents
agitée / petit paquet

habitants de la ville
ici : village éloigné
nest

1. Notez l'absence de sujet grammatical.

leur ombre et leur fraîcheur sur les habitants. Malgré le vide, la campagne qu'elle venait de quitter avait quelque chose d'ensorcelant°, un *magique*
charme tranquille. Elle trébucha° plusieurs fois. On lui écrasa les or- *perdit l'équilibre*
teils° sans même lui demander pardon. On lui proposa de porter son *doigts de pied*
sac. Refusa à chaque fois. Les porteurs crachaient° dans sa direction à *spat*
chaque refus. La ville lui paraissait comme un monstre au cœur de
pierre. Elle fit quelques pas et faillit tomber deux ou trois fois. Les cris
s'élevaient de partout. Des cris assourdissants°, agressifs. Les *très intenses*
vendeurs à la sauvette° et les marchands de fruits proposaient leurs *illicit street peddlers*
20 marchandises à hauts cris à tous les passants. Des bambins maigri-
chons° soumettaient° des sacs en plastique à toutes les ménagères° af- *enfants un peu trop maigres /*
fairées à choisir des fruits et légumes posés en vrac sur la chaussée°. *présentaient / femmes qui*
Des fillettes° traînaient entre les corps° surexcités à la recherche d'une *s'occupent de leur ménage / en*
pitance à se mettre sous la dent°. Elle prit peur devant cette marée *désordre sur le trottoir / petites*
montante° de corps et de cris, de vocifération et de désordre. La terre *filles / gens / d'un peu de*
tournait autour d'elle. Elle s'accrocha à° son sac et récita quelques *nourriture à manger / mer*
prières° dans sa tête pour chasser le mauvais esprit. Dans sa course *ascendante / tint avec force*
folle°, un marchand ambulant la bouscula si violemment qu'elle *prayers*
perdit son sac. Elle essaya de le rattraper mais un adolescent plus *son déplacement trop rapide*
30 agile qu'elle le prit au vol et s'enfuit à toutes jambes°. Elle n'eut même *l'attrapa et partit très vite*
pas le temps de crier au secours. L'adolescent fut vite englouti° dans *absorbé*
la foule criarde. Qui l'aurait entendue ? Qui aurait prêté attention à
elle ? Elle sentit ses larmes submerger ses yeux et marcha à travers les
corps d'absence et de barbarie°. Elle devait regagner° les guichets de *gens distraits et inhumains /*
la gare routière et attendre qu'on vînt° la chercher. Elle demanda son *revenir à / venir, imparfait du*
chemin. Personne ne s'arrêtait pour répondre à son angoisse°. S'il *subjonctif (littéraire) / tourment*
vous plaît monsieur ! répétait-elle. Je n'ai pas d'argent sur moi ! Je
n'ai plus de monnaie ! Allez demander l'aumône° là où se trouvent *la charité*
les croyants[2] ! Va-t'en ! Laisse-moi tranquille ! Elle ne comprenait
40 pas. Ces gens auraient-ils perdu tout sentiment humain, toute sensi-
bilité ? Elle s'approcha d'un jeune enfant qui vendait des porte-clés et
des chewing-gums au détail°. *en petites quantités*

    — S'il te plaît, mon fils ! Tu peux m'indiquer où se trouvent les
guichets de la gare ?

    — Ce renseignement vous coûtera dix Dirhams[3], ma tante !

    — Dix Dirhams ? interrogea-t-elle stupéfaite.

    — Tu ne veux tout de même pas que je gaspille° mon temps et ma *dépense inutilement*
salive pour des prunes ! Dix Dirhams, c'est un bon prix !

    — Et si je n'ai pas cette somme sur moi ?

50   — Alors tu devras te débrouiller° sans moi ! On dirait que tu *te tirer de difficulté*
débarques d'une autre planète, ma parole !…

    Elle s'assit° par terre. Prit sa tête dans ses mains et pleura à *s'asseoir, passé simple*
chaudes larmes°. Elle ne savait quoi faire ni où aller. Tout lui semblait *très fort*
étrange. Tous lui paraissaient insolites°. Elle devait descendre du car, *bizarres*

---

2. Devant la mosquée
3. En 1993, la date de la parution de la nouvelle, cette somme égale à peu près $1.10.

attendre près des guichets qu'on vînt la chercher. Elle ignorait tout de la folie de cette ville. La promesse d'un travail dans une famille riche lui semblait être une obole° du ciel. Les gens couraient dans toutes les directions, hurlant, gesticulant, braillant°… Elle resta ainsi un long moment, perdue dans ses larmes et dans ses pensées noires. Elle héla°

60 plusieurs personnes. Aucune réponse. Visages crispés. Mâchoires serrées. Gestes précipités. Regards sans expression. Les bruits autour d'elle, les cris, les appels, les hurlements se faisaient plus pressants°, plus intenses. Plus aigus°. Elle se boucha° les oreilles. Les corps d'absence vaquaient° à leurs occupations dans le désordre et la plus totale indifférence. Son cœur se serra dans sa cage thoracique. Elle manqua° d'oxygène. Respira avec difficulté. Elle ne distinguait plus que des silhouettes, comme dans un ballet grotesque, exécutant une danse macabre[4]. Quelqu'un lui écrasa le pied. Un autre le bras. La terre tournait autour d'elle. Les grognements° de la foule se mêlaient

70 aux cris des bêtes. Quelqu'un s'approcha d'elle et lui parla dans une langue qu'elle ne comprenait pas. Elle fit un effort pour se relever. Son corps pesait des tonnes. Elle regarda autour d'elle. Rien ne lui paraissait humain, ni les gens, ni les choses, ni les bruits… Elle voulut appeler à l'aide. Aucun son ne s'échappa° de sa gorge. Elle essaya plusieurs fois. Rien. Sa voix ne lui obéissait plus.[5] Ses jambes non plus. Elle se sentait en danger, vulnérable. Une charrette° arriva droit sur elle, grinçante° et menaçante. Elle ne savait quoi faire. Ses jambes, sa voix, tout son être° refusèrent de lui obéir. Elle réussit à se relever sur les coudes, faisant face au danger qui ne tarderait pas à la broyer°.

80 La Bête[6] ahanait et soufflait° sous le poids de la voiture. Les roues recouvertes de métal faisaient entendre leur crissement° assourdissant contre l'asphalte. Elle ferma les yeux dans un ultime effort. La mort la guettait. Le bruit de la charrette se faisait plus pressant, plus impératif, plus imminent. Un vacarme° d'enfer étouffa tous les autres bruits. Elle ouvrit les yeux, regarda autour d'elle. La foule menaçante avait disparu. La charrette aussi. Elle leva un bras, puis un autre, se toucha le front. Son corps était en nage°. Elle s'assit sur son lit et se prit la tête dans ses mains. Son corps était brûlant, pris de convulsions nerveuses. Sa chambre à coucher connaissait le même calme et la même douceur. Son caniche mexicain° vint se blottir° contre elle et

90 lui lécha° les doigts aux ongles parfaits. Sa robe de nuit en soie indigo gisait° sur le tapis turc. Elle appuya sur un bouton et le rideau s'ouvrit sur un jardin étincelant de couleurs et de lumière. La piscine était plus propre que la source° des montagnes. Elle enfila° sa robe de nuit et ses souliers de satin à talons hauts°.[7] Son caniche la suivit dans le

aumône

parlant bruyamment

appela

insistants

pénétrants / plugged
travaillaient

eut besoin

bruits sourds

partit

voiture à deux roues tirée par un animal / creaking

being

écraser

respirait bruyamment et avec difficulté / screeching

Une clameur

bathed in perspiration

Chihuahua dog / *se presser*
passa la langue sur
restait (gésir)

ici : l'eau / mit
high heels

---

4. Image qui rappelle la mort, les squelettes et les cadavres
5. Pourquoi était-elle incapable de parler, même devant un danger imminent ?
6. Pourquoi l'auteur écrit-il le mot avec majuscule ? Quelle importance accorde-t-il à cet animal qui tire, avec peine, la charrette ? Est-ce le symbole d'autre chose ?
7. Notons la description du luxe et le ton sensuel de ce passage. A quoi est-ce que cela fait penser ? Pourquoi ?

long couloir qui mène jusqu'aux appartements° des domestiques. *ici : chambres*
Hommes, femmes et enfants vaquaient à leurs occupations domestiques. Elle traversa les salons et les pièces. Ses serviteurs se cour-
baient à son passage. Elle jeta un œil° dans chaque pièce. Les *regarda*
100 chambres des enfants étaient vides. Normal. Ils poursuivaient° leurs *ici : continuaient*
études aux Etats-Unis. Ils viendraient pendant les prochaines va-
cances. Elle descendit les marches° qui donnent sur la piscine et se *steps*
jeta dans l'eau. Les domestiques avaient accouru° sans trop savoir ce *étaient venus en courant*
qu'il fallait faire. Ils s'immobilisèrent devant la baie vitrée° et at- *bay window*
tendirent. Elle resta un moment sous l'eau et quand sa tête émergea à
la surface de l'eau, les domestiques poussèrent un soupir de soulage-
ment°. Elle passa ses longs doigts dans sa chevelure° qu'elle ramena *breathed a sigh of relief /*
vers l'arrière et se dit au fond d'elle-même° que ce n'était qu'un *l'ensemble de ses cheveux / très*
cauchemar. Le même qu'elle faisait depuis quelque temps ! *sincèrement*

Après la lecture

◆ **Questions de compréhension**

A. Est-ce que les phrases suivantes sont **vraies** (V) ou **fausses** (F) ? Si elles sont fausses, corrigez-les.

1. Le bus dépose la femme au milieu d'une place déserte et silencieuse.
2. C'est la première fois qu'elle visite la ville.
3. Un marchand la bouscule si violemment qu'elle laisse tomber son sac.
4. Lorsqu'elle demande son chemin, tout le monde s'arrête pour répondre à ses questions.
5. La femme vient à la ville parce qu'on lui avait promis un travail dans une famille riche.
6. Quand elle tombe par terre, elle peut tout de suite appeler à l'aide.
7. La pauvre femme est malheureusement écrasée par la charrette.
8. Elle ouvre les yeux et retrouve le calme et la douceur de sa propre chambre à coucher.
9. Son chien, un berger allemand, vient lui lécher les doigts.
10. Réveillée, elle comprend que ce n'était qu'un cauchemar, le premier cauchemar depuis longtemps.

B. En basant vos réponses sur le contexte de l'histoire, encerclez les mots dans chaque ligne qui sont **synonymes** ou ont une signification très voisine.

1. balloté   serré   affairé   agité
2. crier   chasser   bousculer   pousser
3. une dent   une angoisse   un tourment   un orteil
4. insolite   bizarre   inhospitalier   secourable
5. grinçant   étincelant   hurlant   braillant
6. étincelant   brillant   ensorcelant   assourdissant
7. tomber   trébucher   gaspiller   écraser
8. crier au secours   guetter   pousser un soupir   appeler à l'aide

◆ **Une perspective plus large**

Interprétons le texte

1. Qui attend la femme à son arrivée en ville ? Pourquoi est-ce important ?
2. Selon elle, quelles différences y a-t-il entre son village et la ville ? Expliquez un peu.
3. Quels sentiments éprouve-t-elle devant la marée montante de gens qui l'entoure ? Pourquoi se sent-elle vulnérable ?
4. Pourquoi a-t-elle raison de se sentir en danger ?
5. Si on est sans argent dans cette ville, comment peut-on se débrouiller ?
6. Quels sont les métiers mentionnés dans cette histoire ? A quelles classes sociales appartiennent (*belong*) ces métiers ?
7. A la fin de l'histoire, est-ce que la femme oublie le cauchemar qu'elle vient de faire ? Ou bien y pense-t-elle encore ? Expliquez.
8. Qu'est-ce que nous apprenons au sujet de sa famille ?

Allons plus loin

1. Retournez maintenant à la page 83 pour réviser vos réponses sur la voix narrative de la nouvelle. Faudra-t-il changer ou modifier certaines de vos réponses ? Y aura-t-il des détails à ajouter pour compléter vos réponses aux questions 3 et 4 ? Quels détails sont les plus importants ?
2. Après avoir lu et étudié la nouvelle, avez-vous l'impression d'être entré(e) dans la conscience du personnage ? Relevez quelques phrases du texte qui indiquent, d'une manière directe, ses sentiments et ses pensées.
3. La voix narrative de l'histoire a-t-elle jamais quitté la perspective du personnage principal ? Le passage cité ci-dessous suit-il uniquement l'optique de la femme ? Ou bien est-ce, au contraire, une optique qui dépasse (*goes beyond*) la perspective du personnage ? Expliquez votre raisonnement.

   > Elle ignorait tout de la folie de cette ville. (ll. 54–56)
   > Elle devait descendre du car, attendre près des guichets qu'on vînt la chercher.

4. La nouvelle de Serhane se divise clairement en deux parties, en deux mondes — pendant et après le cauchemar. Faites deux listes qui mettent en relief les contrastes des deux mondes. Voici le modèle à suivre:

   pendant le cauchemar
   une grande place grouillante

   après le cauchemar
   une chambre à coucher calme

5. Quel commentaire social l'auteur semble-t-il faire dans le texte ? En accentuant toutes les différences, toutes les distinctions entre les deux mondes, que suggère-t-il ? A quelle classe sociale est-ce que la femme appartient ? Qu'est-ce qui montre qu'elle ne se sent pas en sécurité comme membre de cette classe sociale ?
6. Le sentiment de solitude ou d'isolement est-il aussi un des thèmes de la nouvelle ? La femme vous paraît-elle moins seule après le cauchemar ? Ou bien est-elle « prisonnière, » d'une manière ou d'une autre, pendant et aussi après son mauvais rêve ? Expliquez votre réponse.

◆ **Compositions**

A. Décrivez une ville imaginaire ou réelle que vous visitez. C'est vous maintenant qui descendez d'un bus dans une place grouillante. Entendez-vous des bruits assourdissants ? La ville possède-t-elle quelque chose d'ensorcelant ? Y a-t-il une foule hurlante qui vous écrase ?

B. Avez-vous trouvé le dénouement (*outcome*) de l'histoire surprenante ? Ou bien avez-vous tout de suite compris que la protagoniste rêvait ? A quel moment dans l'histoire avez-vous deviné (*guessed*) qu'elle faisait un cauchemar ? Avez-vous remarqué certains éléments dans les premières pages qui font souvent partie d'un cauchemar ? Quels sont ces éléments ?

C. Vous souvenez-vous d'un cauchemar que vous avez fait récemment ? Votre cauchemar avait-il quelque chose en commun avec celui de la femme dans l'histoire ? Etiez-vous aussi perdu(e) qu'elle ? Où est-ce que vous vous trouviez ? Pouviez-vous communiquer votre détresse ? Expliquez. Existait-il quelque danger imminent ? Vous sentiez-vous englouti(e) par quelque force insolite ? Vous sentiez-vous vulnérable ? Etes-vous tombé(e) ? Où étiez-vous quand vous vous êtes réveillé(e) ?

le Québec

Population: 7 334 200

Superficie: 1 667 926 km^2

Capitale: Québec

Langues parlées principales: Français, anglais, amérindien (Les Francophones représentent à peu près 30% de la population canadienne. Ils dominent dans le Québec avec environ 80% des habitants et sont nombreux au Nouveau-Brunswick.)

Religions: Catholicisme, protestantisme

Produits agricoles: Céréales, légumes, fruits, tabac, élevage (élevage laitier, moutons, porcs), lait, beurre

Industries: Bois, fourrures (*furs*), pêche, exploitation minière (cuivre, fer, amiante [*asbestos*], etc.), production d'énergie hydroélectrique, métallurgie (aluminium), tourisme, produits pharmaceutiques, informatique

Gouvernement: Province qui fait partie de la Confédération canadienne, adhérant à la Constitution du Canada

Histoire: Le Québec est peuplé d'abord par les Inuit (Esquimaux), les Mohawks, les Montagnais, les Creeks (*Cree*), et les Algonquins. Jacques Cartier (1494–1554) prend possession du Canada au nom de la France en 1534. Plus tard, Samuel Champlain (1567?–1635) fonde la ville de Québec (1608). De nos jours de nouveaux immigrants arrivent des Antilles, d'Asie du Sud-Est et du Liban, s'installent au Québec et s'intègrent à la société.

Le français cesse d'être la langue officielle de la province pendant un temps au milieu du 19e siècle, mais retrouve sa place d'autorité lorsque le Québec recouvre son statut de province en 1867. Puis, en 1974, les Québécois proclament le français langue officielle. Un mouvement séparatiste, mené par René Lévesque, se développe pendant les années 1970. En 1995, une mesure sur la souveraineté de la province est rejetée par une très mince majorité. Aux élections de novembre 1998, le Parti québécois est néanmoins réélu dans la province, signalant la vigueur du mouvement séparatiste. La culture québécoise connaît récemment un essor (*expansion*) étonnant en littérature, et dans les domaines de la chanson et du cinéma.

Quoique (*although*) 80% des Francophones se regroupent au Québec, on reconnaît qu'une minorité non négligeable parle français dans l'est de l'Ontario et dans les provinces maritimes, surtout au Nouveau-Brunswick.

Climat: Grandes variations, rude l'hiver, précipitations abondantes, étés chauds[1]

---

1. *Grand Larousse en 5 volumes* (Paris : Larousse, 1987), 496–501 ; 2548–49 ; *Quid 1998* (Paris : Editions Robert Laffont, 1997), 961–65.

8

« Pur polyester »

Lori Saint-Martin

© Josée Lambert.

Lori Saint-Martin (1959–) lives in Montreal, where she is a professor of literature at the University of Quebec at Montreal. She has published several books of literary criticism, the most recent being *Le nom de la mère : Mères, filles et écriture dans la littérature québécoise,* which deals with mother-daughter relationships in Quebecois literature and their influence on literary form. A first book of short stories, *Lettre imaginaire à la femme de mon amant*, appeared in 1991; a second, *Mon père, la nuit* (1999) includes the story "Pur polyester." Her major research interests lie in the field of feminist theory and women's writing. She is currently working on father-child relationships in contemporary Quebecois literature and on the power relationships and gender roles expressed or challenged in erotic literature by both men and women.

Both her short story collections are organized around a dominant theme. Triangular love affairs are the subject of *Lettre imaginaire à la femme de mon amant* and are explored from various angles—passion, secrets, lies, and conflicts—in eighteen stories. *Mon père, la nuit* features children and teenagers as both protagonists and narrators. These stories underscore the importance of choices the characters make as they live their lives, and the consequences of both those choices and accidental encounters along the way. "Pur polyester" was written in reaction to an often-used expression, "un Québécois pure laine," which refers to purely Francophone, European origins. Saint-Martin calls "Pur polyester" a parody and a reaction to the xenophobia of some Quebecois, although she is quick to say that Quebecois society is no more racist or unwelcoming than any other. Still, although it is an open, pluralistic, and generally tolerant society, a nationalistic strain does exist and needs questioning, according to the author. "Pur polyester," in which a young girl explores, sometimes painfully, the paradoxes of belonging and exclusion, reflects the complex social circumstances of modern Quebec.

Avant de lire

◆ **Questions préalables**

1. D'où venez-vous ? D'où viennent vos parents et grands-parents ? Dans quelles circonstances votre famille a-t-elle immigré ?
2. Quelles cultures ou ethnies minoritaires (*minority*) enrichissent la vie de la région où vous habitez ? Les membres de ces groupes s'assimilent-ils au mode de vie majoritaire, ou gardent-ils une certaine distance culturelle ? Travaillent-ils surtout dans certains secteurs de l'économie locale ? Lesquels ?
3. Combien de langues parlez-vous couramment (*fluently*) ? Pouvez-vous en lire ou en comprendre d'autres ? Parlez-vous français ou une autre langue avec un accent ? Est-ce que quelqu'un a jamais fait une remarque sur votre accent ? Quelle réaction avez-vous eue ? Mélangez-vous parfois des mots de deux langues différentes ?

◆ **Vocabulaire**

Voici quelques verbes de la nouvelle « Pur polyester ». Pour chaque verbe de la colonne de gauche, trouvez une définition dans la colonne de droite. Vérifiez vos choix en les comparant aux réponses données à la fin.

1.	maudire	a.	descendre à terre
2.	tricoter	b.	fixer une surface sur une autre (avec de la colle)
3.	fuir	c.	voyager en transit
4.	noyer	d.	assembler les éléments d'un vêtement par moyen d'un fil passé dans une aiguille (needle)
5.	s'éterniser	e.	choisir dans un ensemble ; faire un triage ou une séparation naturelle
6.	coudre	f.	s'en aller rapidement, partir
7.	débarquer	g.	faire mourir dans de l'eau
8.	trier	h.	s'élever avec effort
9.	bercer	i.	se couper la barbe avec un rasoir
10.	transiter	j.	dire du mal à propos de quelqu'un ; condamner
11.	se raser	k.	laisser aux soins d'un autre ; communiquer quelque chose de personnel
12.	coller	l.	rester éternellement
13.	confier	m.	s'insinuer ; se déplacer d'un mouvement continu sur une surface lisse
14.	se hisser	n.	faire un pull-over ou un tricot à la main
15.	se glisser	o.	balancer doucement dans les bras, en chantant une berceuse (lullaby).

(**Réponses :** 1-j ; 2-n ; 3-f ; 4-g ; 5-l ; 6-d ; 7-a ; 8-e ; 9-o ; 10-c ; 11-i ; 12-b ; 13-k ; 14-h ; 15-m)

◆ Stratégie de lecture : Distinguer les niveaux linguistiques dans un texte

La nouvelle « Pur polyester » est l'histoire d'un mélange de cultures. Le langage de la nouvelle imite ce concept en incorporant non seulement de l'espagnol mais aussi trois formes de français pas toujours distinctes mais assez différentes, représentant le français écrit en France, le français parlé par les jeunes dans le monde franco-phone, et quelques termes plutôt canadiens. Voici quelques exemples de vocabulaire distinct selon le contexte linguistique et culturel :

français écrit	français parlé familier	français du Québec
pull-over	pull	gilet (m.)
dollar		piastre (f.)
argent	fric (m.)	
lycée		polyvalente (f.)
annuaire		livre de téléphone (anglicisme)
de rien		bienvenu (e) (anglicisme)
personne dont la langue maternelle n'est ni l'anglais ni le français		allophone
faire le ménage chez des gens		faire des ménages
pièce de monnaie, centime	sou	
partir	filer	
il y a	on est	
faire des courses	faire les magasins	magasiner
se parler, bavarder	jaser	placoter
nourriture	bouffe (f.)	bouffe (f.)

Lisez le passage suivant, qui pourrait être prononcé par une jeune personne au Québec. « Traduisez » en français écrit ou formel les termes soulignés.

Dans ma polyvalente on est beaucoup d'allophones comme Rosa, An Li et moi. Nous n'avons pas de piastres, pas de fric pour pouvoir magasiner, mais mes amies et moi pouvons quand même placoter ou mettre plusieurs gilets et sortir dans le parc à patiner (*skate*). Après, on peut toujours se réchauffer ensemble chez Rosa et regarder sa mère préparer la bouffe. Ma mère à moi est au travail ; elle fait des ménages et garde ses sous pour que je puisse aller à l'école et plus tard à l'université.

« Pur polyester »

Lori Saint-Martin

Ils parlent beaucoup de laine°, ici. Pas n'importe laquelle, la vraie, la
pure. D'où viens-tu, toi ? Et tes parents, et leurs parents ? Du Lac
Saint-Jean, très bien, du Bas-du-Fleuve, excellent, du fin fond de
l'Abitibi[1], parfait. Montréalais depuis Jacques Cartier[2] ? Alors voici
ton certificat. « Un Québécois pure laine. » Pure laine comme Maria
Chapdelaine ? Mais non, Louis Hémon était un maudit Français.[3]
Faut pas confondre. Je suis immigrante, je confonds. Pour nous, pas
de laine, la vie est trop chère ici et mes parents trop pauvres. Pur
polyester. Faut vivre avec ce qu'on a. T'es une p'tite qui, toi ?

10   A la polyvalente, on est beaucoup d'allophones. Allô, allophones ?
Des parlant-autre. Je parle autre. Mon affaire est confuse, douteuse.
De l'Espagne au Québec, en passant par la France. A peine leur fille
née à Salamanque, mes parents passent à Paris, puis ils viennent ici à
Montréal. La dérive° des continents.

    Mon village est le plus beau, mon cousin est ton cousin, tous nous
sommes parents depuis la nuit des temps. Tricotés serrés°, amoureux
de notre arbre généalogique et d'une ville de France que nos ancêtres
ont fuie. T'es une p'tite qui, toi ? Une Gagnon, une Tremblay
d'Amérique, une Gélinas ?[4] Une quoi, dis-tu ? Beurk, quels noms im-
20 possibles à prononcer, et cette peau basanée°, ces yeux bridés° qui
nous volent nos jobs, cette marée d'enfants qui monte et nous noie.
Tu viens d'où, donc ? Et quand y retournes-tu, au fait ? Ta bouffe, ta
danse folklorique, on veut bien, mais ne t'éternise tout de même pas.
La laine est pure ou elle n'est pas. On ne devient pas Québécois.

*

    On a connu les pesetas, puis les francs, et maintenant les dollars,
les piasses°. Quel que soit le nom on est toujours à court°. Maman
travaille dans une buanderie° d'hôpital, papa fait des réparations
chez les gens, bien faites pas cher. Pas assez cher, dit maman. Alors on
est dans la misère. Pour nous, pas de patins à roues alignées°, pas de
30 veste de cuir ni de vélo, à peine des patins d'occasion° trop grands,
tout usés° au bout, déformés par les pieds d'une autre. Maman coud
mes vêtements, le soir après la buanderie, et malgré son long travail,

---

Glosses (right margin):
- wool
- drift
- closely knit
- swarthy / slanted
- piastres (dollars) / short (of money) / laundry
- in-line skates
- *pas neufs*
- worn out

---

1. Voir la carte du **Québec**, page 90.
2. Jacques Cartier (1491–1557), navigateur français, surnommé le « découvreur du **Canada** ».
3. Louis Hémon (1880–1913), écrivain français qui s'établit au **Canada** vers la fin de sa vie. Il écrit *Maria Chapdelaine* (1914), un roman sur la vie des pionniers canadiens.
4. Tremblay, Gagnon, Gélinas sont des noms de famille très communs au **Québec**.

je vois bien que ce n'est jamais ça. J'ai encore et toujours l'air de débarquer, alors que je voudrais tant, enfin, être arrivée quelque part.

*

Je connais don Quixote et el Cid, Charlemagne et Mendès France[5], maintenant j'apprends Jeanne Mance et Henri Bourassa et Lionel Groulx.[6] J'ai deux langues, et je n'en ai pas. Mon espagnol est lamentable, dit maman, pauvre, hésitant, trop proche du français. A
40 l'école on m'appelle la Parisienne. Je suis au courant maintenant, pour les maudits Français ; je reconnais l'injure°. Mes copies° revien- *insult / school papers* nent couvertes de rouge, j'écris avec un accent.

Gilet et pull, piasses et fric, polyvalente ou lycée, les mots me manquent, ou plutôt j'en ai trop. Comment trier ? Et le livre de télé- phone, et bienvenue comme réponse à merci, c'est de ma faute, tout ça ? De ma faute si, dans les magasins, on regarde ma tête et s'adresse à moi en anglais ? Je n'y comprends ni queue°, ni tête, ni ce qui se *tail* trouve entre les deux.

*

Dur, l'exil, dios mio°. Les lettres arrivent, toutes minces sur papier *mon Dieu (en espagnol)*
50 bleu, et les photos, et maman rit et pleure de voir, déjà prêts pour l'école, des bébés qu'elle n'a jamais bercés. Maman est retournée une seule fois, pour la mort de sa maman à elle. Elle a tout de suite pris le deuil° et ne l'a jamais quitté depuis. Quand on perd sa mère, on perd *went into mourning* la terre entière, dit-elle, et le sel°, et la lumière. Un jour tu sauras. *salt* Toute la lumière de son visage s'éteint quand elle pense à mon futur deuil à moi. Ma pauvre petite fille que je ne pourrai pas consoler de m'avoir perdue.

*

Moi je ne suis pas en exil, sinon par maman-papa. Je ne suis vrai- ment de nulle part, sinon peut-être un peu, déjà, d'ici. Pour moi l'Es-
60 pagne n'est qu'un mot, quelques images qui transitent par la voix de ma mère, une nostalgie de chaleur et de soleil. Salamanque, notre ville d'université et de cathédrales, la pierre dorée, les oiseaux qui tournoient°, la plaza mayor°, les lézards à l'heure de la sieste, le *swirl / place centrale (en* vendeur aveugle° de billets de loto, les terrasses. L'Espagne est pour *espagnol) / blind* eux le bonheur premier, le pays où ils vivaient dans leur langue, où ils ne nageaient pas encore dans le français comme des enfants mal- heureux dans un vêtement de la mauvaise taille°. *size*

*

5. Don Quichotte ou don Quixote est le protagoniste du célèbre roman de l'Espagnol Miguel de Saavedra Cervantes, *El Ingenioso Hidalgo Don Quijote de la Mancha* (1605, 1615). Le Cid est un héros historique dont le courage et la fidélité sont légendaires en Espagne. Charlemagne (742–814) est Empereur d'Occident. Après sa mort, il devient le héros de nombreuses chansons de geste (des poèmes épiques). Pierre Mendès France (1907–1982) est un homme politique français.
6. Mance, Bourassa et Groulx sont des personnages de l'histoire du **Québec**. Jeanne Mance est religieuse et administre au 17e siècle le premier hôpital de Montréal. Henri Bourassa est un homme politique du début du 20e siècle qui fonde le journal *Le Devoir*, qui existe encore. Lionel Groulx est historien et homme de lettres.

A Paris, maman était femme de chambre dans un hôtel zéro étoile°, elle traînait l'aspirateur° et le baquet° d'eau jusqu'au sixième
70 étage, et des clients mal rasés tentaient de lui prendre les fesses° dans l'escalier. Les chambres sentaient la vieille poussière et l'alcool bu en solitaire et les draps° mal lavés.

Quand j'étais bébé, papa et maman venaient d'arriver en France, ils n'avaient trouvé qu'une chambre de bonne°, six étages à monter encore et un minuscule lavabo° qui donnait de l'eau froide seulement et qui fuyait°. La toilette était dans le couloir, au cinquième. En face, un autre immeuble nous coupait la lumière. Tu as passé là la première année de ta vie, les couches° à laver à l'eau froide, mes mains en saignaient, et pas moyen de faire les cent pas° avec toi quand tu pleu-
80 rais — après quatre pas° c'était le mur et puis je ne voulais pas réveiller ton père, alors je sortais marcher avec toi dans l'escalier, j'avais toujours peur de tomber mais tant que je marchais tu étais tranquille, collée contre ma poitrine. Je connaissais dans le noir l'emplacement exact de chaque minuterie°, les marches° qui craquaient le moins, je descendais, je remontais, jusqu'à en avoir le vertige.

Je ne me rappelle pas cette chambre, seulement le studio que nous avons loué ensuite, mais je crois la voir : le couvre-lit° usé, le papier peint décoloré, maman qui monte et qui descend l'escalier trop étroit, la nuit, avec dans les bras un petit bébé qui est moi. Un petit
90 bébé qui a grandi avec le teint° et les yeux sombres de maman-papa, mais avec dans la bouche, très tôt, les mots d'une autre langue.

*

Une nouvelle fille est arrivée dans ma classe, Rosa. Elle vient du Guatemala et elle ne comprend rien à rien°. On me l'a confiée à cause de l'espagnol.

Dans sa famille ils sont cinq enfants, sa mère fait des ménages et envoie tous ses sous à sa mère à elle, au pays. La mère de Rosa dit que malgré l'hiver et la police du Bien-Etre° c'est le paradis ici après l'eau à aller chercher au puits°, le linge° qu'on lave dans la rivière et le mari qui vous bat et ne travaille pas, et chaque année, chaque année un
100 nouveau bébé. Tu ne sais pas la chance que tu as. Ici à quarante ans les femmes sont encore jeunes, pas chez nous.

La mère de Rosa veut lui apprendre à faire les tortillas, Rosa aime mieux lire ou jouer. Aucun homme, Rosa, ne va épouser une femme qui ne sache pas réussir les tortillas, parfaitement rondes et toutes minces et uniformes, et les faire dorer sans les brûler. Ceux qui sont ici, seuls, se marient vite à cause de l'odeur grillée et sucrée des tortillas qui leur donne le mal du pays°.

Je ne me marierai jamais, dit Rosa, ou alors beaucoup plus tard, quand j'aurai vingt-cinq ans.

*

110 En espagnol, la voix de maman est pleine de musique. Ses idées sont trop grandes pour ses pauvres mots de français.

sans catégorie officielle /	
vacuum / bucket / buttocks	
sheets	
maid	
sink	
ici : leaked	
diapers	
to pace	
footsteps	
timed light switch / stair steps	
bedspread	
skin color	
anything about anything	
Welfare	
well / clothing	
homesickness	

Un jour, autrefois, à la station de métro : Excousé, messiou, est-qué vous mé pout decir — [7]

Le messieur a les yeux tout grands et l'air fâché, maman baisse la tête. Elle me pousse en avant, je me hisse sur la pointe des pieds et je répète, comme il faut, sa question. Les bons mots, bien prononcés, le monsieur répond en souriant, tout rentre dans l'ordre. Le pli° inquiet disparaît du front de maman, et je comprends que, devant témoin°, elle ne parlera plus. Je devrai me glisser entre elle et le monde, pour la protéger. Je suis devenue sa voix, son souffle°. Je suis devenue sa mère.

ici : wrinkle

witness

life ; breath

120

*

On est mieux ici, tellement tellement mieux, si tu savais, dit maman. Déjà qu'ici on est plus ou moins bien, ça ne donne pas envie de retourner.

Pourtant je sais que maman hait la buanderie, même si elle n'en parle jamais. Les heures qu'elle y passe, une fois finies, n'existent plus. Mais raconte, maman, je veux savoir. Alors maman me regarde bien dans les yeux, et elle raconte. De sept heures à dix-sept heures, quatre jours par semaine, devant une machine à repasser° qui emploie six personnes. La fatigue dans l'os°, l'air plein de charpie° qui râpe° les poumons, les longues heures debout, dans l'ennui et le grondement des sécheuses et la mauvaise lumière au néon qui fait les visages tout mouchetés°. L'été il y a des évanouissements° chaque jour. On saigne du nez. Les jours de taie d'oreiller° on rentre avec les paumes brûlées. Le patron de la buanderie fait des rondes, en plus des contremaîtres°, il a des yeux de glace, et deux mots à la bouche : plus vite. Les lentes sont renvoyées°, maman a appris. Les employées viennent de partout, la tour de Babel[8] au sous-sol d'un hôpital, on se parle par gestes et par bribes°, à la pause°, si on en a l'énergie.

J'écoute maman et sa fatigue s'infiltre dans mes os. Quand je serai grande je serai médecin et reine de l'hôpital, je guérirai les enfants malades et je guérirai aussi la fatigue de maman. J'effacerai les marques de chagrin de son front, les ampoules° de ses mains. Je lui achèterai une maison toute blanche et elle passera ses journées à boire des horchata° près de la piscine. Sauf que — j'y pense — elle voudra peut-être rentrer en Espagne et moi je ne pourrai pas la suivre si je suis médecin ici. Je te trahis°, maman, en prenant racine° dans ce pays, avec mon école, ma rue, mon amie Rosa et puis, qui sait, un jour, dans ma vie, un garçon d'ici.

iron

bone / lint / is harsh on

speckled / fainting spells

pillowcase

foremen

fired

snatches (of conversation) / break

130

140

blisters

cool almond drink

trahir : to betray / root

*

La neige, le froid, les doigts morts. Le froid brûle autant que le feu, on ne savait pas. Le froid dure, dure, la neige crisse° sous les pas, le

crunches

150

7. La dame espagnole met ensemble la question en français « Excusez-moi, monsieur, est-ce que vous pouvez me dire … » et la question en espagnol, « Perdone Ud., señor, me puede decir … ».
8. Là où on parle toutes sortes de langues.

soleil nous trompe, il n'a aucune chaleur. Ay Dios, que espanto° ! L'enfer est froid, je le sais maintenant, dit maman en enfilant chandail sur chandail. Mi pais° c'est l'hiver.

Blanca Navidad°, chantait la radio, pour nous les mots n'allaient pas ensemble, Noël comme le reste de l'année était vert. Ici on a compris. Le froid brûle, le froid mord°, il se glisse même dans l'appartement lorsqu'on baisse le chauffage pour économiser l'électricité. Quel pays de sauvages, votre Canada, dit la mère de papa, venue en visite. Il n'y a que les brutes pour vivre ainsi. Nous les jeunes nous oublions le froid, nous patinons jusqu'à avoir les pieds si gelés° que nous pleurons, de retour à la maison, lorsqu'ils dégèlent enfin.

J'avais hâte de voir la neige, la première fois. Je pensais qu'elle serait différente de celle de Paris (là-bas dès qu'il tombe six flocons on ferme les écoles), avec des flocons gros comme une soucoupe°, qu'on pourrait attraper et lancer. Quand j'ai vu combien ils étaient petits et légers et fondaient sur ma paume tendue, j'ai eu le goût de pleurer.

*

Rien n'a été dit, mais j'ai compris entre les lignes. Nous on n'a pas pu aller à l'école longtemps, toi tu iras, tu nous vengeras. Est-ce que j'aime même l'école ? Je sais depuis longtemps que je n'ai pas le choix. Il faut être la première de classe, toujours, tout le temps. 98 à l'examen ? Quelles questions as-tu manquées ? A– en maths, pourquoi pas A comme la dernière fois ? File° dans ta chambre, faire tes devoirs.

— Ce n'est pas avec des A qu'on trouve un mari, dit mon père. Tu ferais bien mieux d'aider ta mère à la cuisine.

— Tu voudrais qu'elle finisse à la buanderie, elle aussi ? Ma fille à moi ira à l'université.

La volonté de ma mère est une main qui me pousse dans le dos pour me faire courir.

*

Les filles d'ici disent que les parents ne savent rien, ne valent rien. « Je peux me débrouiller° toute seule, j'ai pas besoin d'eux et je le leur dis. » Moi je pense aux mains brûlées de ma mère, au dos de mon père qui se voûte° de plus en plus, je pense à ce qui les a fait traverser la mer et la peur pour que leur petite fille grandisse dans la lumière, et je laisse dire les filles. Mais je suis gênée° pour elles.

*

Rosa est comme moi, petite et un peu ronde, au visage de lune. Malgré tout, elle est la plus rapide à la course à pied. Moi j'aime la natation : plonger à toute vitesse dans l'eau qui me résiste et me porte en même temps, retenir mon souffle pour faire toute la longueur de la piscine sous l'eau. J'aime les rires bruyants des filles dans le vestiaire°, les regards en coin qu'on jette sur les seins° des autres. Après j'ai très faim et Rosa me donne la moitié de son repas en plus du mien, puis au fil des jours presque tout, elle commence à pâlir, à fondre°. Tu vois comment je deviens mince, comme les filles des maga-

---

Marginal glossary:

- *quelle horreur (en espagnol)*
- *mon pays (en espagnol)*
- *Blanche Noël (en espagnol)*
- **mordre** : to bite
- frozen
- saucer
- *Pars*
- manage
- *se courbe*
- *ici* : embarrassed
- locker room / breasts
- melt

zines ? Elle ne court plus, le souffle lui manque, ça je n'y comprends rien, puisqu'elle est de plus en plus légère.

Un jour An Li qui se fait appeler Diana arrive avec les cheveux teints en blond platine et tout le monde se met à rire. Mais quelques jours plus tard, Sébastien l'invite pour la première fois, et elle se félicite d'avoir eu raison.

*

200 Un jour d'automne, on nous demande à nous tous de voter pour dire si nous voulons quitter le Canada. Nous semblons avoir dit « oui », puis le « non » monte comme une vague du fond, et puis, finalement, c'est « non », du bout, mais vraiment du bout des lèvres, à peine.

Alors c'est les larmes à la télé, les drapeaux bleu et blanc° si beaux, bien mieux que ceux avec la feuille d'érable°. La tête d'enterrement° du chef du gouvernement. Dès qu'il ouvre la bouche, on est estomaqués°. « L'argent et le vote ethnique. » L'argent, connais pas. Le vote ethnique je connais, c'est maman-papa et la mère de Rosa et les
210 parents de ma tante, ceux de An Li qui se fait appeler Diana et tous les autres, ay Dios. Il continue de parler, le monsieur au visage rond et triste, il dit « nous », nous avons perdu, nous gagnerons la prochaine fois, les jeunes sont avec nous. Leur « nous » abolit notre « nous », fait de nous des « eux autres », des méchants. Leur « nous » me brise le cœur, me dit qu'on ne sera jamais chez nous, ici. Pourtant si j'avais eu l'âge de voter, ç'aurait été oui.

— Ces gens-là sont froids comme leur pays, dit papa, ils nous détestent, ils ne veulent pas nous connaître. Jamais on n'aurait dû venir ici.

220 A l'entendre je comprends que notre « nous » n'est pas mieux, qu'il les exclut aussi. Je voudrais un nouveau mot, un mot qui unit, qui rassemble, pour pas qu'il y ait° la guerre du nous et du eux.

Je sens cachée en moi — dans mon sang ? dans mes os ? — une voix que me vient du loin, une voix très jeune et très vieille à la fois, une voix de grand-mère peut-être, une voix de femme en tout cas qui chante des berceuses, des lunes et des gitanes° et des cavaliers dans la plaine. Je sens aussi en moi l'amour du froid, de la neige, de l'espace et des recommencements. Il y a le pays du sang, et le pays du temps, celui où on vit, où on grandit. Ce qui transite par la chair et les os ; ce
230 qui se mesure en années, en habitudes, en désir d'être, un jour, chez soi pour vrai.

Mes parents ont voulu, à coup d'efforts, me donner les clés de ce pays à eux fermé. Voulu que la langue de ce pays coule de source dans ma bouche, que je sois chez moi là où ils ne seront jamais chez eux. Je suis avec eux, je suis toute seule, je suis aussi avec les gens d'ici, de mon pas-tout-à-fait-mais-presque-pays. Entre-deux, sur la brèche°, en train, peut-être, de devenir — mais le devient-on jamais ? — Québécoise.

(marginal glosses:)
ceux du Québec
ceux du Canada / le regard morbide
étonnés

pour ne pas avoir

gypsy women

breach

Après la lecture

◆ **Questions de compréhension**

Décrivez les personnages suivants, en considérant leurs origines, désirs, soucis (*concerns*) et priorités, ainsi que leurs rapports avec d'autres personnages.

1. La narratrice
2. La mère de la narratrice
3. Le père de la narratrice
4. Rosa
5. An Li

◆ **Une perspective plus large**

Interprétons le texte

1. A quelle classe sociale appartiennent la narratrice et sa famille ? Quel travail font la mère et le père de la narratrice ? Que savons-nous de la mère de Rosa ? Quelle profession choisit la narratrice ? Pourquoi ?
2. Décrivez la relation entre la narratrice et sa mère. S'entendent-elles toujours très bien ? Que veut la mère pour sa fille ? Ont-elles des ambitions pareilles ? Le père envisage-t-il le même avenir pour sa fille ? Selon lui, comment va-t-elle réussir dans la vie ?
3. Pourquoi An Li se fait-elle appeler Diana ? Quel est le rapport entre ce qu'elle fait avec ses cheveux et le thème de l'immigration au Québec ? Pourquoi Rosa donne-t-elle de plus en plus de son repas à la narratrice ?

Allons plus loin

1. Quelles sont les caractéristiques d'un « Québécois pure laine », selon la narratrice ? Incorporez les termes suivants dans votre description : **arbre généalogique**, **tricotés serrés**, **les maudits Français**.
2. Qu'est-ce qu'une Québécoise, selon la narratrice ? Pourquoi rêve-t-elle d'en devenir une ? Quelles hésitations exprime-t-elle à cet égard ?
3. Pourquoi l'immigration est-elle un thème social animé par la passion au Québec ?
4. Quels détails de la nouvelle renforcent l'actualité québécoise ? Quelles sont les deux perspectives sur le vote mentionné vers la fin de la nouvelle ? Elles sont représentées d'une part par le drapeau bleu et blanc, et d'autre part par le drapeau (rouge et blanc) avec une feuille d'érable (*maple leaf)*.

◆ **Compositions**

1. Racontez l'histoire de la famille de la narratrice du point de vue de sa mère. Commencez en décrivant votre pays natal, l'Espagne.
2. Essayez d'organiser toute l'information culturelle et politique que vous avez apprise dans cette nouvelle sur le Québec et écrivez un essai appelé « Vivre au Québec au tournant du 21e siècle ». Vous pouvez vous servir de la carte et de l'information démographique et historique sur le Québec qui se trouvent à la page 90. Si vous voulez, incorporez aussi d'autres faits (*facts)* que vous saviez sur le Québec avant de lire la nouvelle.

le Sénégal

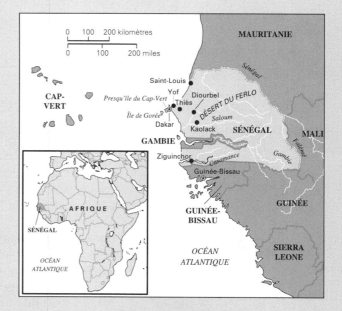

Population: 9 millions d'habitants

Superficie: 196 722 km²

Capitale: Dakar

Langues parlées: Wolof (ou ouolof), français, peul, sérère

Religion: Islam, catholicisme, animisme

Produits agricoles: L'arachide (*peanut plant*) occupe 21% des terres cultivées ; sorgho, riz, moutons, bovins

Industries: Alimentation, filature (*textile mill*), cuir (*leather*), chimie

Gouvernement: République présidentielle

Histoire: Au 9ᵉ siècle le royaume de Tekrour est formé de peuplades qui habitent la région sénégalaise. Deux siècles plus tard le royaume est islamisé par l'arrivée des Berbères du Maroc. Les Sérères et les Ouolofs sont ensuite soumis à l'empire du Mali avant de fonder, eux-mêmes, plusieurs petits états. En 1659 les marchands français établissent la ville de Saint-Louis. C'est bientôt l'époque de la traite des Noirs (*slave trade*) et les Européens vident l'Afrique d'une partie importante de sa population.

Depuis 1959 le Sénégal fait partie de la Communauté française. Au moment de l'indépendance du pays, en 1960, Léopold Sédar Senghor, grand poète, est élu président de la nouvelle nation. Un des initiateurs du mouvement de la négritude, Senghor affirme dans sa poésie les valeurs culturelles du monde noir. Il ne démissionne qu'en 1980, laissant sa place à son ancien Premier ministre, Abdou Diouf. Diouf est réélu aux élections de 1993 pour sept ans. En 1998 un mouvement séparatiste dans la région de la Casamance continue à se développer.

Climat: Tropical et chaud ; la saison des pluies dure de juin à octobre en moyenne.[1]

---

1. *Le Petit Robert 2 : Dictionnaire universel des noms propres* (Paris : Dictionnaires le Robert, 1997), 1904–5 ; *Quid 1998* (Paris : Editions Robert Laffont, 1997), 1172.

9

« La Noire de... »

Ousmane Sembène

© Pamela Gentile
Photography 1993.

Ousmane Sembène (1923–   ) comes from the small port city of Ziguinchor on the Casamance river in southern Senegal.[1] Of humble origin, with little formal schooling, Sembène has become one of Francophone Africa's most prolific writers and celebrated filmmakers. Though his work is not always condoned by the West African government censors, Sembène has attained worldwide recognition for his artistic accomplishments. Sembène's personal journey has taken him from fisherman, mason, soldier in the French army, longshoreman on the docks of Marseilles, to novelist, movie producer, and director.

Sembène's first two novels, *Le docker noir* (1956) and *O pays, mon beau peuple !* (1957), reflect his experiences as an immigrant worker in France and as an expatriate returning to his homeland. These novels also illustrate his resolve to participate in the struggle for better working conditions for the poor and the elimination of racial prejudice wherever it occurs. They portray exploitation and racial hatred—not only of blacks by whites but injustices committed by blacks as well. His long account of the 1947–48 strike of the Dakar-Niger railway workers is the subject of his best-known novel, *Les bouts de bois de Dieu* (1960). The short stories of *Voltaïque* (1962) underscore his knowledge of the traditional and the modern in Senegalese society. Several stories in the collection especially emphasize African community life and the tension that results when this community comes into contact with Western ways. Sembène has continued to write since *Voltaïque*— *Le mandat* (1966), *Xala* (1976), *Le dernier de l'empire* (1983), *Niiwam* (1987)—but has increasingly turned to films in order to reach a larger audience.

While his means of expression may change, the themes are familiar: racial prejudice, economic inequality, and religious and social hypocrisy. Sembène's first full-length film, *La Noire de...* (1966) is based on the short story presented here. It received critical acclaim and the Prix Jean Vigo.[2] More recent films include *Xala*

---

1. See map of **Sénégal**, p. 101.
2. For an interesting comparison of the short story and the film, see Françoise Pfaff, *The Cinema of Ousmane Sembène, A Pioneer of African Film* (Westport, Connecticut: Greenwood Press, 1984), 113–25. Françoise Pfaff has also conducted a number of recent interviews with Sembène. See *Ousmane Sembène: The Man and His Work*, a summary of Pfaff's interviews distributed at the San Sebastian Film Fest in **Spain** (1999).

(1974), *Ceddo* (1979), *Le camp de Thiaroye* (1988), *Guelwaar* (1992) and *Fat Kiné* (1999). In 1996 Sembène also transposed *Guelwaar* into a novel, in French, with the same title. Among the many honors of his long career, Sembène received special recognition for his work from the Academy of Motion Picture Arts and Sciences in 1997. Although often traveling and presenting his films to international audiences, Ousmane Sembène resides most of the year in Yof, near Dakar, in Senegal.

Avant de lire

◆ Questions préalables

1. Connaissez-vous des gens de différentes classes sociales ? Dans votre société, quelles classes sociales sont représentées : la classe ouvrière ? La petite bourgeoisie ? La haute bourgeoisie ? L'aristocratie ? Y a-t-il des contacts entre personnes de classes sociales différentes ? Ou bien, chacun reste-t-il dans son propre milieu économique et social ? Aimeriez-vous travailler pour une famille très riche ? Serait-ce facile ou difficile ? Pourquoi ?

2. Avez-vous déjà travaillé à l'étranger ? Sinon, êtes-vous tenté(e) de le faire ? Quelles sortes d'emplois voudriez-vous trouver dans un autre pays ? Faudrait-il obtenir certains papiers pour pouvoir travailler ? Lesquels ? Est-ce que les étrangers qui habitent dans votre pays trouvent facilement un emploi ? De quels papiers ont-ils besoin ?

3. Avez-vous jamais eu un job qui s'est transformé en cauchemar ? Qu'est-ce qui s'est passé ? Avez-vous été harcelé(e) (*harassed*) par un(e) patron(ne) abusif(ve) ? En aviez-vous marre (assez) ? Expliquez les circonstances. Avez-vous pu résoudre vos problèmes ? Comment ?

4. Avez-vous jamais été complètement isolé(e) de ceux que vous aimez ? Quelle a été votre réaction à l'isolement ? Etait-ce dans un pays étranger ? Aviez-vous le mal du pays (*homesickness*) ?

◆ Vocabulaire

Lisez les phrases suivantes, tirées de la nouvelle « La Noire de… ». Avec tous les renseignements donnés par le contexte et en considérant d'autres mots similaires aux mots indiqués, devinez le sens du mot ou de l'expression en caractères gras. Choisissez la bonne réponse.

1. Une Noire **gisait** sur le brancard (stretcher) la gorge tranchée (coupée) d'une oreille à l'autre. (ll. 62–63)
   a. était debout
   b. se promenait
   c. souriait
   d. était étendue

2. Oh ! qui voulez-vous qui **attente à** la vie d'une Négresse ? Elle ne sortait jamais. Ne connaissait personne, si ce n'est les enfants de Madame. (ll. 83–85)

a. comprenne

b. fasse une action criminelle contre

c. s'intéresse à

d. s'occupe de

3. La petite bonne, heureuse, joyeuse, ne **maudissait** plus cette route, ses maîtres, comme d'habitude. C'était une longue trotte, mais plus depuis un mois ; depuis que Madame lui avait dit qu'elle l'emmenait en France. (ll. 109–112)

   a. marchait

   b. traversait

   c. aimait

   d. critiquait

4. Pour pouvoir voyager — pour aller en France — il lui fallait une carte d'identité, étant originaire de la Casamance. Toutes ses maigres économies **y passèrent**. C'est rien, disait-elle. Je vais en France. (ll. 115–117)

   a. se sont perdues

   b. ont été dirigées vers cet objectif

   c. sont venues et aussitôt disparues

   d. ont été envoyées en Casamance

5. Garde ta carte d'identité, le billet **je m'en charge**. (l. 201)

   a. je le paierai avec ma carte de crédit

   b. je te le donne

   c. je m'en occupe

   d. je ne l'ai pas

6. — Merci, Madame. Madame grande femme.
   Madame aussi était contente. Elle savait par expérience ce que cela représentait d'avoir une bonne réputation dans le milieu des **gens de maison**. (ll. 239–242)

   a. propriétaires

   b. indigènes

   c. domestiques

   d. résidents de la maison

7. Sur **la grande artère** roulait la voiture. (l. 256)

   a. le grand boulevard

   b. le grand désert

   c. la brousse

   d. l'allée étroite

8. Au bistrot « Le gai Navigateur, » quelques consommateurs **s'attablaient** et sur le trottoir, quatre types paisiblement causaient. (ll. 263–265)

   a. s'attaquaient

   b. se mettaient à table

   c. buvaient du vin de palme

   d. étaient assis

9. Il y avait à dîner des gens extravagants, qui **la talonnaient**, la poursuivaient pendant qu'elle cuisinait. Leur présence était une ombre obsédante attachée… (ll. 396–399)

   a. la flattaient

   b. l'aidaient énormément

      c. lui posaient des questions intelligentes

      d. la suivaient de (trop) près

10. Ces ressentiments corrompaient ses relations avec ses maîtres. Elle **demeurait sur ses positions**, les autres sur les leurs. Ils n'échangeaient plus de paroles que d'ordre professionnel. (ll. 415–418)

      a. refusait toute concession

      b. est repartie pour le Sénégal

      c. se reposait plus

      d. ne pouvait pas parler

◆ **Stratégie de lecture : Imaginer l'histoire avant de la lire**

Regardez attentivement le titre de la nouvelle « La Noire de... » et les toutes dernières phrases du récit, en commençant par « Les enquêteurs concluent... ». Pourriez-vous deviner l'identité du personnage principal ? Ses origines ? Les causes de sa mort ? Avez-vous d'autres idées en ce qui concerne la trame (l'intrigue) de l'histoire ? Après avoir terminé la lecture de la nouvelle, revenez à vos premières impressions. Avez-vous bien deviné quelques-uns des éléments les plus importants du drame ?

« La Noire de... »

Ousmane Sembène

PREMIÈRE PARTIE

C'était le matin du 23 juin de l'an de grâce° mille neuf cent cinquante-huit[1]. Sur la Croisette[2], ni le destin de la République Française, ni l'avenir de l'Algérie, pas plus que des territoires sous la coupe° des colonialistes, ne préoccupaient ceux qui, tôt, envahissaient° la plage d'Antibes.

    Deux tractions avant° se suivant, prirent le « Chemin de l'Ermitage. » Elles s'arrêtèrent, deux hommes en débarquèrent prestement et s'enfoncèrent° dans l'allée de gravier d'une villa. A gauche de cette villa s'ouvrait une porte de garage. On lisait sur un panneau
10 dépoli° : « Le Bonheur Vert. » C'étaient le juge d'instruction° de la ville de Grasse, suivi du médecin légiste°, et de deux inspecteurs de la ville d'Antibes, flanqués d'agents de police.

de l'ère chrétienne

dépendance
ici : remplissaient
front-wheel drive cars

descendirent vite et disparurent

weather-worn sign / examining
   magistrate / forensic examiner

1. Pour la signification de cette date et la phrase suivante voir l'histoire de **l'Algérie**, p. 140.
2. Célèbre promenade du front de mer à Cannes.

La villa « Le Bonheur Vert » n'avait de vert que son nom. Le jardin était entretenu à la française°, les passages couverts de graviers, deux palmiers aux feuilles tombantes. Le juge d'instruction scruta° la villa, son regard allait à la troisième fenêtre, à la vitre brisée°, à l'échelle°.

A l'intérieur de la villa, d'autres inspecteurs, un photographe, trois autres personnes, des journalistes semblait-il, qui distraitement s'intéressaient plutôt aux statuettes nègres, aux masques, aux peaux de bêtes, aux œufs d'autruches°, accrochés ça et là : l'impression que l'on pénétrait dans l'antre d'un chasseur° saisissait tous ceux qui entraient dans le living-room.

Repliées sur elles-mêmes°, deux femmes sanglotaient°. Elles se ressemblaient sensiblement : le même front étroit, le même nez à arête bombée° ; les mêmes cernes noirâtres° noyaient° leurs yeux rougis par les larmes. Celle qui était en robe claire parlait :

— Après ma sieste, j'eus envie de prendre un bain. La porte était fermée de l'intérieur (elle se moucha°). Et je me suis dit, c'est la bonne° qui prend son bain. Je dis la « bonne, » rectifia-t-elle, mais jamais on ne l'appelait que par son nom — Diouana. Pendant plus d'une heure, j'attendis, mais ne la vis pas ressortir. J'y retournai. Appelai. Frappai à la porte. Point° de réponse. Alors j'ai appelé notre voisin, le commandant X…

Elle se tut°, s'essuya le nez. Elle pleurait. Sa sœur, plus jeune qu'elle, les cheveux coupés à la « garçonne, » penchait° la tête.

— C'est vous qui avez découvert le corps ?

— Oui… c'est-à-dire, lorsque Mme P… m'a appelé en me disant que la Négresse s'était enfermée dans la salle de bains, j'ai cru à une plaisanterie. Voyez-vous, j'ai trente-cinq ans de mer. J'ai bourlingué° sur tous les océans… Et je suis retraité° de la Marine Nationale.

— Oui… oui, nous savons cela.

— Bon. Donc, quand Mme P… m'a appelé, j'ai amené mon échelle.

— C'est vous qui avez apporté l'échelle ?

— Non. C'est Mlle D… la sœur de Madame qui m'a suggéré cette idée. Et quand j'ai atteint la fenêtre, j'ai vu la Négresse baignant dans son sang.

— Où est la clef de la porte ?

— La voici Monsieur le juge d'instruction, dit l'inspecteur.

— C'était seulement pour voir.

— J'ai vu la fenêtre, dit l'autre inspecteur.

— C'est moi qui l'ai ouverte, après avoir brisé la vitre, dit le retraité de la Marine.

— Quel panneau° avez-vous brisé ?

— Quel panneau ? demanda l'ancien loup de mer°. (Il portait un pantalon blanc en lin°, une veste bleue.)

— Oui, je l'ai vu, mais je vous demande cette précision.

— Le deuxième carreau en commençant par le haut, répondit la sœur de Madame.

106 Ousmane Sembène

A ce moment deux brancardiers° descendirent un corps envelop-   *porteurs de brancard (stretcher)*
60   pé dans une couverture. Le sang gouttait° sur les marches. Le juge   *coulait*
d'instruction releva un pan°, fronça les sourcils°. Une Noire gisait sur   *une partie de la couverture /*
le brancard la gorge tranchée d'une oreille à l'autre.   *frowned*

— C'est avec ce couteau. Un couteau de cuisine, prononça un
autre homme, en haut des marches.

— Vous l'avez amenée d'Afrique ou est-ce ici qu'elle a été
engagée° ?   *hired*

— Nous sommes venus d'Afrique avec elle, en avril 58. Elle est
venue par bateau. Comme mon mari est employé à l'aéronautique de
70   Dakar, seul le voyage de notre famille est assuré par la compagnie. A
Dakar[3], elle travaillait chez nous. Voilà deux ans et demi… ou trois.

— Quel âge avait-elle ?

— Exactement, je ne sais pas.

— Elle est née en 1927, d'après sa carte d'identité.

— Oh ! les « indigènes » ignorent la date de leur naissance, opina
le retraité en plongeant ses mains dans ses poches.

— J'ignore pourquoi elle s'est suicidée. Elle était bien traitée, ici,
mangeait la même nourriture, partageait la chambre de mes enfants.

— Et votre mari, où est-il ?

80   — Il est parti avant-hier pour Paris.

— Ah ! fit l'inspecteur qui ne cessait de regarder les bibelots°.   *objets curieux, décoratifs*
Pourquoi croyez-vous à un suicide ?

— Pourquoi ? répéta le retraité… Oh ! qui voulez-vous qui attente
à la vie d'une Négresse ? Elle ne sortait jamais. Ne connaissait personne, si ce n'est les enfants de Madame.

Les reporters s'impatientaient. Le suicide d'une bonne — fût-elle°   *même si elle était*
Noire — ne peut figurer à la une°. Ce n'est pas matière à sensation.   *la première page d'un journal*

— Nostalgie. Parce que ces derniers temps, elle était toute drôle°.   *ici : étrange, singulière*
Elle n'était plus la même.

90   Le juge d'instruction accompagné d'un inspecteur monta. Ils exa-
minèrent la salle de bains, la fenêtre.

— C'est un boomerang cette histoire, dit l'inspecteur.

Dans la salle, les autres attendaient.

— Vous serez avisés° quand le médecin légiste aura fini, dit l'in-   *informés*
specteur en sortant avec le juge d'instruction, une heure après leur
arrivée.

Les voitures et les journalistes repartirent. Au « Bonheur Vert, » les
deux femmes et le retraité restèrent silencieux.

Madame, peu à peu, sombra° dans ses souvenirs, revit° sa co-   *se noya / **revoir**, passé simple*
100 quette villa sur la route de Hann,[4] là-bas en Afrique. Diouana qui
poussait la grille°, faisant signe au berger allemand de cesser d'aboyer.   *iron gate*

3. Voir la carte du **Sénégal**, p. 101.
4. Près de Dakar

♦ **Questions de compréhension**

Au « Bonheur Vert »

Choisissez la meilleure réponse pour terminer la phrase.

1. « Le Bonheur Vert » est…
   a. un roman policier.
   b. une villa.
   c. un village près de Grasse.
   d. une ville de la Côte d'Azur.
2. Les passagers des deux véhicules tractions avant sont…
   a. des chasseurs de sangliers (*wild boar hunters*).
   b. des Sénégalais en vacances.
   c. des adolescents de la ville de Grasse.
   d. des inspecteurs, des agents de police, un médecin légiste et un juge d'instruction.
3. A l'intérieur de la villa, il y a…
   a. des peaux de bêtes, des masques et des statuettes nègres.
   b. des meubles Louis XV.
   c. de grands tapis orientaux.
   d. de grands fauteuils en cuir.
4. Les deux femmes pleurent parce que…
   a. la police est arrivée.
   b. le mari d'une des sœurs est mort.
   c. la bonne est morte.
   d. le commandant X a monté une échelle et a brisé une vitre.
5. Diouana…
   a. s'est tranché la gorge.
   b. a pris de l'arsenic.
   c. s'est noyée dans la salle de bain.
   d. est tombée de la fenêtre d'un étage supérieur de la villa.
6. Diouana a été engagée…
   a. à Antibes, en France.
   b. à Brazzaville, au Congo.
   c. à Dakar, au Sénégal.
   d. à Paris.
7. On fait référence à Diouana en l'appelant…
   a. Négresse, indigène et Mlle. D.
   b. Négresse, sénégalaise et Diouana.
   c. Noire, Négresse et Mlle. D.
   d. Négresse, indigène et Diouana.
8. Nous apprenons que Diouana est morte parce que…
   a. le corps sur le brancard est enveloppé dans une couverture.
   b. un inspecteur demande, « C'est vous qui avez découvert le corps ? »
   c. le sang goutte sur les marches.
   d. une Noire gît (est étendue) sur le brancard.

C'est là-bas, en Afrique, que tout commença. Diouana, trois fois par semaine se tapait° ses six kilomètres aller et retour. Mais depuis un mois, elle était gaie, ravie, cœur battant, comme si elle découvrait l'amour. La route était longue de sa demeure à celle de ses maîtres. Dès la sortie de Dakar, se pavanaient° de fraîches maisonnettes, dans l'écrin° d'une floraison amalgamée de cactus, de bougainvilliers°, de jasmins. La route bitumée° de l'Avenue Gambetta s'étirait° en une longue bande noire. La petite bonne, heureuse, joyeuse, ne maudissait plus cette route, ses maîtres, comme d'habitude. C'était une longue trotte, mais plus° depuis un mois ; depuis que Madame lui avait dit qu'elle l'emmenait en France. La « France, » elle martelait° ce nom dans sa tête. Tout ce qui vivait autour d'elle était devenu laid, minables° ces magnifiques villas qu'elle avait tant de fois admirées.

Pour pouvoir voyager — pour aller en France — il lui fallait une carte d'identité, étant originaire de la Casamance[5]. Toutes ses maigres° économies y passèrent. C'est rien, disait-elle. Je vais en France.

— C'est toi, Diouana ?

— Viyé° Madame, répondit-elle en rentrant dans le vestibule, habillée convenablement de sa robe claire, les cheveux décrêpés°, peignés.

— Bon, Monsieur est en ville. Va garder les enfants.

— Viyé Madame, acquiesça-t-elle de sa voix enfantine.

Diouana n'avait pas trente ans ; et sur sa carte d'identité on lisait : née en 1927. Il fallait qu'elle soit majeure°. Elle alla voir les enfants. Dans toutes les pièces, le même spectacle : tout était emballé, ficelé° : des caisses s'entassaient° çà et là. Diouana n'avait plus beaucoup à faire ; elle avait frotté° le linge pendant dix jours. Au sens propre de ses fonctions, elle était blanchisseuse°. Il y avait un cuisinier, un marmiton° et elle. Trois personnes. Des domestiques.

— Diouana… Diouana, appela Madame.

— Madame, répondit-elle en sortant de la chambre des enfants.

Madame était debout, un carnet à la main, elle refaisait l'inventaire des bagages. D'un moment à l'autre, les bagagistes° devaient venir.

— As-tu vu tes parents ? Crois-tu qu'ils seront contents ?

— Viyé Madame. Tous les parents sont d'accord. Moi dire à maman pour moi, dire aussi à papa Boutoupa[6], dit-elle.

Son regard brillant de contentement fixé sur les murs vides, glissait°. Son cœur battait au ralenti°. Elle en serait malade si Madame changeait d'avis. Prête à la supplier°, sa figure noire d'ébène s'assombrit, elle baissa les yeux.

---

5. Cette région du **Sénégal** porte le nom du fleuve qui coule entre deux zones agricoles : l'une au nord, consacrée à la culture d'arachide et l'autre au sud à la riziculture.

6. J'ai demandé la permission à maman et aussi à papa Boutoupa.

Marginal glosses:

- did as a chore
- were on display
- *une boîte d'objets précieux / fleurs violettes en vignes / en asphalte / s'étendait*
- no longer
- *répétait sans cesse*
- *misérables*
- *ici : petites*
- *Oui*
- straightened
- *ait l'âge de 18 ans*
- packed, tied with string
- *cartons les uns sur les autres*
- *lavé*
- laundress
- *aide de cuisine*
- moving men
- *passait légèrement de côté / plus lentement / Ready to beg her*

— Je ne veux pas que tu me dises, au dernier moment, aujourd'hui même, que tu me plaques°.

m'abandonnes

— Non, Madame, moi partir.

Elles ne parlaient pas la même langue. Diouana voulait voir la France et revenir de ce pays dont tout le monde chante la beauté, la richesse, la douceur de vivre. On y faisait fortune. Déjà, sans avoir quitté la terre d'Afrique, elle se voyait sur le quai, à son retour de France, riche à millions[7] avec des vêtements pour tout le monde. Elle

150 rêvait à la liberté d'aller où elle le désirait, sans avoir à travailler comme une bête de somme°. Si Madame refusait de l'emmener, elle en deviendrait malade.

beast of burden

Quant à Madame, elle se souvenait de ses derniers congés° passés en France. Il y a trois ans de cela. En ce temps-là elle n'avait que deux gosses°. En Afrique, Madame avait contracté de mauvaises habitudes à l'égard des gens de maison. En France elle engagea une bonne ; non seulement le salaire était élevé, mais de surcroît° la bonne exigeait un jour de repos. Madame dut se résoudre à la renvoyer°, et elle en prit une autre. Cette dernière ne fut pas différente de la première, sinon

160 pire°. Car elle répondait du tac au tac° à Madame. Elle disait :

vacances

(fam.) enfants

en plus
had to decide to fire her

if not worse / tit for tat

— Si on est capable de faire des enfants on doit les garder soi-même. Moi, je ne passe pas la nuit ici. J'ai aussi à m'occuper de mes enfants et de mon mari.

Madame, habituée à être servie au doigt et à l'œil°, dut se soumettre à son devoir d'épouse, et accomplit maladroitement son rôle de mère. Quant aux vacances proprement dites, elle n'y goûta guère°. Elle somma° bientôt son mari de retourner en Afrique.

exactement

she hardly enjoyed them
ordonna

A son retour, Madame, amaigrie, profondément ulcérée°, mûrit°

170 aussitôt un plan pour les vacances suivantes. Pour cela, elle fit insérer des annonces dans tous les journaux. Une centaine de jeunes filles se présentèrent. Son choix tomba sur Diouana, fraîchement arrivée de sa « brousse natale°. » Pendant les trois ans que Diouana travailla chez elle, Madame lui fit miroiter° la promesse de la France. Madame avait eu aussi d'autres enfants entre son dernier congé et celui-ci. Pour trois mille francs C.F.A. par mois°, n'importe quelle jeune Africaine la suivrait au bout de la terre. D'autre part, Madame, de temps en temps, plus particulièrement ces temps-ci, gratifiait° Diouana de piécettes°, de vieilles hardes, de chaussures non raccommodables.

éprouvant un violent ressentiment / développa

native bush
dangled before her

environ \$11 en 1993

donnait / de petites pièces de monnaie

180 Voilà le fossé infranchissable° qui séparait la bonne et sa patronne.

abîme (abyss)

— Tu as donné ta carte d'identité à Monsieur ?

— Viye Madame.

— Continue ton travail… Dis au cuisinier, de préparer un bon repas pour vous trois.

---

7. En 1999 un million de francs C.F.A. (Communauté financière africaine) = 10 000 francs français.

— Merci Madame, répondit-elle, et elle gagna la cuisine.

Madame poursuivit ses annotations.

Monsieur rentra sur le coup° de midi. Le chien signala sa présence par des aboiements. Descendu de sa « 403°, » il trouva sa femme infatigable, le crayon à la main.

— Sont pas encore venus, les transitaires ? fit-elle nerveusement.

— Ils seront là à deux heures moins le quart. Nos bagages seront sur ceux des autres. Comme ça on les aura en premier à Marseille. Et Diouana ? … Diouana ! …

L'aîné des enfants courut l'appeler. Elle était sous les arbres avec le dernier-né de Madame.

— Viye Madame.

— C'est Monsieur qui t'appelle.

— Ça y est. Voilà ton billet et ta carte d'identité.

Diouana tendit la main pour les saisir.

— Garde ta carte d'identité, le billet je m'en charge. Les D… rentrent, tu seras sous leur surveillance. Tu es contente d'aller en France ?

— Viye Missié.

— A la bonne heure° ! Où sont tes bagages ?

— Rue Escarfait, Missié.

— Le temps que je dîne et l'on part dans la voiture.

— Fais entrer les petits, Diouana, c'est l'heure de la sieste.

— Viye Madame.

Diouana n'avait pas faim. Le marmiton-serviteur, plus jeune qu'elle de deux ans, apportait les assiettes, emportait les assiettes vides, sans bruit. Le cuisinier, lui, suait à grosses gouttes°. Il n'était pas content. Il allait au chômage°. C'est en cela que le départ de Monsieur et Madame l'affectait. Et pour cela il en voulait à° la bonne. Là, penchée° sur la large fenêtre ayant vue sur la mer, Diouana, transportée, suivait le vol des oiseaux, haut sur l'immense étendue bleue ; loin, l'île de Gorée se dessinait à peine°. Elle avait en main sa carte d'identité, elle la tournait, la retournait, l'examinait et se souriait intérieurement. Elle n'était pas satisfaite de la pose ni du cliché° ; la photo était sombre… Qu'importe si je dois partir.

— Samba, dit Monsieur, venu à la cuisine, ton repas a été excellent aujourd'hui. Tu t'es surpassé. Madame est très contente de toi.

Le marmiton s'était redressé ; Samba, le cuisinier, rajusta son grand bonnet blanc et fit un effort pour sourire.

— Merci beaucoup, Missié, dit-il. Moi aussi content, très content, parce que Missié et Madame contents. Missié très gentil. Mon famille grand malheur. Missié parti, moi plus travail.[8]

— On reviendra, mon pauvre vieux. Puis tu trouveras du travail, avec le talent que tu as…

----

8. Pouvez-vous traduire ces deux phrases en français grammaticalement correct ?

le coup de l'horloge
Peugeot

C'est très bien !

was sweating profusely
unemployment
éprouvait du ressentiment contre
leaning

était juste visible

résultat de la photo

Samba, le cuisinier, n'était pas de cet avis. Les Blancs sont pingres°. Et dans Dakar envahi par les broussards°, chacun se vantant° d'être maître cuistot°, il n'était pas facile de trouver du boulot°, pensait-il.

— … On reviendra, Samba. Peut-être plus vite que tu ne le penses. La dernière fois on est resté deux mois et demi.

A ces paroles consolatrices de Madame qui avait rejoint son mari à la cuisine et qui poursuivait le dialogue, Samba ne pouvait que répondre :

— Merci, Madame. Madame grande femme.

Madame aussi était contente. Elle savait par expérience ce que cela représentait d'avoir une bonne réputation dans le milieu des gens de maison.

— Tu peux rentrer ce soir à quatre heures avec Monsieur, j'emballerai le reste. A notre retour je te promets de te reprendre. Tu es content ?

— Merci… Madame.

Madame et Monsieur s'étaient retirés. Samba administra une tape° à Diouana. Diouana, agressivement, voulut sauter sur lui.

— Hé ! doucement. Tu t'en vas aujourd'hui. Alors, faut pas qu'on
se chamaille°.

— Tu m'as fait mal, dit-elle.

— Et Missié, il ne te fait pas mal ?

Samba soupçonnait une liaison cachée entre la bonne et son patron.

— On t'appelle Diouana. J'entends la voiture ronfler°.

Elle partit sans même leur dire au revoir.

Sur la grande artère roulait la voiture. Diouana n'avait pas souvent l'honneur d'être conduite par Monsieur. Elle invitait des yeux les piétons à la regarder, n'osant pas faire signe de la main, ou crier au passage : « Je pars pour la France. » Oui, pour la France. Elle était
convaincue que sa satisfaction était visible. Les sources souterraines de cette joie tumultueuse, la rendaient instable. Quand la voiture se gara° devant la maison, à la rue Escarfait, elle en fut surprise. Déjà, se dit-elle. A droite de leur humble maison, au bistrot « Le gai Navigateur, » quelques consommateurs s'attablaient et sur le trottoir, quatre types paisiblement causaient.

— C'est aujourd'hui le départ, petite cousine ? questionna Tive Corréa, déjà saoul°, les jambes écartées°, il se balançait, empoignant° son litre par le goulot°. Tous ses vêtements étaient fripés°.

Diouana n'avait que faire des° conseils d'un soulard. Elle n'écouta
pas Tive Corréa. Tive Corréa, ancien marin, rentrait d'Europe après vingt ans d'absence. Il était parti, riche de sa jeunesse, plein d'ambition, et en était revenu, telle une épave°. Pour avoir tout voulu avoir il ne rapporta qu'un amour excessif de la Dive bouteille°. Il ne prophétisait que malheurs. Diouana lui avait demandé conseil. Il n'était pas d'avis qu'elle parte. Il fit, malgré son sérieux état d'ébriété, quelques pas vers Monsieur, toujours avec sa bouteille.

---

avares (stingy) / les gens ruraux / boasting / cuisinier professionnel / un travail

slap

il ne faut pas qu'on se dispute

faire du bruit

s'arrêta

ivre / séparées / saisissant neck / wrinkled *n'avait aucun besoin de*

(ship)wreck *le vin*

— C'est vrai qu'elle part avec vous, Monsieur ?

Monsieur ne répondit pas. Il sortit une cigarette et l'alluma, envoya la fumée par dessus la portière°, considéra Tive Corréa des pieds à la tête. C'était vraiment un loqueteux° avec des habits graisseux°, puant le vin de palme°. Il se pencha, posa une main sur la portière.

porte de la voiture
un homme en vêtements bien usés / greasy / stinking of palm wine

— J'ai eu à vivre en France, pendant vingt ans, débutait Tive Corréa avec un accent de fierté dans la voix. Moi que vous voyez ainsi, dernier de la cloche[9], je connais mieux la France que vous... Pendant la guerre, je vivais à Toulon, et les Allemands nous envoyèrent avec des compatriotes africains à Aix-en-Provence[10], dans les mines de Gardanne. Je m'étais opposé à ce que Diouana aille en France.

— Nous ne l'avons pas forcée. Elle est consentante, répliqua amèrement Monsieur.

— Effectivement. Quel est le jeune Africain qui n'ambitionne pas d'aller en France ? Hélas ! les jeunes confondent vivre en France, et être domestique en France. Nos villages sont voisins en haute Casamance... Là-bas, on ne dit pas comme « chez vous, » que c'est la clarté qui attire le papillon°, mais le contraire ; chez moi, en Casamance, on dit que c'est l'obscurité qui chasse le papillon.

attracts the butterfly

Sur ces entrefaites° revint Diouana escortée de plusieurs femmes. Elles babillaient°, chacune quémandant° un petit souvenir. Diouana promettait joyeusement, elle souriait ; ses dents blanches tranchaient nettement°.

A ce moment
bavardaient / demandant humblement et avec insistance
se distinguaient clairement

— Les autres sont au quai, dit l'une. N'oublie pas ma robe.

— Pour moi, des chaussures pour les enfants. Tu as le numéro dans la valise. Pense à la machine à coudre.

— Les combinaisons° aussi.

slips

— Ecris-moi pour me dire le prix des fers à décrêper les cheveux° et une veste rouge, avec de gros boutons... pointure° 44.

hair-straightening irons
ici : taille

— N'oublie pas d'envoyer des sous à ta mère, à Boutoupa...

Chacune avait quelque chose à lui dire, à la charger d'une commission ; Diouana promettait. Toute sa physionomie était radieuse. Tive Corréa lui prit la valise, la poussa dans la voiture d'un geste d'ivrogne, sans brutalité.

— Laissez-la partir, les bougresses°. Croyez-vous qu'en France les sous se ramassent ? Elle aura à vous raconter lorsqu'elle reviendra.

(fam.) femmes

— O... O... Oh ! ... hurlaient° les femmes.

criaient

— Adieu petite cousine. Porte-toi bien. Tu as l'adresse du cousin à Toulon. Dès ton arrivée, écris-lui, il te sera utile. Viens que je t'embrasse.

Ils s'embrassèrent, Monsieur s'impatientait, il appuya sur l'accélérateur pour avertir°, avec politesse, qu'il avait envie que l'on finisse.

donner signe

9. Les clochards, les gens qui vivent dans la rue et qu'on ne respecte pas

10. **Toulon** est un des ports militaires les plus importants en **France**, connu pour sa construction navale. **Aix-en-Provence** est une ville de la même région. Voir la carte de la **France**, p. 2.

320   La « 403 » démarra°. On agita les bras. *partit*

Au quai, même cérémonie : des connaissances, des parents, des commissions. On se pressait autour d'elle. Toujours sous la garde de Monsieur. Elle embarqua.

◆ Questions de compréhension

Là-bas, en Afrique

1. Où habitent Madame et Monsieur au Sénégal ?
2. D'où vient Diouana ? Est-ce une région urbaine ? Rurale ?
3. Pourquoi est-ce que tout est emballé et ficelé chez Monsieur et Madame ?
4. A qui Diouana doit-elle demander la permission de partir ?
5. Pourquoi Madame renvoie-t-elle sa bonne française pendant ses derniers congés passés en France ?
6. Madame a-t-elle profité de ses dernières vacances ?
7. Comment trouve-t-elle Diouana ? Pourquoi la choisit-elle parmi une centaine de candidates ?
8. Comment est-ce qu'elle convainc Diouana de partir pour la France ? Lui donne-t-elle un bon salaire ?
9. Qui sont les deux autres domestiques chez Monsieur et Madame ?
10. Qui est le cousin de Diouana ? Approuve-t-il le fait que Diouana aille en France ? Que dit-il à ce sujet ?

TROISIÈME PARTIE

Huit jours en mer. Rien de neuf aurait-elle écrit si elle avait tenu un journal°. Fallait aussi qu'elle sache lire et écrire. De l'eau devant, derrière, à tribord, à babord°, rien qu'une nappe° liquide, et par-dessus, le ciel.
diary
to starboard, to port / ici : surface

Au débarquement, Monsieur était là. Après les formalités, vite ils filèrent° vers la Côte d'Azur. Elle dévorait tout de ses yeux, s'émer-
330 veillait, s'étonnait. Elle se meublait l'esprit°. C'est beau ! Toute l'Afrique lui apparaissait comme un taudis sordide°. Sur la route du littoral°, défilaient° les villes, les autobus, les trains, les camions. Cette intensité de la circulation la surprenait.
partirent
se remplissait d'illusions
logement misérable
de la côte / passaient

— As-tu fait une bonne traversée ?

— Viye Missié, aurait-elle répondu si Monsieur lui avait posé la question.[11]

Après deux heures de route, ils étaient à Antibes.

Des jours, des semaines et le premier mois passèrent. Diouana entamait° son troisième mois. Ce n'était plus la jeune fille rieuse au rire
340 caché, pleine de vie. Ses yeux se creusaient°, son regard était moins alerte, il ne s'arrêtait plus aux petits détails. Elle abattait° plus de travail qu'en Afrique, ici. Devenue presque méconnaissable°, elle se
commençait
were sunken
ici : faisait
impossible à reconnaître

---

11. Cet échange entre Diouana et Monsieur est-il vrai ou imaginé ?

rongeait°. De la France… la Belle France… elle n'avait qu'une vague idée, une vision fugitive ; le jardin français en jachère°, les haies vives° des autres villas, les crêtes° des toitures dépassant les arbres verts ; des palmiers. Chacun vivait sa vie, isolé, enfermé chez lui. Monsieur et Madame sortaient fréquemment, et lui laissaient les quatre gosses. Les gosses s'étaient vite constitués en maffia, ils la persécutaient. Il faut les amuser disait Madame. L'aîné, un galopin°, en recrutait
350 d'autres de son acabit° et ils jouaient à l'explorateur. Diouana était la « sauvage. » Les enfants la harcelaient°. En d'autres occasions, l'aîné recevait des raclées°, bien administrées ! Ayant mal assimilé des phrases où intervenaient des notions de discrimination raciale, entendues dans les conversations de papa, de maman, des voisins, là-bas en Afrique, il les commentait avec exagération à ses copains. A l'insu de° ses parents, à l'improviste, ils surgissaient°, chantant :

« Voilà la Négres-se »

« Voilà la Négres-se »

« Noire comme le fond de la nuit. »

360   Persécutée, elle se minait°. Diouana, lorsqu'elle était à Dakar, n'avait jamais eu à réfléchir sur le problème que posait la couleur de sa peau. Avec le chahut° des petits, elle s'interrogeait désormais. Elle comprit qu'ici elle était seule. Rien ne l'associait aux autres. Et cela la rendait mauvaise, empoisonnait sa vie, l'air qu'elle respirait.

Tout s'émoussait, s'en allait à vau-l'eau ; son rêve d'antan°, son contentement. Elle était dure à l'ouvrage. Elle était, à la fois, cuisinière, bonne d'enfant, blanchisseuse et repasseuse. Dans la villa était venue s'établir la sœur de Madame. Elle avait à s'occuper de sept personnes. Le soir, dès qu'elle montait se coucher, elle dormait
370 comme une souche°.

Le venin empoisonnait son cœur ; jamais elle n'avait eu à haïr°. Tout devenait monotone. Elle se demandait où était la France ? Les belles villes qu'elle avait vues sur les écrans dans les salles de cinéma de Dakar ; les denrées rares°, les foules compactes ? Le peuple de France se réduisait à ces marmots malveillants°, à Monsieur, Madame et Mademoiselle qui lui étaient devenus étrangers. Le territoire du pays se limitait à la surface de la villa. Lentement, elle se noyait. Les larges horizons de naguère° se limitaient à la couleur de sa peau qui soudain lui inspirait une terreur invincible. Sa peau. Sa noirceur.
380 Craintivement°, elle fuyait° en elle-même.

Parallèlement, la bonne réfléchissait.

N'ayant personne° dans son univers avec qui échanger des idées, elle se tenait de longs moments de palabre°. L'autre semaine, Monsieur et Madame l'avaient emmenée avec beaucoup d'astuce° chez leurs parents à Cannes.

— Demain nous irons à Cannes. Mes parents n'ont jamais goûté à° la cuisine africaine. Tu nous feras honneur, à nous les Africains, lui avait dit Madame qui se dorait° au soleil, presque nue°.

— Viye Madame.

se tourmentait

ici : abandonné / evergreen hedges / sommets

enfant mal élevé

caractère

tourmentaient

coups

Unknown to / apparaissaient

se détruisait

ici : baiting

devenait moins clair, tout se perdait / d'autrefois

slept like a log

détester

rare foods

gosses méchants

d'autrefois

Fearfully / cherchait refuge (**fuir**)

Having no one

se parlait longuement à elle-même / de ruse

essayé

se bronzait / sans vêtements

390   — J'ai commandé du riz et deux poulets… Il ne faudra pas trop épicer° !   *assaisonner*

    — Viye Madame.

    Répondant ainsi, son cœur se serrait°. C'était la centième fois   *se contractait*
qu'on la trimbalait° de villa en villa. Une fois chez les uns, une fois   *transportait*
chez les autres. C'est chez le « Commandant » — tout le monde le
nommait ainsi — qu'elle s'était rebellée une première fois. Il y avait à
dîner, des gens extravagants, qui la talonnaient, la poursuivaient pendant qu'elle cuisinait. Leur présence était une ombre obsédante attachée à ses moindres mouvements. Elle eut comme l'impression
400 qu'elle ne savait rien faire. Ces êtres° anormaux, égocentriques,   *personnes*
sophistiqués, ne cessaient de lui poser des questions idiotes sur la
façon dont les Négresses font la cuisine. Elle se maîtrisait°.   *contrôlait*

    Même lorsqu'elle les servit à table, les trois femmes piaillaient°   *(fig.) protestaient*
encore ; avec appréhension elles goûtèrent du bout des lèvres°, la pre-   *barely tasted*
mière cuillerée, et, gloutonnement dévorèrent tout.

    — Il faudra te surpasser, cette fois, chez mes parents.

    — Viye Madame.

    Elle réintégra° sa cuisine. Ses réflexions se portèrent sur la gentil-   *reprit possession de*
lesse de Madame jadis°. Elle abominait cette gentillesse. Madame   *autrefois*
410 était bonne, d'une bonté intéressée. Sa gentillesse n'avait d'autre rai-
son que de la ficeler°, l'enchaîner, pour mieux la faire suer°. Elle   *attacher / ici : travailler dur*
exécrait° tout ; avant, à Dakar, elle accommodait les restes° de Mon-   *abhorrait / prepared the leftovers*
sieur et Madame, pour les porter à la rue Escarfait, et, s'enorgueil-
lissait° de travailler chez de « Grands Blancs. » Maintenant leur repas   *était orgueilleuse*
l'écœurait°, tant elle était seule. Ces ressentiments corrompaient   *la dégoûtait*
ses relations avec ses maîtres. Elle demeurait sur ses positions, les
autres sur les leurs. Ils n'échangeaient plus de paroles que d'ordre
professionnel.

    — Diouana, tu vas laver aujourd'hui.

420   — Viye Madame.

    — Bon. Monte prendre mes combinaisons et les chemises de
« Missié. »

    Une autre fois c'était :

    — Diouana, tu repasses cet après-midi.

    — Viye Madame.

    — La dernière fois tu as mal repassé mes combinaisons. Le fer°   *iron*
était trop chaud. En outre° les cols° de chemises de « Missié » ont été   *plus / collars*
brûlés. Fais attention à ce que tu fais, voyons !

    — Viye Madame.

430   — Ah ! j'oubliais… il manque des boutons à la chemise de « Missié » et à son pantalon.

    Toutes les corvées° reposaient sur ses épaules. De plus, Madame   *travaux difficiles*
lui disait couramment° « Missié, » même devant ses invités. Pour se   *généralement*
faire comprendre° de sa bonne, elle employait le même jargon. Et   *To make herself understood*
c'est la seule chose qu'elle faisait avec honnêteté. Toute la maison finalement ne s'adressa plus à la bonne qu'en usant du préambule de°   *d'abord*

« Missié. » Egarée° par ses médiocres connaissances en français, elle
s'enfermait et vivait recluse en elle-même. C'est après mûres réflex-
ions° — de très longues minutes de méditation — qu'elle se dit
440 qu'elle n'était, d'abord qu'objet utilitaire° et, ensuite qu'on l'exhibait
comme un trophée. Dans les soirées où Monsieur et Madame com-
mentaient la psychologie « indigène, »[12] on prenait Diouana à té-
moin°. Les voisins disaient : c'est la Noire de… Elle n'était pas Noire
pour elle. Et cela l'ulcérait.

Elle aborda° son quatrième mois : tout empirait°. Chaque jour,
ses pensées devenaient plus lucides. De la besogne°, elle en avait, à
revendre°. Toute la semaine. Le jour du Seigneur° était le jour de
prédilection où Mademoiselle faisait venir° ses camarades. Ceux-ci
affluaient°. Une semaine se terminait avec eux et la suivante débutait
450 avec eux.

Tout se clarifiait. Pourquoi Madame désirait-elle tant que je vien-
ne ? Ses largesses° étaient calculées. Madame ne s'occupait plus de ses
enfants. Le matin, elle les embrassait, c'était tout. La Belle France, où
est-elle ? Toutes ces questions lui revenaient en tête. Je suis cuisinière,
bonne d'enfants, femme de chambre, je lave et repasse, et n'ai que
trois mille francs C.F.A. par mois. Je travaille pour six. Pourquoi donc
suis-je ici ?

Diouana s'abandonnait à ses souvenirs. Elle comparait sa
« Brousse Natale » à cette broussaille morte°. Quelle différence, entre
460 ces bois et sa forêt, là-bas, en Casamance. Le souvenir de son village,
de la vie en communauté, la coupait encore davantage° des autres.
Elle se mordait° les lèvres, regrettait d'être venue. Sur ce film du
passé, mille autres détails se projetaient.[13]

De retour dans ce « milieu » où elle était deux fois étrangère, elle
se durcissait°. Ses pensées la ramenaient fréquemment à Tive Corréa.
Cet ivrogne lui revenait souvent à la mémoire, ses paroles se véri-
fiaient aujourd'hui cruellement. Elle aurait voulu lui écrire, mais ne
le pouvait pas. Depuis qu'elle était en « France » elle n'avait eu que
deux lettres de sa mère. Elle n'eut pas le temps d'y répondre, quoique
470 Madame lui ait promis d'écrire à sa place. Etait-ce possible de dire
tout ce qui lui passait par la tête à Madame ? Elle s'en voulait°. Son
ignorance la rendait muette°. Elle écumait° de rage, à son propos°.
Mademoiselle lui avait, en plus, pris° les timbres.

Une idée agréable pourtant lui traversa l'esprit, mit un sourire sur
son visage. Ce soir-là, il n'y avait que Monsieur, devant la télévision.
Elle voulut profiter de cet instant. Elle se planta° une seconde devant
Madame et la quitta.

Perdue	
avoir bien réfléchi	
de service	
comme exemple	
commença / devenait pire	
Du travail imposé	
elle en avait trop / Le dimanche	
la sœur de Madame invitait	
arrivaient en grand nombre	
actes généreux	
dead brushwood	
plus	
bit	
devenait dure	
était fâchée contre elle-même	
silencieuse / foamed / sujet	
volé	
s'arrêta	

12. Notons l'emploi de l'article défini ici. L'observation indique-t-elle qu'il n'existe qu'*une*
psychologie « indigène » ?

13. A quoi est-ce que Diouana compare les souvenirs qui se déroulent devant ses yeux ? Y a-t-il
d'autres éléments de cette nouvelle qu'on pourrait comparer à un film ? Lesquels ?

Vendue… vendue… achetée… achetée, se répétait-elle. On m'a acheté. Je fais tout le travail ici pour trois mille francs. On m'a at-
480 tirée, ficelée et je suis rivée° là, comme une esclave. Elle était fixée, maintenant. Le soir, elle ouvrit sa valise, regardant tous les objets et pleura. Personne ne s'en souciait°.

Pourtant, elle accomplissait les mêmes gestes, et restait fermée comme une huître à la marée basse° de la Casamance, son fleuve.

— « Douna, » l'appelait Mademoiselle. Impossible qu'elle dise : Di-ou-a-na.

Cela redoublait sa colère. Mademoiselle était encore plus fainéante° que Madame : « Viens enlever ceci » — « Il y a ça à faire Douna » — « Pourquoi tu ne fais pas ceci Douna ? » — « Parfois, tu
490 pourrais un peu ratisser° le jardin, Douna. » Pour toute réponse, Mademoiselle recevait un regard incendiaire°. Madame s'était plainte° d'elle à Monsieur.

— Qu'as-tu Diouana ? Tu es malade ou quoi ? demanda Monsieur.
Zélée pour° le travail, elle n'ouvrit plus la bouche.

— Tu peux me dire ce qui ne va pas. Peut-être que tu voudrais aller à Toulon. Je n'ai pas eu le temps d'y aller, mais demain nous irons.

— On dirait qu'on la dégoûte, remarqua Madame.
Trois jours après Diouana prit son bain. Madame lui succéda° mais trois heures après sa promenade. Elle revint vivement :
500 — Diouana… Diouana, s'écria Madame, tu es sale quand même. Tu aurais pu laisser la salle de bains en ordre.

— Pas moi Madame. Les enfants eux, viye.

— Les enfants ! c'est pas vrai. Les enfants sont propres. Que tu en aies marre°, c'est possible. Mais que tu mentes comme les « indigènes, » j'aime pas cela. J'aime pas les menteuses et tu es une menteuse.

Elle garda le silence, pendant que la nervosité faisait trembler ses lèvres. Elle remonta à la salle de bains, se dévêtit°. C'est là qu'on la trouva, morte.
510 Les enquêteurs° conclurent « suicide. » On classa le dossier°.

Le lendemain, les quotidiens°, publièrent en quatrième page, colonne six, à peine° visible :

« A Antibes, une Noire nostalgique se tranche la gorge. »

Glossary (margin):
- enchaînée
- pensait à elle
- an oyster at low tide
- paresseuse
- rake
- plein de révolte
- complained
- ici : Absorbée par
- la suivit
- (fam.) assez
- se déshabilla
- investigateurs / considéra le cas terminé / journaux
- presque pas

Après la lecture

◆ **Questions de compréhension**

Arrivée sur la Côte d'Azur

A. Est-ce que les phrases suivantes sont **vraies** (V) ou **fausses** (F) ? Si elles sont fausses, corrigez-les.

1. Diouana arrive sur la Côte d'Azur en avion avec Monsieur et Mademoiselle.
2. Les enfants harcèlent Diouana.
3. Lorsqu'elle est à Dakar, la couleur de sa peau pose un problème à Diouana.
4. Diouana va de villa en villa pour se reposer.
5. Les étrangers pour qui Diouana fait la cuisine sont normaux, généreux et simples.
6. Les voisins appellent Diouana « la Noire de… ».
7. Au début de son quatrième mois, Diouana voit un bon film français.
8. En France, Diouana est à la fois cuisinière, bonne d'enfant, blanchisseuse et repasseuse.
9. Tive Corréa a tort de dire à Diouana qu'elle ne doit pas quitter le Sénégal.
10. Madame félicite Diouana de son travail devant Monsieur.
11. Monsieur lui demande si elle veut aller à Toulon, et elle accepte d'y aller.
12. Diouana est menteuse.

B. Pour chaque expression en caractères gras, identifiez à quel élément de l'histoire vous l'associez. Expliquez le rapport.

Modèle : **le corps** : Monsieur <u>Diouana</u> un inspecteur le commandant X
(C'est Diouana qui est morte. Elle s'est suicidée.)

1. **Mme P…** : maman Mlle D… papa Boutoupa le commandant X
2. **Le commandant X** : un panneau dépoli la vitre brisée le jardin les statuettes
3. **Missié** : l'inspecteur le médecin légiste Monsieur Tive Corréa
4. **Le Sénégal** : Paris la Croisette la Casamance Toulon
5. **une annonce** : le salaire une bonne la « brousse natale » une carte d'identité
6. **Samba** : le chômage les assiettes le cuisinier le patron
7. **Tive Corréa** : une commission la « 403 » les Grands Blancs les mines
8. **la cuisine africaine** : la Dive bouteille les parents de Madame les gosses les restes
9. **les cols des chemises** : trop épicés 3 000 francs C.F.A. brûlés portés par Diouana
10. **les enquêteurs** : les transitaires les corvées les combinaisons le suicide

◆ **Une perspective plus large**

Interprétons le texte

1. Qui est descendu des deux véhicules dans la première scène de la nouvelle ? Pourquoi sont-ils venus ?
2. Qui a découvert le corps ? De quoi s'est-il servi pour atteindre la fenêtre de la salle de bain ? Qu'a-t-il vu à travers la fenêtre ?
3. Est-ce que tout le monde croyait à un suicide ? L'inspecteur ? Le commandant X ? Pourquoi les reporters s'impatientaient-ils ?
4. Comment Diouana gagnait-elle sa vie là-bas en Afrique ? Comment imaginait-elle la vie en France ?

5. Pourquoi Madame a-t-elle mis des annonces dans tous les journaux ? En vacances en France trois ans avant, quels problèmes avait-elle eus avec ses bonnes françaises ? Sans bonne, pourquoi n'avait-elle pas été capable de s'occuper de sa propre maison ? Pourquoi a-t-elle finalement choisi Diouana cette année parmi la centaine de jeunes candidates qui se sont présentées en réponse aux annonces ?

6. Avant de partir du Sénégal, Diouana avait demandé conseil à son cousin, Tive Corréa. Pourquoi n'a-t-elle pas suivi ses conseils ? Comment avez-vous interprété les paroles suivantes de son cousin : « Hélas ! les jeunes confondent vivre en France, et être domestique en France » ?

7. Pourquoi Diouana se sentait-elle persécutée en France ?

8. Pourquoi avait-elle le mal du pays ? N'était-elle pas toujours entourée de beaucoup de monde ?

9. A la fin de l'histoire, comment Diouana jugeait-elle les autres ? Les gosses ? Les gens chez le commandant ? Tive Corréa ? Madame ? Mademoiselle ?

10. A votre avis, pourquoi Diouana s'est-elle suicidée ?

Allons plus loin

1. Quels sont les éléments dans la première scène de la nouvelle qui renforcent le réalisme de la scène ? Justifiez votre réponse en parlant de la première partie de l'histoire.

2. En fin de compte (finalement), l'intrigue de la nouvelle se développe autour des différences entre deux mondes. Comment l'auteur met-il en relief ces différences ? Uniquement à travers ses personnages ? Aussi à travers le décor ? Quelles sont les distinctions entre ces deux mondes ?

3. A votre avis, la tragédie de Diouana a-t-elle été provoquée par des différences culturelles ou simplement par la méchanceté d'une certaine famille française ?

4. Diouana est une jeune femme innocente et gaie quand elle part du Sénégal. Quelles sont les circonstances qui font qu'elle devient si dégoûtée de la vie ?

5. Cette nouvelle est-elle, à votre avis, un portrait réaliste de deux sociétés en conflit, ou plutôt un portrait exagéré dont le but est de souligner certaines tristes conséquences historiques ? Expliquez votre réponse.

◆ Compositions

A. Reprenez l'argument du cousin de Diouana, Tive Corréa, et essayez encore une fois de convaincre Diouana de **ne pas partir** en France. Utilisez votre imagination et transformez l'histoire de manière à ce qu'elle ne quitte pas son pays natal ! Commencez par ces phrases : « Diouana, ne confonds pas vivre en France, et être domestique en France. Là-bas, personne ne dira... ».

B. Mettez-vous à la place d'un des journalistes qui arrivent devant la villa « Le Bonheur Vert. » Vous entrez à l'intérieur de la villa où se trouvent Madame P, sa sœur, le commandant X et les autorités. Ecrivez un article de quatre à cinq paragraphes où vous expliquez ce que vous avez découvert. N'oubliez pas de répondre à ces cinq questions : Qui ? Où ? Quoi ? Quand ? Pourquoi ? Mettrez-vous votre article à la une de votre journal ? Pourquoi ou pourquoi pas ?

Comparons les nouvelles !

◆ Personnages

1. Quels événements dans la vie des trois protagonistes provoquent en eux une nouvelle façon de voir le monde qui les entoure ? Quelle est cette nouvelle perspective ?

2. Essayez d'imaginer les hommes qui jouent un rôle dans la vie des trois protagonistes féminins. Dans quelle mesure dépendent-elles de ces hommes ?

◆ Thèmes

3. Quel est le thème principal de ces trois nouvelles ? Comment est-ce que ce thème est développé dans chacune ?

4. Comparez le rôle de l'argent dans les trois nouvelles.

◆ Style

5. Les personnages principaux des trois nouvelles sont victimes d'une certaine hostilité de leur entourage. Choisissez dans chaque nouvelle des passages particulièrement descriptifs des pressions extérieures que subissent ces personnages. Qu'est-ce qui indique que ces pressions sont extérieures ?

6. Les trois nouvelles ont des éléments stylistiques modernes. Laquelle d'entre elles a une conclusion ouverte ? Laquelle emploie le rêve pour présenter une autre réalité ? Laquelle se déroule d'une façon non-chronologique ? Quel style préférez-vous ? Pourquoi ?

◆ Généralités

7. Qui représente la voix du bon sens dans « La Noire de… » et dans « Pur polyester » ? Comment cette voix se fait-elle entendre dans ces deux nouvelles ? Entendons-nous une voix pareille dans « Le cauchemar » ? Joue-t-elle le même rôle ici que dans les deux autres récits ?

8. Dans quelles nouvelles les détails régionaux sont-ils les plus impressionnants ? Que savons-nous de ces régions d'après les images, le langage, l'interaction et les pensées des personnages ?

IV

Le couple et la crise

Avant de lire le chapitre IV

« Le couple et la crise »

Discutez des questions suivantes.

1. Qu'est-ce qui vous rend heureux(se) ? Comment définissez-vous le bonheur ? Est-ce que l'amour ou une relation intime fait partie de votre idée du bonheur ? Quelle est l'importance pour vous d'être libre de choisir vos relations d'amour, votre carrière, votre façon de vivre, vos amis ?

2. Si vous n'êtes pas marié(e), est-ce que l'idée de vous marier vous attire ? Quels sont les avantages du mariage ? Les inconvénients ?

3. Connaissez-vous des couples mariés qui habitent séparément ? Sont-ils heureux ? Pourquoi ou pourquoi pas ?

4. De nos jours, quels sont les obstacles que doit affronter un couple qui habite ensemble ? Quelles sont les causes les plus importantes de divorce dans votre pays ? Est-ce que les parents qui ne s'aiment plus font mieux de rester ensemble pour le bien-être (*well-being*) de leurs enfants ? Dans quelles circonstances devraient-ils plutôt se séparer ou divorcer ?

5. Décrivez un couple heureux que vous connaissez.

6. Décrivez un couple plutôt malheureux que vous connaissez. Ce couple pourrait-il faire quelque chose pour mieux s'entendre (*to get along*) ? Expliquez.

l'Afrique et le Congo

Population du Congo: 2,7 millions d'habitants

Superficie: 342 000 km²

Capitale: Brazzaville (Près de 50% des Congolais résident à Brazzaville ou à Pointe-Noire)

Langues parlées: Français, lingala, munukutuba, lari

Religions: Christianisme, animisme, kimbanguisme (Eglise du Christ fondée par Simon Kimbangue), islam

Industries, produits: Pétrole, alimentaire (*foodstuffs*), brasseries (*beer production*), sucreries (*sugar refineries*), production forestière, cigarettes, ciment, phosphate, cacao, café, tabac

Gouvernement actuel: République

Histoire: Jusqu'au 15e siècle il existe des petits états dans la région du fleuve le Congo. Vers cette date des royaumes (*kingdoms*) encore plus grands (le royaume de Loango, le royaume tyo, le Kongo, l'Angola) naissent et, plus tard, échangent des esclaves et de l'ivoire contre des marchandises européennes. La période coloniale commence en 1775 environ avec Savorgnan de Brazza. Il fonde, au nom de la France, la colonie du Congo français.

En 1910 toute la région est divisée en deux territoires, le Gabon et le Congo. Le Congo obtient son indépendance en 1960. Des élections libres avec la participation de plusieurs partis politiques ont lieu en 1992. Peu après cette date le pays connaît cependant une guerre civile. En 1997, Denis Sassou Nguesso devient président de la nation. Aujourd'hui on envisage une nouvelle Constitution qui entrera en vigueur en 2001.

Climat: Chaud et humide[1]

---

1. *Grand Larousse en 5 volumes* (Paris : Larousse, 1987), 734 ; *Quid 1998* (Paris : Editions Robert Laffont, 1997), 980.

10

« La fièvre »

J.-B. Tati Loutard

Courtesy of J.-B. Tati Loutard.

Jean-Baptiste Tati Loutard (1938–   ) comes from Ngoyo, in the Congo, near Pointe-Noire,[1] where he first attended school. He earned his *baccalauréat* at the Marianist[2] Collège Chaminade. After teaching for a short time, he continued his studies in Bordeaux, France, preparing two *licence* degrees, one in modern letters (1963) and another in Italian (1964), and the C.A.P.E.S.[3] in 1965. Upon his return to the Congo, Tati Loutard first taught literature, with a specialization in poetry, at the University of Brazzaville, before moving into the field of administration. He accepted the posts of director of the Ecole Supérieure des Lettres and director of the Centre d'Enseignement Supérieur de Brazzaville, then became Dean of the College of Humanities and general director of scientific research and higher education. From 1975 to 1977 he served as the Congo's Minister of Higher Education, and in 1977 he became Minister of Culture, Arts and Sports, a position he held until 1992, when he returned to teach at the University of Brazzaville.[4] Today he is again serving his government in a ministerial position.

Tati Loutard is best known as a poet and as editor of the well-known *Anthologie de la littérature congolaise d'expression française* (1976). Beginning with *Poèmes de la mer* (1968), he has regularly published collections of poetry in France, Cameroon, the Democratic Republic of the Congo, and Senegal. He has received the Italian Simba award (1977) for his entire poetic oeuvre, the Grand Prix Littéraire de l'Afrique Noire (1987), and the well-known Prix Tchicaya U Tam'Si (1998) from the Fondation d'Asilah in Morocco. His most recent works include a novel, *Le récit de la mort* (1987), and several collections of poems, *Le serpent austral* (1992), *L'ordre des phénomènes* (1996), and *Le palmier-lyre* (1998).

Tati Loutard is also a recognized black African short-story writer, author of two collections of short stories, *Chroniques congolaises* (1974) and *Nouvelles chroniques congolaises* (1980), from which « La fièvre » is

1. Pointe-Noire is the **Congo's** principal port, located north of the Congo River on the Atlantic Ocean. See the map of the **Congo**, p. 124.
2. A religious order dedicated to education
3. *Certificat d'aptitude pédagogique à l'enseignement secondaire* (credential for teaching in the secondary schools)
4. Alain Rouch and Gérard Clavreuil, *Littératures nationales d'écriture française : Afrique noire, Caraïbes, Océan Indien : Histoire littéraire et anthologie* (Paris: Bordas, 1986), 122; Robert Mane, Université de Paris XII, Val-de-Marne, letter to the editors May 5, 1994. See also Robert Mane, « Peuple des rues, peuple de Brazzaville » in « Chroniques congolaises de Jean-Baptiste Tati Loutard », *Africa, America, Asia, Australia* (1992), 7–17.

taken. In these short stories the author distances himself from writers of the more widely read traditional *conte* with his contemporary settings and concerns regarding modern Congolese society. His stories deal with adapting to change—the new metropolis, new lifestyles, and new perspectives on old principles and traditions. His style is realistic in its detailed descriptions of daily life. In the stories the reader can detect an underlying message of social and political commitment to liberalization, education, and a wider appreciation of the arts by people of all social classes. The Congo comes to life through Tati Loutard's writings, which are deeply rooted in African contexts, yet accessible to the Western reader.

Avant de lire

◆ Questions préalables

1. Quels moyens de transport utilisez-vous en ville ? Quels sont les avantages et les inconvénients de chacun de ces moyens de transport ? Lequel préférez-vous ? Pourquoi ?
2. Aimeriez-vous avoir une famille nombreuse (avec au moins trois enfants) ? Pourquoi ou pourquoi pas ? Connaissez-vous une telle famille ? Quels sont les rôles du père et de la mère dans cette famille ? Comment partagent-ils les tâches (*tasks*) domestiques — les courses, l'achat des provisions, la préparation des repas, la vaisselle, le ménage (*housework*) ? L'éducation des enfants ? Le temps qu'ils passent avec les enfants pendant la journée, le soir et le week-end ?
3. Quand vous étiez très jeune, avez-vous jamais eu de la fièvre, une température très élevée ? Quel était le diagnostic (*diagnosis*) de votre maladie ? Le remède ? Avez-vous dû être soigné(e) d'urgence ? Si oui, qui vous a aidé(e) à obtenir les soins nécessaires ? En général, qui vous soignait (*cared for you*) quand vous tombiez malade ? Votre mère, votre père ou tous les deux ? Expliquez.

◆ Vocabulaire

Voilà quelques mots et expressions utiles pour la lecture de la nouvelle. Pouvez-vous compléter les phrases ci-dessous ?

s'appuyer : to lean (against, on)
actuellement : presently
régler : to pay (bill or debt)
le deuil : mourning
frapper : to strike, hit, or knock
la veuve : widow
coller : to stick or glue
étouffant(e) : suffocating, stifling, oppressive
les mauvaises langues : gossipers
à l'abri de : sheltered from

En réfléchissant à ce vocabulaire, choisissez le mot ou l'expression qui s'accorde avec le contexte de la phrase donnée. Mettez-le à la forme qui convient.

1. La femme _____ lourdement contre le poteau (post), car elle est fatiguée.

2. Même s'il pleut, elle reste _____ la pluie, protégée par le toit d'un arrêt d'autobus.

3. Il fait chaud et humide en cette saison au Congo, et ses vêtements lui _____ au corps.

4. La pauvre mère d'Alphonsine a perdu son mari. Peu après la période de _____, elle doit se défendre contre les avances de son beau-frère.

5. Lounongo, le beau-frère de la mère d'Alphonsine, est bien connu dans le quartier. _____ disent qu'il profite de l'adversité des autres.

6. A la mort de son mari, _____ doit penser à sa propre survie et à celle de ses enfants.

7. A son tour, Alphonsine sent que la mauvaise fortune la _____.

8. A la fin de la journée, Alphonsine refuse l'offre du chauffeur de taxi parce qu'elle n'a pas l'argent nécessaire pour _____ la course (trip).

9. Pour sortir d'une atmosphère _____, le diplomate cherche la fraîcheur de l'air sain (healthy) dans la nature.

10. Autrefois, Alphonsine dansait et s'amusait, mais _____ les obligations familiales ne lui permettent plus de sortir.

◆ **Stratégie de lecture : Situer les personnages par rapport aux traditions culturelles**

Dans « La fièvre », deux femmes ont des décisions morales et pratiques à prendre. Leur dilemme vient du fait (*from the fact*) que leurs traditions culturelles leur paraissent injustes. Elles doivent choisir entre accepter ces traditions et s'y conformer en souffrant, ou bien les confronter et s'y opposer.

Parmi les traditions culturelles suivantes, lesquelles sont, à votre avis, justes ou injustes ? Pourquoi ? Ou pourquoi pas ?

1. Dans un cas de divorce aux Etats-Unis, il est probable que la mère garde les enfants.
2. En France, les familles nombreuses reçoivent une allocation familiale (des bénéfices, des avantages) que les familles avec un(e) ou deux enfants ne reçoivent pas.
3. Dans les cultures musulmanes (*Moslem*), le mari a le droit d'avoir quatre femmes à la fois, s'il les traite également. La femme n'a droit qu'à un mari.
4. Dans certains pays africains, les jeunes filles à l'âge de puberté doivent subir une operation chirurgicale (l'excision) qui les empêche de jouir pleinement de leur sexualité.

Maintenant lisez la lecture en identifiant les traditions culturelles et la façon dont les personnages répondent à leurs exigences.

« La fièvre »

J.-B. Tati Loutard

PREMIÈRE PARTIE

Alphonsine Bobéka s'était appuyée contre un poteau du hangar°, où les usagers° attendent à l'abri du soleil ou de la pluie l'autobus n° 12, qui passe par la rue Mbochi et s'arrête près de sa maison.

    Elle était fatiguée, vidée°. Elle ne sentait plus ses articulations° et fermait de temps à autre les yeux en pressant les paupières°, comme pour se ressaisir°, soutenir ses esprits qu'elle risquait de perdre à tout instant.

    L'atmosphère de l'après-midi était lourde et morne°. Son corsage° rose lui collait au dos. Elle espérait une pluie qui donnerait un peu de 10 fraîcheur à la ville. Elle se penchait° parfois pour regarder la rue. L'autobus ne s'annonçait pas°. Elle prendrait bien un taxi ; seulement, son sac à main ne contenait plus assez d'argent pour une course. Le mois était haut° et le ciel gris. Alphonsine attendait, seule et résignée.

    Jusqu'à vingt-sept ans, la vie ne lui avait apporté que peines° et fatigues. Il ne lui restait de son père, qu'elle avait perdu à l'âge de cinq ans, qu'une vague silhouette. Sa mère avait été chassée du toit conjugal° avec ses quatre enfants, une semaine après le deuil. Lounongo, son beau-frère, lui avait fait savoir qu'il prendrait vite possession des 20 lieux et des biens, et qu'elle ne pouvait prétendre à° quelque chose que° si elle acceptait d'être sa troisième épouse. Elle repoussa l'offre avec une dignité qui émut° tous les amis de son feu mari°.

    Il faut dire que Lounongo était un rustaud°. Il avait toujours de la salive à dispenser sans gêne° dans toutes les directions. Il se raclait continuellement la gorge°. Les mauvaises langues disaient qu'un débris d'os humain s'y était mis en travers°. Son physique était celui d'un bûcheron°, plein de nœuds sur les bras et sur les jambes. On se demandait où il avait trouvé tant de muscles, alors qu'il attendait tranquillement que des personnes meurent dans sa famille pour s'ap-30 proprier° l'héritage.

    Il laissa entendre que si la veuve avait le moindre souci du sort° de ses enfants, elle devait lui communiquer la date à laquelle elle percevrait le capital-décès° ; elle le fit, et il l'accompagna jusqu'au Trésor où il se tint près d'elle, surveillant tous ses gestes. Elle présenta les papiers. Le caissier s'exécuta°. Lounongo s'empara des liasses° et ne remit que cinquante mille francs à la veuve sur un million de

	shed
	ici : les passagers
	emptied / joints: hips, knees, etc.
	eyelids
	regain her self-control
	gloomy / *ici : son chemisier*
	leaned over, leaned out
	ici : n'apparaissait pas
	C'était la saison des pluies
	efforts, difficultés
	mise à la porte de la maison
	claim
	ici : seulement
	a touché / son mari mort
	quelqu'un sans délicatesse, grossier / embarrassment / he was always clearing his throat / a bit of human bone had got stuck crosswise / a logger, a woodcutter
	prendre
	le plus petit intérêt dans l'avenir
	she would receive the death benefits
	executed the transaction / grabbed the wad of bills

francs perçus°.[1] « Tiens°, va faire du commerce pour nourrir les enfants, » lui déclara-t-il, au moment de la quitter.

Alphonsine avait écouté ce récit plusieurs fois, et chaque fois son
40 cœur restait serré°.

L'autobus ne venait pas. Le jour commençait à baisser. Alphonsine
avait fini par s'asseoir sur le banc du hangar, riche en taches° d'huile.
Un taxi s'arrêta. Elle refusa de la tête.

Elle pensait à ses enfants qui ne l'avaient pas vue depuis la fin de
la matinée. Elle les avait confiés à° sa voisine pour aller aider Tante
Martine, directrice du Centre communal des Polios°, à organiser la
fête annuelle de l'établissement. Après la cérémonie, elle était restée
pour ranger les tables, la vaisselle et l'exposition des travaux réalisés
par les petits infirmes°.

50 Elle s'interrogeait maintenant sur les bizarreries de la vie, sur la
souffrance qui lui semblait irréductible°. Pendant son enfance, c'était
la tuberculose qui sévissait°. Si celle-ci ne rongeait pas° les poumons,
elle s'attaquait aux os. La mort intervenait dans la résignation. Et à
présent, c'était le cancer qui ravageait l'humanité de façon insidieuse.
Il impose un silence de terreur à tout le monde, là où il se manifeste.
Il peut vous prendre au foie°, au sein°, à la gorge, au nez…

« Sept enfants, à mon âge ! J'ai vraiment le destin d'une cane°. En
dehors de mon métier, je m'ébroue° au milieu de ma couvée°. Bobéka
n'est plus qu'une ombre à la maison. Il mène une vie d'insouciant° :
60 les bars, les femmes, les promenades. Nous nous heurtons° à propos
de tout. L'amour s'est enfui°. De temps à autre, au lit, il s'abat° sur
moi comme un vautour°. C'est lorsqu'il n'a pas trouvé de proie°
ailleurs. Il devient furieux si je ne lui cède pas. Alors, je me fais docile
pour éviter les coups. La pilule° me rend malade. Je saigne° avec le
stérilet°. Et j'ai peur d'avorter°, même si l'on m'assure qu'à la Clinique des Cataractes, le curetage° est impeccable. J'ai l'impression
que ces pratiques sont contraires à mon sort°. Je ne dois pas tenter° la
mort. Elle me frapperait vite. Je préfère affronter l'accouchement°. J'y
suis habituée. »[2]

70 La fin du jour et la fatigue qui se diluait° en elle avaient radouci
ses traits°. Elle avait presque retrouvé son visage de jeune fille, qui af-
fleurait° lorsqu'elle était triste. Un autre taxi s'arrêta. Le chauffeur
l'invita à monter à bord. Alphonsine refusa. Il descendit de la
voiture :

— Où habitez-vous, madame ?

— A Talangaï.

— Justement, je vais par là. Venez, même si vous n'avez pas d'argent. Vous me paierez quand vous le pourrez.

---

1. Lounongo a remis à la mère d'Alphonsine 50 000 sur 1 000 000 F centrafricains, ou 5%. En
1999, 1 000 000 F centrafricains = approximativement $1 600.
2. Voilà un exemple d'un **monologue intérieur**. Ici le monologue intérieur est à la première
personne et entre guillemets (*quotation marks*).

reçus / ici : (fam.) "Here you go"

ici : angoissé

stains

mis sous la surveillance de
des victimes de la polio

disabled

invincible
ran rampant / ne détruisait pas
 peu à peu

in the liver / in the breast
la femelle du canard
m'agite / brood of little ones
carefree
ici : nous nous disputons
has flown away / throws himself
vulture / prey

the pill / je perds du sang
I.U.D., intra-uterine device / to
 have an abortion / le nettoyage
 de l'utérus / mon destin / tempt

face childbirth

pénétrait
had softened her features
appeared on the surface

Elle sourit légèrement. Il insista. Elle refusa plus nettement. Le
80 chauffeur de taxi s'éloigna°.   *went away*

Peu après, Alphonsine se prit à° regretter. Elle aurait dû° accepter   *a commencé à / should have*
son offre. Elle savait que le taximan attendrait° d'elle un avantage   *would expect*
pour le service rendu. « Je suis bête, pensa-t-elle. De toute façon, il ne
m'aurait pas violée°. Je suis bête. J'aurais dû en profiter pour   *he wouldn't have raped me*
rentrer. »

L'ombre commençait à gagner la ville. Alphonsine s'en inquiéta.
Elle avait perdu tout espoir en l'arrivée de l'autobus. Elle sortit de son
abri. En apercevant de loin les veilleuses° d'une voiture, elle leva le   *parking lights*
bras dans un geste d'auto-stoppeuse° timide. Quelques instants   *female hitchhiker*
90 après, une longue Ford s'arrêta près d'elle ; elle parut très gênée
lorsqu'elle aperçut que la voiture avait l'immatriculation° du corps   *the license plate*
diplomatique. Le conducteur était seul à bord.

— Excusez-moi. Je croyais que c'était un taxi. C'est qu'il commence à faire nuit. Excusez-moi, monsieur.

— Ce n'est rien. Où allez-vous ?

— Vers la rue Mbochi.

— Je connais. Vous pouvez monter. Cela ne me dérange pas.

Alphonsine hésita. En plein jour°, elle n'aurait pas osé monter.   *Aux heures de soleil*
Mais l'ombre commençait à s'épaissir°. Dans ce crépuscule avancé,   *to thicken*
100 qui la reconnaîtrait derrière les glaces d'une voiture ? Elle n'était ni
habillée, ni coiffée à l'accoutumée. Elle portait jupe et corsage au lieu
de pagnes° et camisole. Une perruque noyait ses tresses°.   *wrapped cloth forming a skirt*
                                                                            and extending over the
                                                                            shoulder / a wig hid her braids
La portière était ouverte. Elle entra et ferma aussitôt. Elle se tint à
distance respectable du conducteur, l'air crispé et méfiant. Pendant
quelques minutes, ils ne se parlèrent pas. L'homme devait remuer°   *must have been turning over*
beaucoup de pensées dans sa tête, pour savoir comment aborder°   *adresser la parole à*
cette femme effarouchée°.   *effrayée, qui avait peur*

Elle se prenait intérieurement pour une idiote. Quel mal pouvait
lui faire un homme adulte, diplomate de surcroît°, qui devait cer-   *en plus*
110 tainement faire grand cas de son honorabilité dans un pays étranger ?
Elle descendrait assez loin de la rue Mbochi. « J'ai tellement de
malchance que je risque de tomber sur Bobéka. Ce serait alors ma
mort. Oui, il me tuerait comme un mouton s'il me voyait de ses yeux°   *with his own eyes*
descendre d'une voiture comme celle-ci. Comment pourrais-je me
défendre ? »

— Vous ne parlez pas ? Comment s'est passé votre dimanche ?
Moi, j'ai été° faire un tour vers Linzolo³ pour prendre un peu l'air.   *je suis allé*
Ces jours-ci, l'atmosphère est étouffante. Il fait bon respirer l'air sain
dans la nature.

120 — J'ai assisté ma tante dans l'organisation d'une fête pour les petits polios de Bacongo. Je me suis un peu attardée auprès d'elle°. Les   *avec elle*
autobus sont rares, le dimanche, surtout en fin d'après-midi, et la

---

3. Quartier dans le sud-ouest de Brazzaville qui compte plus de 100 000 habitants

plupart des taxis sont au Stade° de la Révolution. Je pourrai descendre vers la Coupole.[4]

— C'est trop loin de la rue Mbochi. Je vous ai déjà dit que vous ne me dérangez pas. Je suis disposé à vous rendre service.

Alphonsine parlait sans trop réfléchir. Elle en avait conscience. « Il va certainement me prendre pour une sotte°. J'aurais dû accepter l'offre du taximan auprès de qui je me serais sentie° plus à l'aise. J'aurais pu régler la course à l'arrivée. Je me suis mise dans une situation difficile pour rien, » pensa-t-elle.

Ils arrivèrent au rond-point° des Pionniers. Le diplomate avait baissé la glace. L'air frais de la nuit parvenait° jusqu'au visage d'Alphonsine. Elle aurait bien voulu en profiter pleinement de son côté. Mais elle n'osait pas imiter son voisin. Elle jugeait le geste trop hardi° pour elle.

Ils dépassèrent le Palais du Peuple, vieille splendeur coloniale où trônait jadis° le Gouverneur général de l'Afrique Equatoriale Française.[5] Alphonsine était toujours passée de jour à cet endroit. Les lumières qui fusaient du sol° pour éclairer l'édifice et les lampes qui pendaient° comme des fruits dans les arbres du jardin lui donnaient un air de féerie°.

— C'est maintenant très beau, par ici, n'est-ce pas, avec toutes ces lumières au Palais et cette place des Héros. Vous ne trouvez pas ?

— Mais si.[6] C'est vraiment beau, fit° Alphonsine, un peu détendue°.

— J'ai vécu ici les derniers fastes° de la période coloniale, lorsque le Général de Gaulle[7] est venu à Brazzaville pour la campagne du Référendum constitutionnel. J'étais alors° fonctionnaire de l'Administration Centrale. C'était le 23 août 1958. Je me souviens. Il y avait les corps constitués, les parlementaires avec l'écharpe tricolore[8] et les officiers tout vêtus de blanc. Il promettait aux Africains d'accomplir avec eux de grandes choses. Il parlait de façon vague dans un style enveloppant°.

Alphonsine se sentait de plus en plus à l'aise sur le siège moelleux° de la voiture. Il y avait longtemps qu'elle n'avait pas éprouvé° une telle sensation de bien-être°. Elle allongea les jambes dans un étirement° discret. Elle pensa que le plus malheureux des hommes connaît parfois des moments qui lui font oublier sa triste condition ; il les vit alors pleinement, intensément. Et quand il en sort, dans son

stadium	

une idiote
I would have felt

au carrefour où se croisent plusieurs rues / arrivait

audacieux

était comme sur un trône, dans le passé

ici : partaient de la surface de la terre / were hanging

spectacle enchanteur

a dit
plus relaxe
splendeurs d'un empire

à ce moment-là

captivant
the soft seat
experienced
well-being
a stretch

4. Un monument de Brazzaville
5. Fédération de quatre territoires français (1910–1958) qui comprenait ce qui est maintenant le **Congo**, le **Gabon**, le **Tchad** et la **République Centrafricaine**. Au moment où Tati Loutard écrit la nouvelle, en 1980, les territoires sont depuis une vingtaine d'années des pays indépendants.
6. Notez l'emploi de **si** pour répondre affirmativement à une question au négatif.
7. Homme d'Etat français et héros de la Résistance contre les Allemands pendant la Seconde Guerre mondiale (1939–1945) ; Président provisoire de la **France** (1944–46) et Président de la Cinquième République (1958–1969).
8. *The red, white, and blue scarf symbolic of the French Revolution*

être°, c'est comme un feu qui s'éteint° graduellement. Même sur un grabat°, quelques lueurs rougeoient° encore sous les paupières closes.

Pour meubler° un moment de silence, le diplomate ouvrit la radio de bord°. C'était la fin des émissions en lingala. Puis quelques chansons passèrent°.

— J'apprécie la musique de votre pays, dit-il. Quand j'étais étudiant à Dakar,[9] j'avais des amis congolais auprès de qui j'ai appris à l'aimer. Vous avez vraiment une belle musique. Chez moi, j'en ai toute une collection de disques. Est-ce que vous dansez souvent ?

170 — Je dansais beaucoup quand j'étais à l'Ecole Normale.[10] Cela a duré deux ans à peine°. Actuellement°, je ne danse qu'à l'occasion de certaines cérémonies : mariage, baptême, retrait de deuil°. Les obligations familiales ne me permettent plus de sortir souvent.

— Et si je vous emmenais danser,[11] ce soir, que diriez-vous ?

— Oh non. Ce n'est pas possible. Les enfants m'attendent depuis longtemps. Mon mari le saurait°. Il a des amis dans toutes les boîtes de nuit.

— Je plaisantais. Mais vous allez tout de même° accepter de faire un tour avec moi avant que je ne vous dépose°.

180 Alphonsine resta un instant silencieuse, comme si elle voulait réfléchir. Puis elle se tourna vers le diplomate avec un sourire entendu°.

Ils tournèrent au rond-point de la Coupole. La voiture reprit la direction de Bacongo, puis celle de l'aéroport de Maya-Maya. L'allure° se faisait de plus en plus rapide, les propos° rares. C'étaient comme deux joueurs prisonniers de leur complicité. Lorsqu'ils atteignirent° l'aéroport, le diplomate stoppa la voiture dans le parc, sous un arbre qui faisait une tache épaisse° dans la nuit.

Le cœur d'Alphonsine connut° un moment d'affolement° ; pourtant le comportement de l'homme ne lui parut° pas incorrect. Il ne
190 chercha ni à fouiller° son corps, ni même à l'embrasser. Elle avait cependant° l'impression d'être en danger. On aurait dit que quelque chose bousculait° sa vie. C'était donc cela, une aventure ? Elle comprenait que rien, dans l'éducation d'un être humain, ne peut remplacer la leçon du fait vécu°.

Lorsque ses collègues enseignantes parlaient de leurs aventures sentimentales, Alphonsine les écoutait distraitement. C'est comme si le destin l'en avait épargnée°. Elle était pourtant belle, avec des formes stimulantes, malgré° de nombreuses maternités ; ses camarades ne voulaient pas la croire, lorsqu'elle leur affirmait qu'elle
200 n'avait jamais eu d'aventure depuis son mariage. Elle passait à leurs yeux pour une sainte nitouche°. En fait°, elle n'était pas hypocrite, mais plutôt résignée. Des hommes faisaient bien la cour° à Alphon-

---

Glosses (right margin):

- être° — in his being / s'éteint° — a fire that dies
- grabat° — a cot / rougeoient° — *deviennent rouges* (**rougeoyer**) / meubler° — *ici* : to fill
- radio de bord° — car radio
- passèrent° — were played
- à peine° — barely / Actuellement° — *maintenant*
- retrait de deuil° — end of mourning
- saurait° — would find out
- tout de même° — all the same
- dépose° — before I take you home
- sourire entendu° — *qui indiquait son accord*
- L'allure° — *ici* : la vitesse / propos° — *commentaires*
- atteignirent° — *sont arrivés à* (**atteindre**)
- épaisse° — thick
- connut° — *a senti* / affolement° — *de peur*
- parut° — seemed (**paraître**)
- fouiller° — *explorer*
- cependant° — *pourtant* (however)
- bousculait° — *mettait en désordre*
- fait vécu° — *de l'expérience*
- épargnée° — destiny had spared her from such affairs / malgré° — *en dépit de* (in spite of)
- sainte nitouche° — hypocrite, "holier-than-thou" / En fait° — in fact / la cour° — certainly did court

---

9. Capitale du **Sénégal**. Voir la carte de « **L'Afrique et le Sénégal** », p. 124.
10. Ecole qui prépare les enseignants du pays
11. *And if I were to take you dancing . . . ? Sometimes this use of* **si + imparfait** *is an invitation. It could also be just a possible scenario* (« *une situation hypothétique* »). *His question is intended to be ambiguous.*

sine, mais elle pensait qu'en acceptant, elle serait plus malheureuse après un court moment de vertige°.

Le diplomate était en train de lui dépeindre° sa vie. Il était centrafricain, né à Bangui même.[12] Ambassadeur depuis près de huit ans, il avait été successivement en poste à Alger et à Yaoundé, avant d'être muté° à Brazzaville. Puis il s'était mis à° lui parler d'Alger, ville blanche tout en accidents°, ouvrant sur une mer d'un bleu pur.

210 « Chez les femmes, le port du voile°, légué°, dit-on, par les Turcs au XVIe siècle, n'a pas encore disparu.[13] La ville s'agrandit autant que le permet le pétrole.[14] Ce que j'ai le plus aimé, ce sont les plages, aménagées° en complexes touristiques, quand l'été flambe° sur la ville.

« Yaoundé, c'est différent, loin de la mer. On dit que la ville a été bâtie° sur sept collines, comme Rome. Après avoir occupé les hauteurs, on est descendu dans les bas-fonds° qui furent des marécages°. »

Le diplomate était au Congo depuis un an à peine et trouvait le pays beau et le peuple charmant. Il se disait divorcé. Il avait jadis° 220 épousé une fille de son pays et ne comptait pas renouveler l'expérience°.

Comme le temps passait, une angoisse s'empara d'Alphonsine. Elle était absente de la maison depuis trop longtemps°. Son mari devait être dans une colère effroyable°. Il y avait surtout les enfants, qui certainement avaient en ce moment besoin de sa présence.

— Je vous remercie beaucoup de m'avoir fait prendre un peu l'air. L'après-midi a été étouffante. J'étais fatiguée. Il faut que je rentre, maintenant. Pouvez-vous me raccompagner ?

— Oui, bien sûr.

230 Alphonsine le guida jusqu'à une ruelle° sombre où ils s'arrêtèrent. Malgré son cœur qui battait fort, elle échangea encore quelques propos avec lui. Pour lui faire plaisir, elle dut° accepter de le revoir. Puis la portière refermée, elle disparut aussitôt dans la nuit.

ici : tentation, folie
in the process of depicting to her

transferred / *avait commencé à* completely uneven in terrain wearing the face veil / *transmis*

développées / brûle

construite
the shallow areas of a waterway swamps

dans le passé

ne pensait pas se remarier

for too long
une rage terrible

une petite rue

devoir, *passé simple*

12. Dans la capitale du pays, c'est-à-dire, de la **République Centrafricaine**. Pour toutes ces références géographiques, voir la carte « **L'Afrique et le Congo** », p. 124.
13. L'auteur accentue le fait que le port du voile est une tradition culturelle plutôt qu'une loi de l'Islam. Le Coran insiste, en fait, sur l'égalité des sexes. Une Algérienne dit, à cet égard, « Une femme ne portant pas le *hijab* (le voile) peut être bonne musulmane mais … il lui manquera toujours quelque chose. » Sophie Bessis et Souhayr Belhassen, *Femmes du Maghreb : L'enjeu* (Casablanca: EDDIF, 1992), 231.
14. *Oil*. Le commerce du pétrole détermine la grandeur de la ville en offrant des emplois et de la richesse à la capitale.

◆ **Questions de compréhension**

Les personnages de « La fièvre »

1. Identifiez les personnages suivants : la veuve ; Lounongo ; Alphonsine ; Tante Martine ; Bobéka.
2. Combien d'enfants Alphonsine a-t-elle ?
3. Qui est le premier à proposer d'emmener Alphonsine chez elle ?

4. Accepte-t-elle finalement de monter dans une voiture ? Qui est le conducteur ? De quel pays vient-il ?
5. Avec qui Alphonsine travaille-t-elle ?
6. Qui a vu Alphonsine dans la voiture ?

DEUXIÈME PARTIE

Par bonheur, Bobéka n'était pas encore rentré. Les enfants, qu'elle avait confiés à sa voisine au moment de partir, se pressèrent autour d'elle lorsqu'ils la virent arriver. Elle les emmena précipitamment, les fit° manger, puis les mit au lit.

    Bobéka frappa brutalement à la porte vers minuit. Alphonsine fut accueillie° par une forte odeur d'alcool. Elle s'effaça° docilement sur
240 son passage°, puis referma la porte. Il avait une moue° nerveuse et faisait crisser ses dents°. Il se coucha sans mot dire.

    Alphonsine n'avait pas connu une nuit aussi agitée depuis le début de la vie conjugale. Elle s'imaginait que Bobéka était au courant de° ce qu'elle prenait déjà pour une infidélité. S'il attendait jusque-là pour réagir, c'est qu'il voulait la tuer par traîtrise°, à un moment commode, entre deux et quatre heures du matin, dans le calme de la maison et du quartier. Il se lèverait et l'étranglerait° en quelques instants. Puis tout rentrerait dans le silence, définitif pour elle. Cette pensée la faisait frémir°. Elle portait alors instinctivement la main au
250 niveau de sa gorge, dans un geste de protection.

    Elle avait beau raisonner°, se dire que son mari ne pouvait pas l'avoir vue dans la voiture du diplomate, elle ne parvenait pas à apaiser° sa conscience. L'haleine° de Bobéka sentait la bière. Il était certainement allé dans un bar avec des amis ou avec une de ses maîtresses. Maintenant, il ronflait°, la mine° innocente comme celle d'un bébé endormi. « Il joue au chat°. Je suis juste à ses côtés°. Il veut m'attirer dans le sommeil et me surprendre pour m'empêcher de crier. »

    Alphonsine se rappelait un court dialogue des tout premiers jours
260 de leur mariage.

    — Tu vas me casser les côtes°, avait-elle dit, prise dans une forte étreinte°.

    — L'amour ne peut provoquer un tel accident. Puis de façon inattendue, il avait ajouté : « Si tu me trompes° un jour, je le saurai parce que j'ai un flair° infaillible pour ce genre de saleté°. Je te tuerai plutôt que de garder de la vermine dans mon lit. »

    Elle se souvenait que Bobéka avait eu le regard dur, presque farouche°; elle s'était tue°, effrayée par ces propos. Près de dix ans avaient passé.

270   Pendant un long moment, Alphonsine resta inquiète et sur ses gardes. Elle s'attendait à l'assaut° de Bobéka. Elle crierait dès qu'il esquisserait° un mouvement vers elle. En même temps, elle s'élancerait hors du lit, vers le salon ; puis elle ouvrirait la porte qui donne sur° la

	had them
	greeted / *est disparue*
	sur le chemin où il passait / *une grimace* / made a noise grinding his teeth
	savait
	using treachery
	would strangle her
	trembler
	However much she reasoned
	n'arrivait pas à satisfaire / The breath
	snored / *ici : l'expression*
	He's playing cat and mouse. / right next to him
	ribs
	embrace
	ici : If you are unfaithful to me
	ici : une intuition / *cette sorte de chose sale ou dégoûtante*
	sauvage / *n'avait plus parlé* (**se taire**)
	expected the assault
	ici : commencerait
	est en face de

cour°. Elle pousserait des hurlements° en accomplissant tous ces gestes. Les enfants se réveilleraient en sursaut° et le vacarme° de leurs pleurs, mêlé à° ses propres cris, secouerait° le quartier endormi.

Il devait être bien tard. Les bistrots s'étaient tus. Les derniers pas s'évanouissaient° dans la rue. Le silence s'installait alentour°. Le souffle de Bobéka prenait du relief°.

280   Alphonsine méditait son plan d'alerte, couchée sur le dos, le regard perdu dans les ténèbres° du plafond. De temps à autre, elle se frottait° les yeux. L'attente la rendait peu à peu nerveuse. Elle sortit du lit, poussa la porte de la chambre qu'elle avait laissée entrouverte° et marcha à pas feutrés° jusqu'à la porte du salon. Elle agit sur le loquet° et se retrouva dans la cour. Elle venait d'exécuter son plan au ralenti°. L'air de la nuit avancée s'infiltrait à travers sa robe de chambre en soie. Elle s'étira°. Ses forces lui revenaient. Sa nervosité la quittait.

Elle s'était rarement risquée dehors à une heure si tardive ; elle aurait bien voulu marcher dans la ruelle, seule, sans penser à rien, pour
290   une promenade de détente, ou tout au moins° faire les cent pas° dans la cour. Mais une peur venue du fond de son enfance l'envahit°. Tout un monde d'interdits° sortit de l'ombre.

Elle avait grandi avec l'impression qu'une fille ou une jeune femme est comme une proie[15] qui doit constamment se retrancher dans son être° pour ne pas se laisser dévorer. Elle pensait à la biche° toujours en alerte dans le bois°.

Et maintenant, cette cour lui semblait une montagne d'où elle dominait la vie quotidienne°, la vie familiale, cette sorte de gluau.[16] Le sommeil était à présent son allié, qui avait terrassé° ses enfants et
300   son mari. Mais ce dernier dormait-il réellement ?

Alphonsine regagna° la chambre à coucher. Elle se sentait un peu plus calme. Bobéka continuait de ronfler. Le vin provoque un fonctionnement bruyant de la machine humaine. Elle s'allongea, songeuse°. « Il dort réellement. Peut-être s'est-il mis au lit assez tôt pour pouvoir s'éveiller vers quatre heures du matin, à l'heure où je serai encore complètement endormie. C'est possible. Mais est-il devin° pour savoir que j'ai fait une promenade en voiture avec un autre homme qui m'a fixé un rendez-vous ? » Le bruit l'agaçait°. Elle poussa légèrement Bobéka. Celui-ci se retourna et sa respiration
310   devint un peu sourde°.

La porte de la chambre restait entrebâillée°. Alphonsine entendait maintenant battre le cœur° de l'horloge au-dessus du buffet. Ses paupières s'alourdissaient. Du revers de la main°, elle les frotta vigoureusement ; ce qui lui permit de tenir° encore un moment.

Puis elle sombra° dans le sommeil. Vers le matin, Bobéka lui passa la main sur la joue. Elle s'éveilla en sursaut, comme au milieu d'un

---

15. *Prey.* Voir l. 61–63 où elle se compare à une proie, Bobéka étant le vautour qui s'abat sur elle.
16. *A branch or plank that hunters cover with a sticky substance, in order to trap small birds. It is sometimes illegal, since it is considered unsportsmanlike.*

Glosses (right margin):

courtyard / *crierait*
with a start / *le grand bruit*
mixed with / would shake

disparaissaient / *autour d'elle*
était plus fort

l'obscurité
rubbed
un peu ouverte
silencieusement
opened the latch
in slow motion
stretched

at the very least / pace
l'a pénétrée
de tabous

withdraw into herself / the doe
woods

de tous les jours
rendu incapables de résister

est retournée à

rêveuse

magicien, voyant
la gênait beaucoup

s'est calmée
partly open, ajar
tictaquer, faire le son de tic-tac
with the back of her hand
hold on, stay awake
est tombée

cauchemar°. Il la regardait avec une fausse tendresse de mâle envahi par le désir. Il la couvrit de tout son corps et lui fit l'amour avec une énergie inhabituelle. Il y eut entre eux une sorte d'entente° tacite et cynique.

un mauvais rêve

understanding

Quand l'étreinte prit fin, elle se tourna du côté de la fenêtre. Son cœur trouva un peu d'apaisement°. Les persiennes° découpaient° le jour. Elle regarda la montre, s'étira. Puis s'étant levée du lit, elle gagna la salle d'eau°. Elle tituba° un moment. La demi-nuit de veille° et l'amour du matin l'avaient épuisée. Elle resta longtemps la tête penchée au-dessus du lavabo. Ensuite, elle prit une douche froide qui la tonifia°.

calme / the slatted shutters / cut up

la salle de bain / *a perdu son équilibre* / *où elle n'avait pas dormi*

l'a rafraîchie

A l'école, elle se sentit à l'aise, confiante en elle-même. Pendant la récréation, elle eut une conversation très gaie avec ses collègues. Elle plaisanta et rit de bon cœur°. D'habitude, elle parlait peu, trouvant monotones° les propos des autres. On se plaignait toujours des dures conditions de travail. Le ratio était insoutenable° : une moyenne° de quatre-vingts élèves par maître. On évoquait l'âge d'or° du métier d'enseignant, que chacun situait au temps de sa propre scolarité primaire. Ou bien on racontait des histoires corsées° qui remuaient la bête humaine dans ses profondeurs°. Les récits grivois° gênaient Alphonsine. Elle pensait à ses élèves, à ses enfants encore si naïfs, et elle en devenait grave.

avec enthousiasme

ennuyeux

impossible à supporter / average

the golden age

(fig.) spicy

which brought out basic instincts / (fig.) off-color stories

Ce jour-là, sa pensée était légère, riche en sauts°. Les propos scabreux° ne l'offusquèrent pas°. Elle pouffait°, à la surprise de ses collègues.

(her thoughts) jumping around

indécents / didn't offend her (**offusquer**) / giggled

Le surlendemain° lui vint à l'esprit la promesse de rendez-vous qu'elle avait faite au diplomate. Elle parut soucieuse°. Elle craignait d'être aperçue en sa compagnie. L'adultère, l'engrenage°, le flagrant délit°, la honte, le divorce, les enfants. C'étaient des images pénibles°. Elle ne connaissait même pas le nom du diplomate. Ce genre d'aventure n'était pas fait pour elle. La journée s'écoula°.

the day after next

préoccupée

ici : further involvement

being caught in the act (of adultery) / painful

se passa

A force d'y penser°, elle sentit son esprit creux°. Le sommeil fut profond.

En y pensant intensément / *vide*

L'après-midi du jour suivant, Alphonsine n'avait pas cours. Elle voulut se faire défriser les cheveux° ; elle fut ensuite tentée de° mettre l'une des perruques accrochées au mur°. Elle repoussa l'idée, puis y revint. « C'est commode, » jugea-t-elle.

have her hair straightened / tempted to / wigs hung on the wall

Bobéka était reparti au travail. Le dernier-né des enfants faisait un peu de fièvre, depuis la fin de la matinée. Alphonsine avait pensé à un coup de paludisme° et lui avait administré du sirop de Nivaquine°. L'enfant s'était endormi. Elle le confierait à sa voisine en sortant.

malaria / *un médicament dérivé de la quinine*

Elle s'habilla en pagnes super-wax°, s'arrangea devant la glace. Au fur et à mesure qu'elle° avançait dans sa toilette, le désir d'aller au rendez-vous se changeait en détermination.

tissu (fabric) *de bonne qualité, venant souvent de Hollande* / *à mesure qu'elle*

Bobéka la trompait sans gêne. Les collègues d'Alphonsine, ses voisines, ses parents lui rapportaient les frasques° de son mari. Elle

escapades

promettait de se venger, puis se calmait. Elle s'était souvent apitoyée sur son propre cas°. Son mari lui disait avec une ferme conviction que l'homme n'est pas un être monogame. Alphonsine affirmait que la fidélité est une conquête morale pour les deux sexes. Ce n'est pas un cadeau de la nature.

often felt sorry for herself

Cet après-midi-là, elle était décidée à se jeter dans les bras d'un autre. L'expérience valait la peine. Elle saurait éviter l'engrenage. Une
370 seule fois, puis elle tournerait la page. Après quoi, les informations sur les frasques de Bobéka ne feraient plus longtemps bourdonner ses oreilles.[17] Son cœur se contracterait moins. Oui, c'était le remède qui remonterait° à la surface et nettoierait chaque fois les crasses de son mari comme une serpillière.[18] Une seule fois suffit. Il faut conserver la dignité. L'amant devra croire à un égarement passager°. Il finira par respecter le refus. Beaucoup d'infidélités salissent° un être. La vie n'est pas une vasière°.

would come back up

a fleeting distraction
dirty (*salir*)
all mud

Alphonsine terminait sa toilette, lorsque Paulette, sa fille âgée de deux ans, entra dans la salle d'eau ; sa démarche° était incertaine.
380 L'enfant vint s'agripper° au pagne de sa mère et se mit à pleurer en se frottant les yeux.

manière de marcher
came and grabbed hold

— Ne me salis pas°, dit Alphonsine, un peu agacée°. Elle prit l'enfant assez vivement par le bras et l'entraîna° vers le salon. Elle la planta là et revint devant la glace. Paulette la rejoignit° en pleurnichant°, puis se mit à vomir.

Don't get me dirty / irritated
l'a emmenée
rejoined her (in the bathroom) /
  whining

Alphonsine la regarda de près. Les yeux de l'enfant étaient brûlants de fièvre. Elle en eut peur. Contrariée°, elle se déshabilla rageusement, gagna le lit en tenant l'enfant, puis elle se mit à sangloter° en se couvrant le visage de son sac à main.
390

frustrated

sob

17. *Would no longer make her ears buzz*
18. *Would wipe away her husband's filth every time like a rag cleans the floor*

Après la lecture

◈ **Questions de compréhension**

A. Qu'est-ce qui s'est passé dans la nouvelle ?

1. Pourquoi Alphonsine a-t-elle eu tant de mal à trouver un autobus au commencement de la nouvelle ?
2. Quel temps faisait-il à Brazzaville cet après-midi-là ?
3. A l'arrêt d'autobus, Alphonsine pensait à des choses assez négatives, des pensées qui reflétaient sa fatigue et son état de découragement. Quels sont des exemples de ses pensées négatives ?
4. Est-ce que le diplomate a été correct, bien élevé, dans son comportement avec Alphonsine ? Donnez des exemples.

5. Est-ce qu'Alphonsine a été correcte dans son comportement avec lui ? Donnez des exemples.
6. Qu'est-ce qu'elle a aimé de leur promenade en voiture ?
7. Est-ce que Bobéka était à la maison quand Alphonsine est rentrée ? Qu'est-ce qu'elle a fait dès (*upon*) son arrivée ?
8. Qu'est-ce qu'elle imaginait avec tant de peur pendant la nuit ?
9. A-t-elle agi (*acted*) différemment à l'école le lendemain ?
10. Et le surlendemain, quelles images pénibles lui sont venues à l'esprit en pensant à sa promesse de rendez-vous faite au diplomate ?
11. L'après-midi du troisième jour, mercredi, elle n'avait pas de cours. Qu'est-ce qu'elle a décidé de faire ? Qu'est-ce qu'elle a fait ?
12. Qui avait de la fièvre chez les Bobéka ce jour-là ?

B. Quels sont les éléments du mariage musulman cités dans la nouvelle ? Quels sont les droits de la femme ? Du mari ?

C. Comment est-ce que Tati Loutard rend plus concrète ou réelle la ville de Brazzaville ?

◆ Une perspective plus large

Interprétons le texte

1. A quoi est-ce qu'Alphonsine pense en attendant le bus ? Comment expliquez-vous ces pensées ? Sont-elles toutes dues à sa fatigue ?
2. Pourquoi est-ce qu'Alphonsine accepte de revoir le diplomate ? Quelles sont les conséquences implicites d'une sortie avec le diplomate ?
3. Est-ce que les fièvres sont toujours physiques ? Peut-on dire qu'Alphonsine a aussi une sorte de fièvre ? Expliquez. Décrivez les symptômes de la fièvre d'Alphonsine. Considérez ses rapports avec son mari, le diplomate, et ses sept enfants. Pourquoi va-t-elle au lit finalement avec son enfant ? Pourquoi couvre-t-elle son visage de son sac à main ?
4. Quel est le rapport entre le climat du Congo dans la nouvelle et la fièvre ? Peut-on parler d'un climat « fiévreux » ? A quels moments de la journée fait-il le plus frais ? Comment les gens peuvent-ils se rafraîchir ? Est-ce que tout le monde peut se rafraîchir, ou faut-il avoir des moyens (*means*) ?

Allons plus loin

1. Bobéka dit que les hommes ne sont pas monogames. Alphonsine n'est pas d'accord ; elle affirme que la fidélité est une conquête morale pour les deux sexes. Comment réagissez-vous à ces deux avis sur la fidélité conjugale ?
2. Faites le portrait moral et physique d'Alphonsine. Quelle sorte de personne est-elle ? Est-ce que son emploi lui demande un certain engagement (*commitment*) ? Que fait-elle d'habitude le soir ? Se repose-t-elle le week-end ? Est-elle sentimentale ? Réaliste ? Sensible (*sensitive*) aux autres ? Facilement manipulée ? Egoïste ? Modeste ? Généreuse ? Intelligente ? Justifiez votre réponse, en ajoutant vos propres idées.

3. Dans ses nouvelles, Tati Loutard propose souvent une libéralisation sociale et un plus grand accès aux écoles et aux arts pour tout le monde. Est-ce que ces sujets sont adressés dans cette nouvelle ? Où et par qui ?

4. Un élément important du style de « La fièvre » est le **monologue intérieur** : le personnage exprime ses pensées et son expérience sans l'intervention du narrateur. Lisez les passages suivants pour identifier qui parle, Alphonsine ou le narrateur extérieur. Expliquez votre choix.

    a. Alphonsine Bobéka s'était appuyée contre un poteau du hangar, où les usagers attendent… l'autobus n° 12.

    b. Elle était fatiguée, vidée. Elle ne sentait plus ses articulations et fermait de temps à autre les yeux en pressant les paupières, comme pour se ressaisir, soutenir ses esprits qu'elle risquait de perdre à tout instant.

    c. Sept enfants, à mon âge ! J'ai vraiment le destin d'une cane. En dehors de mon métier, je m'ébroue au milieu de ma couvée. Bobéka n'est plus qu'une ombre à la maison. Il mène une vie d'insouciant : les bars, les femmes, les promenades. Nous nous heurtons à propos de tout. L'amour s'est enfui.

    d. Un autre taxi s'arrêta.

    e. Elle sourit légèrement. Il insista. Elle refusa plus nettement. Le chauffeur de taxi s'éloigna.

    f. Peu après, Alphonsine se prit à regretter. Elle aurait dû accepter son offre. Elle savait que le taximan attendrait d'elle un avantage pour le service rendu. « Je suis bête, pensa-t-elle. De toute façon, il ne m'aurait pas violée. Je suis bête. J'aurais dû en profiter pour rentrer. »

    g. L'ombre commençait à gagner la ville.… Elle sortit de son abri. En apercevant de loin les veilleuses d'une voiture, elle leva le bras dans un geste d'auto-stoppeuse timide. Quelques instants après, une longue Ford s'arrêta près d'elle ; elle parut très gênée lorsqu'elle aperçut que la voiture avait l'immatriculation du corps diplomatique. Le conducteur était seul à bord.

    h. Elle se prenait intérieurement pour une idiote. Quel mal pouvait lui faire un homme adulte, diplomate de surcroît, qui devait certainement faire grand cas de son honorabilité dans un pays étranger ?

❖ Compositions

1. Vous êtes le diplomate et vous vous arrêtez devant une dame qui vous fait signe. Ecrivez un **monologue intérieur** où vous considérez d'abord votre situation et votre état d'esprit et puis cette dame en corsage et en jupe qui porte une perruque. Commencez par :

    Linzolo m'a bien rafraîchi et je prends la route pour rentrer chez moi. Avant d'y arriver, je vois une dame…

2. Décrivez l'état d'esprit d'Alphonsine. Nous savons qu'elle « avait grandi avec l'impression qu'une fille ou une jeune femme est comme une proie… ». En considérant cette mentalité et les traditions culturelles qui jouent dans la nouvelle, comment croyez-vous qu'elle va pouvoir surmonter les obstacles auxquels elle s'affronte ?

l'Algérie

Population: 28.6 millions d'habitants

Superficie: 2 381 741 km² (dont 2 000 000 km² de régions sahariennes)

Capitale: Alger

Langues parlées: Arabe, berbère, français

Religion: Islam

Produits agricoles: Bovins, ovins (moutons), vin, blé, avoine (*oats*), agrumes (*citrus fruits*), olives, dattes

Industries: Pétrole ; mines de phosphates, houille (*coal*), plomb (*lead*) ; acier (*steel*) ; automobiles

Gouvernement: République

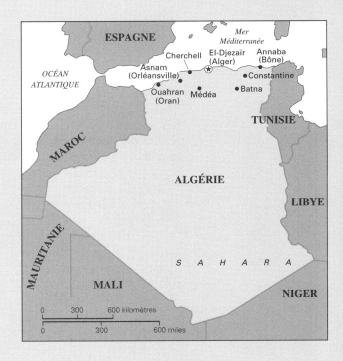

Histoire: La civilisation berbère de l'Algérie antique voit arriver les Phéniciens (fin du 2e millénaire av. J.-C.), les Carthaginois (9e siècle av. J.-C.), et les Romains (2e siècle av. J.-C.) sur ses côtes. Sous la domination romaine, le Maghreb (la Tunisie, l'Algérie, le Maroc) devient une partie importante de l'Empire. Plus tard, avec l'invasion de la région par les Arabes (venant de l'est), l'islamisation de l'Algérie s'accomplit (au 7e siècle) et les Arabes y règnent pendant une longue période ; leur règne est seulement interrompu par les Espagnols (de 1505 à 1511), les Turcs (1518–1711) et, finalement, par les Français (1830–1962).

La période de colonisation française de l'Algérie se lit comme un triste chapitre dans l'histoire des deux pays. En 1954 les divers mouvements nationalistes en Algérie se rallient derrière le Front de libération nationale (F.L.N.) et la guerre, qui durera huit ans, éclate. Toute solution pacifique semble destinée à échouer. Une grande partie de l'opinion internationale se range du côté algérien, tandis que le public français contemple de près le déchirement de leur nation et la possibilité réelle d'une guerre civile en France. La lutte pour la liberté se termine pour les Algériens avec les accords d'Evian (France, 1962) et

un cessez-le-feu. L'Algérie devient un état indépendant par le référendum du 1er juillet, 1962. Plus d'un million de colons français (les « pieds-noirs ») quittent l'Algérie pour retrouver leur ancienne patrie.

Plus récemment, après l'assassinat du président Boudiaf en 1992, la situation politique se radicalise. Depuis cette date les problèmes de l'Algérie semblent de plus en plus insolubles ; le pays risque de sombrer (tomber) dans des conflits éternels entre les forces du gouvernement et les mouvements islamistes armés. Cependant, en 1999 le nouveau Président Bouteflika cherche énergiquement à concilier les factions opposantes. L'Algérie sera-t-elle capable de sortir de la crise qui la paralyse depuis si longtemps?

Climat: Climat marin de la Méditerranée dans le Nord ; climat saharien sec et chaud dans le sud ; variations selon le relief (plaines, montagnes, etc.)[1]

---

1. *Le Petit Robert 2 : Dictionnaire universel des noms propres* (Paris : Dictionnaires le Robert, 1997), 44–47 ; *Quid 1998* (Paris : Editions Robert Laffont, 1997), 904–11.

11

« La femme adultère »

Albert Camus

© Magnum Photos.

Albert Camus (1913–1960) was the son of a mother of Spanish origin and a second-generation Frenchman to settle in Algeria, who was killed in World War I. His widowed mother raised him in a working-class neighborhood of Algiers. To the growing boy, the city meant poverty, but the sun and white beaches of the nearby Mediterranean Sea reflected the beauty of another world. Recognized by his teachers as a brilliant student, gifted in philosophy, Camus appeared destined for an academic career. But attacks of pulmonary tuberculosis, beginning when he was just seventeen, eventually prevented him from completing his studies. After working as a journalist, first in Algiers and then in Paris, Camus joined the French resistance (1943) as a member of the underground group Combat. From 1944 until 1947, he served as editor of the newspaper of the same name. Although Camus had spoken of Algeria as his true homeland, after assuming the directorship of Combat he took up permanent residence in France. In the mid-1950s, when Algerian independence had become a central issue in France's political life, Camus saw himself as an "Algerian Frenchman," living in the country

upon whose language his art depended.[1]

Until his death in an automobile accident, Camus continued to identify with those who struggle against political oppression and social injustice. In 1957 he received the Nobel Prize for "his important literary production, which with clear-sighted earnestness illuminated the problem of the human conscience of our time."[2] Perhaps no modern French writer has enjoyed a wider reading public.

Camus's international literary reputation rests on a number of well-known works: philosophical essays (*Le Mythe de Sisyphe*, 1942; *L'homme révolté*, 1951), his novels (*L'étranger*, 1942; *La peste*, 1947; *La chute*, 1956), several plays (*Caligula*, 1944, has been the most successful), and *Le premier homme*, 1994, a short autobiographical novel published posthumously. « La femme adultère, » one of six short stories, is from Camus's only volume of short stories, *L'exil et le royaume*, and the last work of fiction to appear before his death. The « royaume » in these stories is often Algeria, and, as in other works by the author, the North African

1. For a balanced treatment of Camus and the "Algerian question," see Olivier Todd, *Albert Camus : Une vie* (Paris : Gallimard, 1996).
2. Germaine Brée, *Camus* (New York: Harcourt, Brace and World, 1964), 5. Quoted from the citation read by Dr. Anders Osterling, secretary of the Swedish Academy.

setting plays an important role in the development of the story. As though writing for the theater, Camus presents quickly paced drama, often lasting only a day, ending with a crisis and resolution. His characters experience feelings of solitude, estrangement, and rebellion when confronted with the inexplicable and absurd nature of life.

Avant de lire

◆ Questions préalables

1. Aimez-vous la vie des villes ou préférez-vous celle des espaces plus ouverts, plus vastes ? Lorsque vous profitez de quelques jours de congé (*holiday*), où allez-vous ? Pourquoi ?
2. Recherchez-vous (*Do you seek out*) quelquefois la solitude et la sérénité d'un endroit loin de la ville ? Etes-vous sensible aux beautés de la nature ? Citez-en quelques-unes. Essayez d'exprimer vos sentiments au sujet de la nature.
3. La vie vous semble-t-elle compliquée, frénétique, trop souvent violente ? Qu'est-ce qui rend les rapports humains difficiles ? Le racisme ? Le manque (*lack*) de stabilité dans nos familles ? L'adultère est-il aussi un problème important ? Comment le définissez-vous ? Est-ce toujours et uniquement un acte physique ?

◆ Vocabulaire

Voici quelques verbes de la nouvelle et leurs synonymes pour la lecture qui suit.

atterrir : se poser
se baisser : s'incliner
étouffer : suffoquer
s'évanouir : disparaître; perdre connaissance
frissonner : trembler
hurler : pousser des cris violents et prolongés
maudire : appeler la malédiction sur quelqu'un
parcourir : visiter; traverser
remuer : agiter, bouger
vieillir : devenir vieux ou vieille

Dans les phrases suivantes, remplacez les tirets par la bonne forme des verbes ci-dessus.

1. L'insecte _____ sur la main de son mari.

2. La voix stridente du vent _____ comme un animal sauvage autour de l'autocar.

3. Le coup de vent a fait _____ l'insecte.

4. Il change de position, en _____ tout son corps, juste avant de s'envoler.

5. Chaque fois que la femme _____ pour ramasser quelque chose, elle se sent si lourde qu'elle a du mal à respirer et a l'impression de (d') _____ un peu.

6. Cette femme, bien qu'encore assez jeune, a peur de (d') _____ seule dans un pays qui n'est pas le sien.

7. Son mari veut _____ tous les villages de cette région du pays afin de vendre ses marchandises.

8. Lorsque tout ne va pas bien au cours de leur voyage, il _____ le pays et ses habitants.

9. Du groupe des bergers, une main se lève pour dire au revoir. Et puis, elle _____ dans la brume (haze) de sable (sand) qui enveloppe tout derrière l'autocar.

◆ **Stratégie de lecture : Identifier le mode de présentation des personnages**

Une des tâches principales de l'auteur est de présenter ses personnages. Comment va-t-il révéler leur caractère, leur apparence physique ? Voici quelques moyens dont l'auteur dispose :

1. Présentation par le narrateur ou la narratrice qui observe et décrit
   • les réactions et les regards des autres personnages
   • le décor qui entoure et influence les sentiments et les activités des personnages
   • l'analyse directe du caractère des personnages
   • la description physique des personnages
2. Révélation par les personnages qui expriment leurs pensées et leurs perceptions d'eux-mêmes et des autres.

Voici quelques phrases tirées de « La femme adultère. » Après avoir étudié ces phrases, indiquez la/les technique(s) littéraire(s) employée(s) par l'auteur. Il est bien possible qu'une description utilise plus d'un moyen.

1. Janine regarda son mari. Des épis (wisps) de cheveux grisonnants plantés bas sur un front serré (étroit), le nez large, la bouche irrégulière… (ll. 7–9)
2. … le vent s'était levé et, peu à peu, avait avalé l'immense étendue (had swallowed the vast expanse). A partir de ce moment, les passagers n'avaient plus rien vu : l'un après l'autre, ils s'étaient tus (had become silent : **se taire**) et ils avaient navigué en silence dans une sorte de nuit blanche… (ll. 37–40)
3. Elle attendait, mais elle ne savait quoi. Elle sentait seulement sa solitude, et le froid qui la pénétrait… (ll. 207–209)
4. Elle rêvait aux palmiers droits et flexibles, et à la jeune fille qu'elle avait été. (ll. 219–220)
5. Marcel parlait précipitamment (vite), de cette voix basse qu'il prenait pour parler affaires (about business). (ll. 280–281)
6. Là-bas, plus au sud encore, à cet endroit où le ciel et la terre se rejoignaient dans une ligne pure, là-bas, lui semblait-il soudain, quelque chose l'attendait qu'elle avait ignoré jusqu'à ce jour et qui pourtant n'avait cessé de lui manquer (d'être un besoin). (ll. 387–391)

7. … au cœur d'une femme que le hasard seul amenait là, un nœud (*knot*) que les années, l'habitude et l'ennui (*boredom*) avaient serré (*tightened*), se dénouait lentement. (ll. 391–393)

8. … elle aussi avait peur de mourir. « Si je surmontais cette peur (*overcame this fear*), je serais heureuse… » Aussitôt, une angoisse sans nom l'envahit (la saisit). (ll. 489–491)

Maintenant, lisez la nouvelle et identifiez les différentes façons dont les personnages sont présentés par l'auteur.

« La femme adultère »

Albert Camus

PREMIÈRE PARTIE

Une mouche maigre tournait, depuis un moment, dans l'autocar aux glaces° pourtant relevées°. Insolite°, elle allait et venait sans bruit, d'un vol exténué°. Janine la perdit de vue, puis la vit atterrir sur la main immobile de son mari. Il faisait froid. La mouche frissonnait à chaque rafale° du vent sableux qui crissait° contre les vitres. Dans la lumière rare du matin d'hiver, à grand bruit de tôles et d'essieux°, le véhicule roulait, tanguait°, avançait à peine. Janine regarda son mari. Des épis de cheveux grisonnants plantés bas sur un front serré, le nez large, la bouche irrégulière, Marcel avait l'air d'un faune boudeur°. A
10 chaque défoncement° de la chaussée°, elle le sentait sursauter° contre elle. Puis il laissait retomber son torse pesant° sur ses jambes écartées°, le regard fixe, inerte de nouveau, et absent. Seules, ses grosses mains imberbes°, rendues plus courtes encore par la flanelle° grise qui dépassait° les manches de chemise et couvrait les poignets°, semblaient en action. Elles serraient si fortement une petite valise de toile°, placée entre ses genoux, qu'elles ne paraissaient pas sentir la course hésitante de la mouche.

Soudain, on entendit distinctement le vent hurler et la brume minérale° qui entourait l'autocar s'épaissit° encore. Sur les vitres, le
20 sable s'abattait° maintenant par poignées° comme s'il était lancé par des mains invisibles. La mouche remua une aile frileuse°, fléchit° sur ses pattes, et s'envola°. L'autocar ralentit, et sembla sur le point de stopper. Puis le vent parut° se calmer, la brume s'éclaircit un peu et le véhicule reprit° de la vitesse. Des trous de lumière s'ouvraient dans le paysage noyé de poussière°. Deux ou trois palmiers grêles° et blan-

fenêtres, vitres / ici : fermées / Etrange / très fatigué

gust / grated (**crisser**)
sheet metal and axles
pitched

pouting rural deity
trou, cavité / la route / faire un mouvement brusque / heavy torso / séparées

hairless / *ici : flannel underwear*
ici : sortait de / wrists

canvas

le brouillard de sable / est devenue plus épaisse / tombait tout d'un coup / in handfuls / ici : froide / flexed / est partie

paraître, *passé simple*
reprendre
drowned in dust / *maigres, minces*

chis, qui semblaient découpés dans du° métal, surgirent dans la vitre pour disparaître l'instant d'après.

« Quel pays ! »[1] dit Marcel.

30 L'autocar était plein d'Arabes qui faisaient mine° de dormir, enfouis° dans leurs burnous°. Quelques-uns avaient ramené leurs pieds sur la banquette° et oscillaient plus que les autres dans le mouvement de la voiture°. Leur silence, leur impassibilité finissaient par peser à Janine ; il lui semblait qu'elle voyageait depuis des jours avec cette escorte muette°. Pourtant, le car était parti à l'aube, du terminus de la voie ferrée°, et, depuis deux heures, dans le matin froid, il progressait sur un plateau pierreux, désolé°, qui, au départ du moins, étendait ses lignes droites jusqu'à des horizons rougeâtres. Mais le vent s'était levé et, peu à peu, avait avalé l'immense étendue. A partir de ce moment, les passagers n'avaient plus rien vu ; l'un après l'autre, ils s'étaient tus 40 et ils avaient navigué en silence dans une sorte de nuit blanche, essuyant° parfois leurs lèvres et leurs yeux irrités par le sable qui s'infiltrait dans la voiture.

« Janine ! » Elle sursauta à l'appel° de son mari. Elle pensa une fois de plus combien ce prénom était ridicule, grande et forte° comme elle était. Marcel voulait savoir où se trouvait la mallette d'échantillons°. Elle explora du pied l'espace vide sous la banquette et rencontra un objet dont elle décida qu'il était la mallette. Elle ne pouvait se baisser, en effet, sans étouffer un peu. Au collège° pourtant, elle était première en gymnastique, son souffle était inépuisable°. Y avait-il si 50 longtemps de cela ? Vingt-cinq ans. Vingt-cinq ans n'étaient rien puisqu'il lui semblait que c'était hier qu'elle hésitait entre la vie libre et le mariage,[2] hier encore qu'elle pensait avec angoisse à ce jour où, peut-être, elle vieillirait seule. Elle n'était pas seule, et cet étudiant en droit° qui ne voulait jamais la quitter se trouvait maintenant à ses côtés. Elle avait fini par l'accepter, bien qu'il fût un peu petit et qu'elle n'aimât pas beaucoup son rire avide et bref°, ni ses yeux noirs trop saillants°. Mais elle aimait son courage à vivre, qu'il partageait avec les Français de ce pays.[3] Elle aimait aussi son air déconfit° quand les événements, ou les hommes, trompaient son attente°. Surtout, elle 60 aimait être aimée, et il l'avait submergée d'assiduités°. A lui faire sentir si souvent qu'elle existait pour lui, il la faisait exister réellement.[4] Non, elle n'était pas seule…

L'autocar, à grands coups d'avertisseur°, se frayait° un passage à travers des obstacles invisibles. Dans la voiture, cependant, personne ne bougeait. Janine sentit soudain qu'on la regardait et se tourna vers la banquette qui prolongeait la sienne, de l'autre côté du passage. Celui-là n'était pas un Arabe et elle s'étonna de ne pas l'avoir remar-

---

cut out of

faisaient semblant (pretended)
plongés / grand manteau à capuchon / seat
le car, l'autobus

ces personnes silencieuses
de la dernière gare du train
sans vie

wiping

at the call
robuste, solide

his case of samples

à l'école
elle pouvait toujours respirer

law student

eager and short laugh
protruding
crestfallen look
didn't live up to his expectations
d'attention

de klaxon / ici : ouvrait

---

1. Ici l'exclamation exprime exaspération et mécontentement.
2. Notons l'opposition, décrite par Janine ici, entre la liberté et le mariage.
3. A quel pays Janine pense-t-elle ?
4. Quel est le sens de cette phrase ? Janine a-t-elle sa propre vie, ou existe-t-elle seulement grâce à l'amour de Marcel ?

qué au départ. Il portait l'uniforme des unités françaises du Sahara[5] et un képi de toile bise° sur sa face tannée de chacal°, longue et pointue. Il l'examinait de ses yeux clairs, avec une sorte de maus-
70 saderie°, fixement. Elle rougit tout d'un coup et revint vers son mari qui regardait toujours devant lui, dans la brume et le vent. Elle s'emmitoufla° dans son manteau. Mais elle revoyait encore le soldat français, long et mince, si mince, avec sa vareuse ajustée°, qu'il paraissait bâti dans une matière sèche et friable°, un mélange de sable et d'os. C'est à ce moment qu'elle vit les mains maigres et le visage brûlé des Arabes qui étaient devant elle, et qu'elle remarqua qu'ils semblaient au large°, malgré leurs amples vêtements, sur les banquettes où son mari et elle tenaient à peine°. Elle ramena contre elle les pans°
80 de son manteau. Pourtant, elle n'était pas si grosse, grande et pleine plutôt, charnelle°, et encore désirable — elle le sentait bien sous le regard des hommes — avec son visage un peu enfantin, ses yeux frais et clairs, contrastant avec ce grand corps qu'elle savait tiède° et reposant.

Non, rien ne se passait comme elle l'avait cru. Quand Marcel avait voulu l'emmener avec lui dans sa tournée°, elle avait protesté. Il pensait depuis longtemps à ce voyage, depuis la fin de la guerre[6] exactement, au moment où les affaires étaient redevenues normales. Avant la guerre, le petit commerce de tissus° qu'il avait repris de ses parents, quand il eut renoncé[7] à ses études de droit, les faisaient vivre plutôt bien
90 que mal. Sur la côte, les années de jeunesse peuvent être heureuses. Mais il n'aimait pas beaucoup l'effort physique et, très vite, il avait cessé de la mener sur les plages. La petite voiture ne les sortait de la ville que pour la promenade du dimanche. Le reste du temps, il préférait son magasin d'étoffes° multicolores, à l'ombre des arcades de ce quartier mi-indigène, mi-européen°. Au-dessus de la boutique, ils vivaient dans trois pièces, ornées de tentures° arabes et de meubles Barbès°. Ils n'avaient pas eu d'enfants. Les années avaient passé, dans la pénombre° qu'ils entretenaient, volets mi-clos°. L'été, les plages, les promenades, le ciel même étaient loin. Rien ne semblait intéresser
100 Marcel que ses affaires. Elle avait cru découvrir sa vraie passion, qui était l'argent, et elle n'aimait pas cela, sans trop savoir pourquoi. Après tout, elle en profitait. Il n'était pas avare° ; généreux, au contraire, surtout avec elle. « S'il m'arrivait quelque chose, disait-il, tu serais à l'abri°. » Et il faut, en effet, s'abriter du besoin. Mais du reste, de ce qui n'est pas le besoin le plus simple, où s'abriter ? C'était là ce que, de loin en loin°, elle sentait confusément. En attendant, elle aidait Marcel à tenir ses livres° et le remplaçait parfois au magasin. Le plus dur était l'été où la chaleur tuait° jusqu'à la douce sensation de l'ennui.[8]

a brown linen cap / jackal

mécontentement

snuggled down
well-fitted tunic
ready to crumble

to have plenty of room
avaient très peu de place / the bottom
fleshy

warm

voyage de commerce

fabric

fabric
ici : moitié arabe, moitié européen / décorations murales
meubles pas chers achetés aux Galeries Barbès à Paris / l'obscurité / half-closed shutters

stingy

protégée

peu fréquemment
comptes
killed

---

5. *The French regiments of the Sahara;* voir la carte et l'histoire de **l'Algérie**, p. 140.
6. La Seconde Guerre mondiale (1939–45)
7. Le passé antérieur de l'indicatif ; sens de **après avoir renoncé**
8. Qu'est-ce qui tuait « la douce sensation de l'ennui » (*boredom*) ? Pourquoi est-ce que Janine ne se baignait pas dans la mer en été ?

110 Tout d'un coup, en plein été justement, la guerre, Marcel mobilisé puis réformé°, la pénurie° des tissus, les affaires stoppées, les rues désertes et chaudes. S'il arrivait quelque chose, désormais°, elle ne serait plus à l'abri. Voilà pourquoi, dès le retour des étoffes sur le marché, Marcel avait imaginé de parcourir les villages des hauts plateaux et du Sud pour se passer° d'intermédiaires et vendre directement aux marchands arabes. Il avait voulu l'emmener. Elle savait que les communications étaient difficiles, elle respirait mal, elle aurait préféré l'attendre. Mais il était obstiné et elle avait accepté parce qu'il eût fallu[9] trop d'énergie pour refuser. Ils y étaient maintenant et, vrai-

120 ment, rien ne ressemblait à ce qu'elle avait imaginé. Elle avait craint la chaleur, les essaims° de mouches, les hôtels crasseux°, pleins d'odeurs anisées.[10] Elle n'avait pas pensé au froid, au vent coupant, à ces plateaux quasi° polaires, encombrés de moraines°. Elle avait rêvé aussi de palmiers et de sable doux. Elle voyait à présent que le désert n'était pas cela, mais seulement la pierre, la pierre partout, dans le ciel où régnait encore, crissante et froide, la seule poussière de pierre, comme sur le sol où poussaient seulement, entre les pierres, des graminées° sèches.

Le car s'arrêta brusquement. Le chauffeur dit à la cantonade°

130 quelques mots dans cette langue qu'elle avait entendue toute sa vie sans jamais la comprendre.[11] « Qu'est-ce que c'est ? » demanda Marcel. Le chauffeur, en français, cette fois, dit que le sable avait dû boucher° le carburateur, et Marcel maudit encore ce pays. Le chauffeur rit de toutes ses dents et assura que ce n'était rien, qu'il allait déboucher le carburateur et qu'ensuite on s'en irait. Il ouvrit la portière, le vent froid s'engouffra° dans la voiture, leur criblant° aussitôt le visage de mille grains de sable. Tous les Arabes plongèrent le nez dans leurs burnous et se ramassèrent sur eux-mêmes. « Ferme la porte, » hurla Marcel. Le chauffeur riait en revenant vers la portière.

140 Posément°, il prit quelques outils sous le tableau de bord°, puis, minuscule dans la brume, disparut à nouveau vers l'avant, sans fermer la porte. Marcel soupirait. « Tu peux être sûre qu'il n'a jamais vu un moteur de sa vie. » « Laisse° ! » dit Janine. Soudain, elle sursauta. Sur le remblai°, tout près du car, des formes drapées se tenaient immobiles. Sous le capuchon du burnous, et derrière un rempart de voiles°, on ne voyait que leurs yeux. Muets, venus on ne savait d'où, ils regardaient les voyageurs. « Des bergers°, » dit Marcel.

A l'intérieur de la voiture, le silence était complet. Tous les passagers, tête baissée, semblaient écouter la voix du vent, lâché° en li-

150 berté sur ces plateaux interminables. Janine fut frappée, soudain, par l'absence presque totale de bagages. Au terminus de la voie ferrée, le

Marginal glosses:

réformé° : retiré du service pour des raisons de santé / pénurie° : scarcity / désormais° : maintenant

se passer° : ne pas avoir besoin

essaims° : multitudes / crasseux° : sales

quasi° : presque / moraines° : pierres, rocs

graminées° : herbes
à la cantonade° : ici : s'adressant à tous, fort

boucher° : clogged

s'engouffra° : s'est précipité / criblant° : ici : frappant

Posément° : lentement / tableau de bord° : dashboard

Laisse° : ça suffit
remblai° : embankment
rempart de voiles° : wall of veils

bergers° : gardiens de moutons, de chèvres

lâché° : laissé

---

9. Le conditionnel passé (littéraire), seconde forme, sens de **il aurait fallu**
10. Parfumées d'anis, plante cultivée pour ses qualités médicinales et aromatiques (*licorice-flavored*)
11. Quelle est cette langue que Janine a entendue toute sa vie ?

chauffeur avait hissé° leur malle°, et quelques ballots°, sur le toit. A   *monté* / trunk / bundles
l'intérieur du car, dans les filets, on voyait seulement des bâtons
noueux et des couffins plats°. Tous ces gens du Sud, apparemment,   gnarled staffs, sticks and large
voyageaient les mains vides°.   flat baskets / *sans bagages*

    Mais le chauffeur revenait, toujours alerte. Seuls, ses yeux riaient,
au-dessus des voiles dont il avait, lui aussi, masqué son visage. Il an-
nonça qu'on s'en allait. Il ferma la portière, le vent se tut et l'on entendit mieux la pluie de sable sur les vitres. Le moteur toussa, puis
160 expira. Longuement sollicité par le démarreur°, il tourna enfin et le   starter
chauffeur le fit hurler° à coups d'accélérateur. Dans un grand ho-   made it scream
quet°, l'autocar repartit. De la masse haillonneuse° des bergers, tou-   hiccup / *en étoffe déchirée*
jours immobiles, une main s'éleva puis s'évanouit dans la brume,
derrière eux. Presque aussitôt, le véhicule commença de sauter sur la
route devenue plus mauvaise. Secoués°, les Arabes oscillaient sans   jostled
cesse. Janine sentait cependant le sommeil la gagner quand surgit devant elle une petite boîte jaune, remplie de cachous°. Le soldat-chacal   pills, lozenges
lui souriait. Elle hésita, se servit, et remercia. Le chacal empocha° la   *mit dans sa poche*
boîte et avala d'un coup° son sourire. A présent, il fixait la route, droit   *soudain*
170 devant lui. Janine se tourna vers Marcel et ne vit que sa nuque solide°.   the solid back of his neck
Il regardait à travers les vitres la brume plus dense qui montait des
remblais friables.

◈ Questions de compréhension

A. 1. Qu'est-ce que nous apprenons sur l'apparence physique du mari de Janine
au début de l'histoire ?
2. Où se déroule l'action de la nouvelle ? Expliquez.
3. Janine et Marcel voyagent dans le désert. De quel moyen de transport se ser-
vent-ils ? Pourquoi voyagent-ils ?
4. Que font Janine et Marcel au cours de ce voyage ? Parlent-ils beaucoup aux
autres voyageurs ? Pourquoi ou pourquoi pas ?
5. Janine semble-t-elle contente d'accompagner son mari ? A quels signes le
voyez-vous ? A quoi avait-elle rêvé avant de commencer ce voyage dans le
désert ?
6. Décrivez l'autre Français qui voyage avec Janine et Marcel. Quelle est sa profession ? Comment réagit Janine lorsqu'il la regarde ? Que lui offre-t-il ?

B. D'après les pages que vous venez de lire, répondez à chaque question en trouvant les mots qui conviennent. Le premier mot est déjà écrit.

1. Quels sont trois mots de l'histoire qui décrivent le climat et le désert ?

      le froid   _____   _____

2. Pouvez-vous trouver trois adjectifs dans le récit qui décrivent Janine ?

    _____   _____   _____

3. Y a-t-il trois mots associés au caractère de Marcel et à la vie des affaires ?

    _____   _____   _____

4. Quels sont trois stéréotypes employés dans le texte pour décrire les Arabes ?

_____   _____   _____

DEUXIÈME PARTIE

Il y avait des heures qu'ils roulaient et la fatigue avait éteint toute vie dans la voiture lorsque des cris retentirent° au dehors. Des enfants en burnous, tournant sur eux-mêmes comme des toupies°, sautant, frappant des mains, couraient autour de l'autocar. Ce dernier° roulait maintenant dans une longue rue flanquée de maisons basses ; on entrait dans l'oasis. Le vent soufflait toujours, mais les murs arrêtaient les particules de sable qui n'obscurcissaient plus la lumière. Le ciel,
180 cependant, restait couvert. Au milieu des cris, dans un grand vacarme° de freins, l'autocar s'arrêta devant les arcades de pisé° d'un hôtel aux vitres sales. Janine descendit et, dans la rue, se sentit vaciller. Elle apercevait, au-dessus des maisons, un minaret[12] jaune et gracile°. A sa gauche, se découpaient° déjà les premiers palmiers de l'oasis et elle aurait voulu aller vers eux. Mais bien qu'il fût près de midi, le froid était vif ; le vent la fit frissonner. Elle se retourna vers Marcel, et vit d'abord le soldat qui avançait à sa rencontre. Elle attendait son sourire ou son salut. Il la dépassa sans la regarder, et disparut. Marcel, lui, s'occupait de faire descendre la malle d'étoffes, une
190 cantine° noire, perchée sur le toit de l'autocar. Ce ne serait pas facile. Le chauffeur était seul à s'occuper des bagages et il s'arrêtait déjà, dressé° sur le toit, pour pérorer devant° le cercle de burnous rassemblés autour du car. Janine, entourée de visages qui semblaient taillés dans l'os et le cuir°, assiégée de cris gutturaux, sentit soudain sa fatigue. « Je monte, » dit-elle à Marcel qui interpellait° avec impatience le chauffeur.

Elle entra dans l'hôtel. Le patron, un Français maigre et taciturne°, vint au-devant d'elle. Il la conduisit au premier étage, sur une galerie° qui dominait la rue, dans une chambre où il semblait n'y
200 avoir qu'un lit de fer, une chaise peinte au ripolin blanc°, une penderie° sans rideaux et, derrière un paravent de roseaux°, une toilette° dont le lavabo était couvert d'une fine poussière de sable. Quand le patron eut fermé[13] la porte, Janine sentit le froid qui venait des murs nus et blanchis à la chaux°. Elle ne savait où poser son sac, où se poser elle-même. Il fallait se coucher ou rester debout, et frissonner dans les deux cas. Elle restait debout, son sac à la main, fixant° une sorte de meurtrière° ouverte sur le ciel, près du plafond. Elle attendait, mais elle ne savait quoi. Elle sentait seulement sa solitude, et le froid qui la pénétrait, et un poids plus lourd à l'endroit du cœur. Elle rêvait en
210 vérité, presque sourde° aux bruits qui montaient de la rue avec des éclats de la voix de Marcel°, plus consciente au contraire de cette

ont résonné
toy tops
c'est-à-dire l'autocar

une clameur / adobe

mince et délicat / *se voyaient*

ici : trunk

debout / *s'adresser à*

cut out of bone and leather
appelait

peu communicatif
balcony
white enamel paint
armoire / reed screen / *ici :*
  washstand

whitewashed

regardant
window slit

deaf
the outbursts of Marcel's voice

12. Tour d'une mosquée. Du haut du minaret, le muezzin appelle les musulmans à la prière.
13. (littéraire) Le passé antérieur de l'indicatif, sens de **a eu fermé**

rumeur° de fleuve qui venait de la meurtrière et que le vent faisait
naître dans les palmiers, si proches maintenant, lui semblait-il. Puis le
vent parut redoubler, le doux bruit d'eaux devint sifflement de
vagues°. Elle imaginait, derrière les murs, une mer de palmiers droits
et flexibles, moutonnant° dans la tempête. Rien ne ressemblait à ce
qu'elle avait attendu, mais ces vagues invisibles rafraîchissaient ses
yeux fatigués. Elle se tenait debout, pesante, les bras pendants°, un
peu voûtée°, le froid montait le long de ses jambes lourdes°. Elle rê-
220 vait aux palmiers droits et flexibles, et à la jeune fille qu'elle avait été.

    Après leur toilette°, ils descendirent dans la salle à manger. Sur les
murs nus, on avait peint des chameaux° et des palmiers, noyés dans
une confiture rose et violette°. Les fenêtres à arcade laissaient entrer
une lumière parcimonieuse°. Marcel se renseignait° sur les
marchands auprès du patron de l'hôtel. Puis un vieil Arabe, qui portait une décoration militaire sur sa vareuse, les servit. Marcel était
préoccupé et déchirait° son pain. Il empêcha° sa femme de boire de
l'eau. « Elle n'est pas bouillie°. Prends du vin. » Elle n'aimait pas cela,
le vin l'alourdissait°. Et puis, il y avait du porc au menu. « Le Coran
230 l'interdit.[14] Mais le Coran ne savait pas que le porc bien cuit ne donne
pas de maladies. Nous autres, nous savons faire la cuisine. A quoi
penses-tu ? » Janine ne pensait à rien, ou peut-être à cette victoire des
cuisiniers sur les prophètes. Mais elle devait se dépêcher. Ils repar-
taient le lendemain matin, plus au sud encore : il fallait voir dans
l'après-midi tous les marchands importants. Marcel pressa° le vieil
Arabe d'apporter le café. Celui-ci approuva de la tête°, sans sourire, et
sortit à petits pas. « Doucement° le matin, pas trop vite le soir, » dit
Marcel en riant.[15] Le café finit pourtant par arriver. Ils prirent° à
peine le temps de l'avaler et sortirent dans la rue poussiéreuse et
240 froide. Marcel appela un jeune Arabe pour l'aider à porter la malle,
mais discuta par principe la rétribution°. Son opinion, qu'il fit savoir°
à Janine une fois de plus, tenait en effet dans° ce principe obscur
qu'ils° demandaient toujours le double pour qu'on leur donne le
quart.[16] Janine, mal à l'aise, suivait les deux porteurs. Elle avait mis
un vêtement de laine sous son gros manteau, elle aurait voulu tenir°
moins de place. Le porc, quoique bien cuit, et le peu de vin qu'elle
avait bu lui donnaient aussi de l'embarras°.

    Ils longeaient un petit jardin public planté d'arbres poudreux°.
Des Arabes les croisaient qui se rangeaient° sans paraître les voir, ra-
250 menant devant eux les pans de leurs burnous. Elle leur trouvait,
même lorsqu'ils portaient des loques°, un air de fierté que n'avaient

distant murmur	
hissing of waves	
rippling	
hanging	
stooped / *c'est-à-dire lourdes de fatigue*	
ici : freshening up	
camels	
drowned in a background of pink and purple jam / *ici* : très faible / *s'informait*	
was tearing apart / *n'a pas permis à* / boiled (**bouillir**)	
ici : *lui donnait sommeil*	
urged	
nodded	
Lentement	
prendre, *passé simple*	
l'argent / *ici* : a répété	
venait en réalité de	
c'est-à-dire les Arabes	
ici : occuper	
la gênaient	
couverts de poussière	
rencontraient et leur laissaient le passage	
haillons, vêtements troués	

---

14. Le livre sacré des musulmans composé de textes traduisant les paroles de Dieu rapportées
    par Mahomet, le Prophète de l'Islam. La religion islamique ne permet pas la consommation
    de porc.
15. Trouvez-vous que la moquerie de Marcel soit raciste ? Est-il possible de généraliser sur tout
    un peuple ?
16. Est-ce que la présence de l'auteur se manifeste ici ? Pourquoi le narrateur dit-il « obscur » ?
    Est-ce, d'après le narrateur, un principe basé sur des faits, une observation scientifique ?

pas les Arabes de sa ville. Janine suivait la malle qui, à travers la foule, lui ouvrait un chemin. Ils passèrent la porte d'un rempart de terre ocre, parvinrent° sur une petite place plantée des mêmes arbres minéraux° et bordés au fond sur sa plus grande largeur°, par des arcades et des boutiques. Mais ils s'arrêtèrent sur la place même, devant une petite construction en forme d'obus°, peinte à la chaux bleue°. A l'intérieur, dans la pièce unique, éclairée seulement par la porte d'entrée, se tenait°, derrière une planche de bois luisant°, un vieil Arabe

260 aux moustaches blanches. Il était en train de servir du thé, élevant et abaissant la théière au-dessus de trois petits verres multicolores. Avant qu'ils pussent[17] rien distinguer d'autre dans la pénombre du magasin, l'odeur fraîche du thé à la menthe° accueillit Marcel et Janine sur le seuil°. A peine franchie° l'entrée, et ses guirlandes encombrantes de théières en étain°, de tasses et de plateaux mêlés à des tourniquets° de cartes postales, Marcel se trouva contre le comptoir. Janine resta dans l'entrée. Elle s'écarta° un peu pour ne pas intercepter la lumière. A ce moment, elle aperçut derrière le vieux marchand, dans la pénombre, deux Arabes qui les regardaient en

270 souriant, assis sur les sacs gonflés° dont le fond de la boutique était entièrement garni°. Des tapis rouges et noirs, des foulards brodés° pendaient le long des murs, le sol était encombré de sacs et de petites caisses emplies° de graines aromatiques. Sur le comptoir, autour d'une balance aux plateaux de cuivre étincelants° et d'un vieux mètre aux gravures effacées°, s'alignaient des pains de sucre dont l'un, démailloté de ses langes° de gros papier bleu, était entamé° au sommet. L'odeur de laine et d'épices qui flottait dans la pièce apparut derrière le parfum du thé quand le vieux marchand posa la théière sur le comptoir et dit bonjour.

280 Marcel parlait précipitamment, de cette voix basse qu'il prenait pour parler affaires. Puis il ouvrait la malle, montrait les étoffes et les foulards, poussait la balance et le mètre pour étaler sa marchandise devant le vieux marchand. Il s'énervait°, haussait le ton, riait de façon désordonnée°, il avait l'air d'une femme qui veut plaire et qui n'est pas sûre d'elle°. Maintenant, de ses mains largement ouvertes, il mimait la vente et l'achat°. Le vieux secoua la tête, passa le plateau de thé aux deux Arabes derrière lui et dit seulement quelques mots qui semblèrent décourager Marcel. Celui-ci° reprit ses étoffes, les empila° dans la malle, puis essuya sur son front une sueur improbable°. Il ap-

290 pela le petit porteur et ils repartirent vers les arcades. Dans la première boutique, bien que le marchand eût d'abord affecté[18] le même air olympien, ils furent un peu plus heureux°. « Ils se prennent pour° le bon Dieu, dit Marcel, mais ils vendent aussi ! La vie est dure pour tous. »

sont arrivés

poudreux / bordered at the far end, where it was the widest

artillery shell / a blue-white

il y avait debout / brillant (**luire**)

mint tea

l'entrée du magasin / *traversée*

strings of pewter teapots cluttering the entryway / display stands / drew back (**s'écarter**)

bulging

rempli / embroidered scarves

boîtes pleines

shining brass scales

yardstick with faded figures

ici : sorti de son enveloppe / *ici : coupé*

s'impatientait

nerveuse

d'elle-même

imitait les gestes de vendre et d'acheter

c'est-à-dire, Marcel / *ici : a remises* / nonexistent sweat

ici : fortunate / *se croient*

17. (littéraire) L'imparfait du subjonctif, sens de **avant de pouvoir**
18. (littéraire) Le plus-que-parfait du subjonctif, sens de **même si le marchand avait affecté, adopté**.

Janine suivait sans répondre. Le vent avait presque cessé. Le ciel se découvrait par endroits. Une lumière froide, brillante, descendait des puits bleus qui se creusaient dans l'épaisseur des nuages°. Ils avaient maintenant quitté la place. Ils marchaient dans de petites rues, longeaient des murs de terre au-dessus desquels pendaient les roses

300 pourries° de décembre ou, de loin en loin, une grenade°, sèche et véreuse°. Un parfum de poussière et de café, la fumée d'un feu d'écorces°, l'odeur de la pierre, du mouton, flottaient dans ce quartier. Les boutiques, creusées dans des pans° de murs, étaient éloignées les unes des autres ; Janine sentait ses jambes s'alourdir. Mais son mari se rassérénait° peu à peu, il commençait à vendre, et devenait aussi plus conciliant ; il appelait Janine « petite, » le voyage ne serait pas inutile. « Bien sûr, disait Janine, il vaut mieux s'entendre° directement avec eux. »

Ils revinrent par une autre rue, vers le centre. L'après-midi était

310 avancé, le ciel maintenant à peu près découvert°. Ils s'arrêtèrent sur la place. Marcel se frottait° les mains, il contemplait d'un air tendre la malle, devant eux. « Regarde, » dit Janine. De l'autre extrémité de la place venait un grand Arabe, maigre, vigoureux, couvert d'un burnous bleu ciel, chaussé de souples bottes jaunes°, les mains gantées°, et qui portait haut un visage aquilin° et bronzé. Seul le chèche° qu'il portait en turban permettait de le distinguer de ces officiers français d'Affaires indigènes que Janine avait parfois admirés. Il avançait régulièrement dans leur direction, mais semblait regarder au-delà de leur groupe, en dégantant avec lenteur l'une° de ses mains.

320 « Eh bien, dit Marcel en haussant les épaules, en voilà un qui se croit général. » Oui, ils avaient tous ici cet air d'orgueil°, mais celui-là, vraiment, exagérait. Alors que° l'espace vide de la place les entourait, il avançait droit sur la malle, sans la voir, sans les voir. Puis la distance qui les séparait diminua rapidement et l'Arabe arrivait sur eux, lorsque Marcel saisit, tout d'un coup, la poignée° de la cantine, et la tira° en arrière. L'autre passa, sans paraître rien remarquer, et se dirigea du même pas° vers les remparts. Janine regarda son mari, il avait son air déconfit. « Ils se croient tout permis, maintenant, » dit-il. Janine ne répondit rien. Elle détestait la stupide arrogance de cet

330 Arabe et se sentait tout d'un coup malheureuse. Elle voulait partir, elle pensait à son petit appartement. L'idée de rentrer à l'hôtel, dans cette chambre glacée°, la décourageait. Elle pensa soudain que le patron lui avait conseillé° de monter sur la terrasse du fort d'où l'on voyait le désert. Elle le dit à Marcel et qu'on pouvait laisser la malle à l'hôtel. Mais il était fatigué, il voulait dormir un peu avant le dîner. « Je t'en prie°, » dit Janine. Il la regarda, soudain attentif. « Bien sûr, mon chéri, » dit-il.

Elle l'attendait devant l'hôtel, dans la rue. La foule vêtue° de blanc devenait de plus en plus nombreuse. On n'y rencontrait pas une seule

340 femme et il semblait à Janine qu'elle n'avait jamais vu autant d'hommes. Pourtant, aucun° ne la regardait. Quelques-uns, sans

from the blue holes hollowed out of the thickness of the clouds

rotted / pomegranate
avec des vers
of bark
parties

se calmait

ici : avoir affaire, négocier

clair
rubbed

soft yellow boots
with gloves / mince, assez fin / long Arab scarf

en enlevant lentement un gant d'une
arrogance, fierté
ici : même si

handle
pulled
sans hésitation

très froide
recommandé

Please

habillée

pas un seul

paraître la voir, tournaient lentement vers elle cette face maigre et tannée qui, à ses yeux, les faisait tous ressemblants, le visage du soldat français dans le car, celui de l'Arabe aux gants, un visage à la fois rusé° et fier. Ils tournaient ce visage vers l'étrangère, ils ne la voyaient pas et puis, légers et silencieux, ils passaient autour d'elle dont les chevilles gonflaient°. Et son malaise, son besoin de départ augmentaient. « Pourquoi suis-je venue ? » Mais, déjà, Marcel redescendait.

350 Lorsqu'ils grimpèrent° l'escalier du fort, il était cinq heures de l'après-midi. Le vent avait complètement cessé. Le ciel, tout entier découvert, était maintenant d'un bleu de pervenche°. Le froid, devenu plus sec, piquait leurs joues. Au milieu de l'escalier, un vieil Arabe, étendu° contre le mur, leur demanda s'ils voulaient être guidés, mais sans bouger, comme s'il avait été sûr d'avance de leur refus. L'escalier était long et raide°, malgré plusieurs paliers de terre battue°. A mesure qu'°ils montaient, l'espace s'élargissait et ils s'élevaient dans une lumière de plus en plus vaste, froide et sèche, où chaque bruit de l'oasis leur parvenait avec une pureté distincte. L'air illuminé semblait vibrer autour d'eux, d'une vibration de plus en plus longue à
360 mesure qu'ils progressaient, comme si leur passage faisait naître sur le cristal de la lumière une onde° sonore qui allait s'élargissant. Et au moment où, parvenus° sur la terrasse, leur regard se perdit d'un coup au-delà de la palmeraie°, dans l'horizon immense, il sembla à Janine que le ciel entier retentissait d'une seule note éclatante et brève dont les échos peu à peu remplirent l'espace au-dessus d'elle, puis se turent subitement° pour la laisser silencieuse devant l'étendue sans limites.

De l'est à l'ouest, en effet, son regard se déplaçait lentement, sans rencontrer un seul obstacle, tout le long d'une courbe parfaite. Au-dessous d'elle, les terrasses bleues et blanches de la ville arabe se
370 chevauchaient°, ensanglantées° par les taches° rouge sombre des piments° qui séchaient au soleil. On n'y voyait personne, mais des cours° intérieures montaient, avec la fumée odorante d'un café qui grillait, des voix rieuses° ou des piétinements° incompréhensibles. Un peu plus loin, la palmeraie, divisée en carrés inégaux° par des murs d'argile°, bruissait° à son sommet sous l'effet d'un vent qu'on ne sentait plus sur la terrasse. Plus loin encore et jusqu'à l'horizon, commençait, ocre et gris, le royaume des pierres, où nulle° vie n'apparaissait. A quelque distance de l'oasis seulement, près de l'oued[19] qui, à l'occident°, longeait la palmeraie, on apercevait de
380 larges tentes noires. Tout autour, un troupeau de dromadaires immobiles, minuscules à cette distance, formaient sur le sol gris les signes sombres d'une étrange écriture dont il fallait déchiffrer° le sens. Au-dessus du désert, le silence était vaste comme l'espace.

Janine, appuyée de tout son corps au parapet, restait sans voix, incapable de s'arracher au° vide qui s'ouvrait devant elle. A ses côtés, Marcel s'agitait°. Il avait froid, il voulait descendre. Qu'y avait-il donc

shrewd

whose ankles were swelling

ont monté

bleu très clair (periwinkle)

allongé

ici : steep / landings of packed earth / en même temps que

une vague
arrivés
beyond the palm grove

soudain

se croisaient / rendues rouges / marques / peppers
courtyards
qui riaient / mouvements de pieds / uneven squares
clay / rustled (le verbe **bruire**)

aucune

l'ouest

décoder

se détacher du
ici : s'impatientait

---

19. Le terme signifie *rivière* ou *cours d'eau* en Afrique du Nord.

à voir ici ? Mais elle ne pouvait détacher ses regards de l'horizon. Là-bas, plus au sud encore, à cet endroit où le ciel et la terre se rejoignaient dans une ligne pure, là-bas, lui semblait-il soudain,

390 quelque chose l'attendait qu'elle avait ignoré jusqu'à ce jour et qui pourtant n'avait cessé de lui manquer. Dans l'après-midi qui avançait, la lumière se détendait doucement° ; de cristalline, elle devenait liquide. En même temps, au cœur d'une femme que le hasard seul amenait là, un nœud que les années, l'habitude et l'ennui avaient serré, se dénouait lentement. Elle regardait le campement des nomades. Elle n'avait même pas vu les hommes qui vivaient là, rien ne bougeait entre les tentes noires et, pourtant, elle ne pouvait penser qu'à eux, dont elle avait à peine connu l'existence jusqu'à ce jour. Sans maisons, coupés du monde, ils étaient une poignée à errer° sur

400 le vaste territoire qu'elle découvrait du regard°, et qui n'était cependant qu'une partie dérisoire° d'un espace encore plus grand, dont la fuite vertigineuse° ne s'arrêtait qu'à des milliers de kilomètres plus au sud, là où le premier fleuve féconde° enfin la forêt. Depuis toujours, sur la terre sèche, raclée jusqu'à l'os°, de ce pays démesuré°, quelques hommes cheminaient sans trêve°, qui ne possédaient rien mais ne servaient personne, seigneurs misérables et libres d'un étrange royaume. Janine ne savait pas pourquoi cette idée l'emplissait° d'une tristesse si douce et si vaste qu'elle lui fermait les yeux. Elle savait seulement que ce royaume, de tout temps°, lui avait été promis et que

410 jamais, pourtant, il ne serait le sien, plus jamais, sinon à ce fugitif instant, peut-être, où° elle rouvrit les yeux sur le ciel soudain immobile, et sur ses flots de lumière figée°, pendant que les voix qui montaient de la ville arabe se taisaient brusquement. Il lui sembla que le cours du monde venait alors de s'arrêter et que personne, à partir de cet instant, ne vieillirait plus° ni ne mourrait. En tous lieux°, désormais, la vie était suspendue, sauf° dans son cœur où, au même moment, quelqu'un pleurait de peine° et d'émerveillement°.

Mais la lumière se mit en mouvement, le soleil, net° et sans chaleur, déclina vers l'ouest qui rosit° un peu, tandis qu'une vague grise se formait à l'est, prête à déferler° lentement sur l'immense

420 étendue. Un premier chien hurla, et son cri lointain monta dans l'air, devenu encore plus froid. Janine s'aperçut° alors qu'elle claquait des dents. « On crève°, dit Marcel, tu es stupide. Rentrons. » Mais il lui prit gauchement la main. Docile maintenant, elle se détourna du parapet et le suivit. Le vieil Arabe de l'escalier, immobile, les regarda descendre vers la ville. Elle marchait sans voir personne, traînant° son corps dont le poids lui paraissait maintenant insupportable. Son exaltation l'avait quittée. A présent, elle se sentait trop grande, trop épaisse, trop blanche[20] aussi pour ce monde où elle venait d'entrer.

430 Un enfant, la jeune fille, l'homme sec, le chacal furtif étaient les seules créatures qui pouvaient fouler° silencieusement cette terre. Qu'y

20. Pourquoi Janine mentionne-t-elle la couleur de sa peau ?

ici : devenait moins forte

un petit groupe à s'aventurer
voyait pour la première fois
insignifiante
dizzying flight
rend fertile
scraped to the bone / sans limites
marchaient sans interruption

remplissait

depuis toujours

ici : quand
vagues de lumière paralysée

ne deviendrait plus vieux /
chaque lieu / excepté
ici : tristesse / enchantement
clair
rosir
*ici : **rouler***
a remarqué
meurt

dragging

marcher sur

ferait-elle désormais, sinon° s'y traîner jusqu'au sommeil, jusqu'à la   if not
mort ?

◆ **Questions de compréhension**

A. 1. Quels détails indiquent que Janine et Marcel arrivent à un endroit où on pratique la religion musulmane ?
2. Que prend Janine à boire au repas ? Pourquoi ?
3. Marcel appelle un jeune Arabe pour l'aider à porter la malle. Mais avant de
l'engager, il discute du paiement. Pourquoi faut-il faire ainsi, selon lui ?
4. Quelle fraîche odeur accueille Janine et Marcel à l'entrée des magasins
lorsqu'ils visitent des boutiques arabes ? Y a-t-il d'autres odeurs qui flottent
dans ces lieux de commerce ?
5. Quand Marcel commence à vendre aux boutiquiers arabes, il change soudain
d'humeur. Comment devient-il ? De quoi Janine s'occupe-t-elle pendant que
son mari négocie et vend aux marchands ? S'intéresse-t-elle au commerce ?
6. Pourquoi Marcel dit-il que maintenant les Arabes se croient tout permis ?
Quel incident provoque ces paroles ? Est-ce que Janine et Marcel jugent les
Arabes de la même façon ?
7. Que voient Janine et Marcel, une fois arrivés sur la terrasse du fort ? Quelles
images sensuelles du désert et de la ville se présentent au couple ? Quelle est
la réaction de Janine ? Et de Marcel ? Veut-il rester sur la terrasse à regarder
l'horizon ? Pourquoi pas ?
8. Janine parle d'un royaume qui lui avait été promis (*that had been promised
to her*). A quel royaume se réfère-t-elle ? Pense-t-elle à son mariage ? A une
carrière ? Aux sports ? Au désert ? Quelles sensations éprouve-t-elle à ce
moment-là ?

B. (Exercice à faire en groupe.) Dans les pages que vous venez de lire, il semble que
la vie de Janine se divise en deux parties : sa vie réelle et sa vie imaginaire. Quels
sont les éléments qui contribuent à souligner cette division ? Dressez-en deux
listes, côte à côte, qui mettent en relief cette division.

C. En basant vos réponses sur le contexte de l'histoire, soulignez pour chaque ligne
les mots qui sont synonymes ou ont une signification très voisine :

Modèle : éteindre <u>retentir</u> <u>sonner</u> allumer

1. un vacarme   un murmure   une clameur   un son
2. la pénombre   la lumière   l'horizon   l'obscurité
3. des vêtements   des loques   des haillons   des burnous
4. lentement   précipitamment   doucement   clairement
5. crever   mourir   sentir   aimer
6. se découper   déchiffrer   décoder   devenir

TROISIÈME PARTIE

Elle se traîna°, en effet, jusqu'au restaurant, devant un mari soudain   dragged herself
taciturne, ou qui disait° sa fatigue, pendant qu'elle-même luttait   *ici : parlait de*

faiblement contre un rhume dont elle sentait monter la fièvre. Elle se traîna encore jusqu'à son lit, où Marcel vint la rejoindre, et éteignit aussitôt° sans rien lui demander. La chambre était glacée. Janine sentait le froid la gagner° en même temps que s'accélérait la fièvre. Elle respirait mal, son sang battait sans la réchauffer° ; une sorte de peur grandissait en elle. Elle se retournait, le vieux lit de fer° craquait sous son poids. Non, elle ne voulait pas être malade. Son mari dormait déjà, elle aussi devait dormir, il le fallait. Les bruits étouffés° de la ville parvenaient jusqu'à elle par la meurtrière. Les vieux phonographes des cafés maures° nasillaient des airs° qu'elle reconnaissait vaguement, et qui lui arrivaient, portés par une rumeur de foule lente. Il fallait dormir. Mais elle comptait des tentes noires ; derrière ses paupières° paissaient° des chameaux immobiles ; d'immenses solitudes tournoyaient° en elle. Oui, pourquoi était-elle venue ? Elle s'endormit sur cette question.

Elle se réveilla un peu plus tard. Le silence autour d'elle était total. Mais, aux limites de la ville, des chiens enroués° hurlaient dans la nuit muette°. Janine frissonna. Elle se retourna encore sur elle-même, sentit contre la sienne° l'épaule dure de son mari, et, tout d'un coup, à demi endormie, se blottit contre lui. Elle dérivait° sur le sommeil sans s'y enfoncer, elle s'accrochait à° cette épaule avec une avidité inconsciente, comme à son port° le plus sûr. Elle parlait, mais sa bouche n'émettait aucun son. Elle parlait, mais c'est à peine si elle s'entendait elle-même. Elle ne sentait que la chaleur de Marcel. Depuis plus de vingt ans, chaque nuit, ainsi, dans sa chaleur, eux deux toujours, même malades, même en voyage, comme à présent… Qu'aurait-elle fait d'ailleurs°, seule à la maison ? Pas d'enfant ! N'était-ce pas cela qui lui manquait ? Elle ne savait pas. Elle suivait Marcel, voilà tout, contente de sentir que quelqu'un avait besoin d'elle. Il ne lui donnait pas d'autre joie que de se savoir nécessaire°. Sans doute ne l'aimait-il pas.[21] L'amour, même haineux°, n'a pas ce visage renfrogné. Mais quel est son visage ? Ils s'aimaient° dans la nuit, sans se voir, à tâtons°. Y a-t-il un autre amour que celui des ténèbres°, un amour qui crierait en plein jour ? Elle ne savait pas, mais elle savait que Marcel avait besoin d'elle et qu'elle avait besoin de ce besoin, qu'elle en° vivait la nuit et le jour, la nuit surtout, chaque nuit, où il ne voulait pas être seul, ni vieillir, ni mourir, avec cet air buté° qu'il prenait qu'elle reconnaissait parfois sur d'autres visages d'hommes, le seul air commun de ces fous qui se camouflent° sous des airs de raison, jusqu'à ce que° le délire les prenne et les jette désespérément vers un corps de femme pour y enfouir°, sans désir, ce que la solitude et la nuit leur montrent d'effrayant°.

	immediately put the light out
	overcoming her
	lui donner de chaleur
	iron
	muffled
	arabes / chantaient du nez des chansons
	eyelids / *ici : mangeaient (**paître**)*
	tournaient en cercle
	hoarse
	silencieuse
	c'est-à-dire son épaule
	ici : flottait
	ici : saisissait
	(fig.) lieu de refuge
	d'un autre côté
	knowing herself needed
	plein de haine / mécontent / faisaient l'amour / groping for one another / de l'obscurité
	c'est-à-dire de ce besoin
	stubborn expression
	se masquent / jusqu'au moment où
	in order to bury there
	de terrifiant

21. Notez l'inversion quand la phrase commence par **sans doute**, et aussi le sens de la phrase ici : Il ne l'aimait probablement pas.

Marcel remua un peu comme pour s'éloigner d'elle. Non, il ne l'aimait pas, il avait peur de ce qui n'était pas elle,[22] simplement, et elle et lui depuis longtemps auraient dû se séparer, et dormir seuls jusqu'à la fin. Mais qui peut dormir toujours seul ? Quelques hommes le font, que la vocation ou le malheur ont retranchés° des autres et qui couchent alors tous les soirs dans le même lit que la mort.[23] Marcel, lui, ne le pourrait jamais, lui surtout, enfant faible et désarmé°, que la douleur effarait° toujours, son enfant, justement, qui avait besoin d'elle et qui, au même moment, fit entendre une sorte de gémissement°. Elle se serra un peu plus contre lui, posa la main sur sa poitrine. Et, en elle-même, elle l'appela du nom d'amour qu'elle lui donnait autrefois° et que, de loin en loin encore, ils employaient entre eux, mais sans plus penser à ce qu'ils disaient.

Elle l'appela de tout son cœur. Elle aussi, après tout, avait besoin de lui, de sa force, de ses petites manies°, elle aussi avait peur de mourir. « Si je surmontais cette peur, je serais heureuse… » Aussitôt, une angoisse sans nom l'envahit. Elle se détacha de Marcel. Non, elle ne surmontait rien, elle n'était pas heureuse, elle allait mourir, en vérité, sans avoir été délivrée. Son cœur lui faisait mal, elle étouffait sous un poids immense dont elle découvrait soudain qu'elle le traînait depuis vingt ans, et sous lequel elle se débattait° maintenant de toutes ses forces. Elle voulait être délivrée, même si Marcel, même si les autres ne l'étaient jamais° ! Réveillée, elle se dressa dans son lit et tendit l'oreille à° un appel qui lui sembla tout proche. Mais, des extrémités de la nuit, les voix exténuées et infatigables° des chiens de l'oasis lui parvinrent seules. Un faible vent s'était levé dont elle entendait couler les eaux légères dans la palmeraie. Il venait du sud, là où le désert et la nuit se mêlaient° maintenant sous le ciel à nouveau fixe°, là où la vie s'arrêtait, où plus personne ne vieillissait ni ne mourait. Puis les eaux du vent tarirent° et elle ne fut même plus sûre d'avoir rien entendu, sinon un appel muet qu'après tout elle pouvait à volonté° faire taire ou percevoir, mais dont plus jamais elle ne connaîtrait le sens, si elle n'y répondait à l'instant. A l'instant, oui, cela du moins était sûr !

Elle se leva doucement et resta immobile, près du lit, attentive à la respiration de son mari. Marcel dormait. L'instant d'après, la chaleur du lit la quittait, le froid la saisit. Elle s'habilla lentement, cherchant ses vêtements à tâtons dans la faible lumière qui, à travers les persiennes en façade, venait des lampes de la rue°. Les souliers à la main, elle gagna la porte. Elle attendit encore un moment, dans l'obscurité, puis ouvrit doucement. Le loquet grinça°, elle s'immobilisa. Son cœur battait follement.[24] Elle tendit l'oreille et, rassurée par le silence,

l'affliction ont coupés

vulnérable / faisait peur

whimper

dans le passé

obsessions

faisait beaucoup d'efforts

n'étaient jamais libérés
a écouté
worn out and yet tireless

mingled / *encore une fois stable*

ici : se sont arrêtées (**tarir**)
at will

came through the blinds from
  the street lights

The knob squeaked

---

22. Il avait peur du vide (*void*) ou de l'inconnu.
23. Comment se définit la mort ici ? Comment se définissent ces hommes qui se sont séparés du côté sensible de la vie ? Ceux qui vivent seuls et n'ont besoin de personne ?
24. Essayez d'apprécier le ton dramatique de ces paragraphes de la nouvelle. Notez surtout les verbes qui indiquent du mouvement. Peut-on distinguer entre action, sensation, et décor dans ce récit ? Ou bien est-ce que tous ces éléments du récit s'entremêlent (*intermingle*) ?

tourna encore un peu la main. La rotation du loquet lui parut interminable. Elle ouvrit enfin, se glissa° dehors, et referma la porte avec les mêmes précautions. Puis, la joue collée° contre le bois, elle attendit. Au bout d'un° instant, elle perçut°, lointaine, la respiration de Marcel. Elle se retourna, reçut contre le visage l'air glacé de la nuit et courut le long de la galerie. La porte de l'hôtel était fermée. Pendant qu'elle manœuvrait le verrou°, le veilleur de nuit° parut dans le haut de l'escalier, le visage brouillé°, et lui parla en arabe. « Je reviens, » dit Janine, et elle se jeta° dans la nuit.

Des guirlandes d'étoiles descendaient du ciel noir au-dessus des palmiers et des maisons. Elle courait le long de la courte avenue, maintenant déserte, qui menait au fort. Le froid, qui n'avait plus à lutter contre le soleil, avait envahi la nuit ; l'air glacé lui brûlait les poumons. Mais elle courait, à demi aveugle, dans l'obscurité. Au sommet de l'avenue, pourtant, des lumières apparurent, puis descendirent vers elle zigzaguant. Elle s'arrêta, perçut un bruit d'élytres° et, derrière les lumières qui grossissaient, vit enfin d'énormes burnous° sous lesquels étincelaient des roues fragiles de bicyclettes. Les burnous la frôlèrent° ; trois feux rouges surgirent dans le noir derrière elle, pour disparaître aussitôt. Elle reprit sa course vers le fort. Au milieu de l'escalier, la brûlure° de l'air dans ses poumons devint si coupante qu'elle voulut s'arrêter. Un dernier élan la jeta malgré elle sur la terrasse, contre le parapet qui lui pressait maintenant le ventre. Elle haletait° et tout se brouillait° devant ses yeux. La course ne l'avait pas réchauffée, elle tremblait encore de tous ses membres°. Mais l'air froid qu'elle avalait par saccades° coula bientôt régulièrement en elle, une chaleur timide commença de naître au milieu des frissons. Ses yeux s'ouvrirent enfin sur les espaces de la nuit.

Aucun souffle°, aucun bruit, sinon, parfois, le crépitement étouffé° des pierres que le froid réduisait en sable, ne venait troubler la solitude et le silence qui entouraient Janine. Au bout d'un instant, pourtant, il lui sembla qu'une sorte de giration pesante entraînait le ciel au-dessus d'elle. Dans les épaisseurs de la nuit sèche et froide, des milliers d'étoiles se formaient sans trêve° et leurs glaçons étincelants°, aussitôt détachés, commençaient de glisser insensiblement vers l'horizon. Janine ne pouvait s'arracher à la contemplation de ces feux à la dérive°. Elle tournait avec eux et le même cheminement immobile la réunissait peu à peu à son être le plus profond, où le froid et le désir maintenant se combattaient. Devant elle, les étoiles tombaient, une à une, puis s'éteignaient parmi les pierres du désert, et à chaque fois Janine s'ouvrait un peu plus à la nuit. Elle respirait, elle oubliait le froid, le poids des êtres, la vie démente ou figée°, la longue angoisse de vivre et de mourir. Après tant d'années où, fuyant° devant la peur, elle avait couru follement, sans but°, elle s'arrêtait enfin. En même temps, il lui semblait retrouver ses racines°, la sève° montait à nouveau dans son corps qui ne tremblait plus. Pressée de tout son ventre contre le parapet, tendue vers le ciel en mouvement, elle attendait

slipped	
her cheek glued	
Après un / ici : a entendu	
was working the bolt / the night watchman / *l'air confus, endormi / s'est lancée*	
the noise of sprockets	
c'est-à-dire des Arabes	
brushed against her	
the burning	
respirait très fort / un brouillard se formait	
limbs / was gulping	
Not a breath	
the muffled crackling	
sans cesse / gleaming bits of ice or icicles	
drifting fires	
folle ou paralysée	
fleeing	
sans objectif	
roots / *le liquide qui circule dans les plantes*	

seulement que son cœur encore bouleversé s'apaisât[25] à son tour et que le silence se fît en elle. Les dernières étoiles des constellations laissèrent tomber leurs grappes° un peu plus bas sur l'horizon du désert, et s'immobilisèrent. Alors avec une douceur insupportable, l'eau de
570 la nuit commença d'emplir Janine, submergea le froid, monta peu à peu du centre obscur de son être° et déborda° en flots ininterrompus jusqu'à sa bouche pleine de gémissements. L'instant d'après, le ciel entier s'étendait au-dessus d'elle, renversée° sur la terre froide.

    Quand Janine rentra, avec les mêmes précautions, Marcel n'était pas réveillé. Mais il grogna° lorsqu'elle se coucha et, quelques secondes après, se dressa brusquement. Il parla et elle ne comprit pas ce qu'il disait. Il se leva, donna la lumière qui la gifla° en plein visage. Il marcha en tanguant° vers le lavabo et but longuement à la bouteille d'eau minérale qui s'y trouvait. Il allait se glisser sous les draps
580 quand, un genou sur le lit, il la regarda, sans comprendre. Elle pleurait, de toutes ses larmes sans pouvoir se retenir°. « Ce n'est rien, mon chéri, disait-elle, ce n'est rien. »

clusters

her being / a coulé

tombée

grunted

l'a frappée
en perdant l'équilibre

s'arrêter

25. (littéraire) L'imparfait du subjonctif, le verbe **s'apaiser** (*to calm down*)

Après la lecture

◆ **Questions de compréhension**

1. Une fois rentrée à l'hôtel, après la première visite au fort, comment Janine se sent-elle ? Contre quoi lutte-t-elle faiblement ?
2. Quels bruits de la ville arrivent jusqu'à Janine par la meurtrière de sa chambre ? Quelles images flottent derrière ses paupières ?
3. Janine est-elle sûre de l'amour de Marcel ? A-t-elle besoin de Marcel ?
4. Et Marcel ? Aime-t-il sa femme ?
5. Dans sa chambre, Janine se dit qu'il faudra surmonter la peur. De quoi a-t-elle peur ?
6. Réveillée, mais toujours au lit, Janine entend un appel qui lui semble tout proche. Quelle est sa réaction à cet appel ?
7. Où est-ce que Janine va après avoir quitté l'hôtel ? A-t-elle toujours froid sur la terrasse ? Qu'est-ce qui l'entoure ? Quelles sensations éprouve-t-elle de nouveau ?
8. A la fin de l'histoire, que fait Janine lorsque Marcel la regarde, juste avant de se glisser sous les draps ?

◆ **Une perspective plus large**

Interprétons le texte

Comment peut-on interpréter le dernier passage de l'histoire, la scène où Janine pleure ? Laquelle des explications suivantes vous paraît la plus plausible ? La plus complète ? Pourquoi ?

a. Janine pleure pour exprimer son indignation face à l'absurdité de sa vie. Elle se rend compte qu'elle ne peut rien changer, ni le caractère de son mari, ni son existence dans ce « royaume » étranger qui est le désert.

b. Le dernier passage de l'histoire souligne la frustration de Janine. Elle voudrait connaître le soldat de l'autocar, celui qui porte l'uniforme des unités françaises du Sahara. Mais il ne l'a même pas saluée quand il l'a dépassée dans la rue.

c. Janine pleure tout en pensant au désert, aux palmiers, aux tentes noires des Maures. Elle aussi, elle voudrait errer dans les vastes espaces, se coucher dans les oasis, et jouir de la nature.

d. Il est surtout question de fatigue. Le long voyage et la monotonie du désert l'ont épuisée (*exhausted*). Et, en plus, elle lutte contre un rhume.

e. Elle comprend qu'elle n'est plus la jeune fille d'autrefois, la jeune athlète, et que Marcel s'occupe de moins en moins d'elle. Amoureuse encore de son mari, elle a maintenant peur d'être abandonnée par lui.

f. Janine croit voir venir la mort dans l'obscurité de sa chambre ; elle va mourir sans avoir été délivrée d'un poids immense. Sa seule réaction devant la mort est de pleurer.

Allons plus loin

1. Justifiez par écrit maintenant votre réponse à la question précédente. Avez-vous pu choisir une réponse et éliminer toutes les autres ? Y avait-il, à votre avis, plus d'une réponse plausible et complète ?

2. Relevez les différents éléments naturels présentés dans la nouvelle. Est-ce que la réaction de Janine envers la nature se modifie à travers l'histoire ? Voudrait-elle s'en éloigner ou s'en rapprocher ?

3. Montrez aussi comment l'attitude de Janine change à l'égard des Arabes. Quel est l'événement qui illustre ce changement ? Comme Française, sera-t-elle toujours une exilée dans ce pays ?

4. En quoi s'opposent Janine et Marcel ? Décrivez leur caractère et analysez comment l'un s'oppose à l'autre. Par exemple, est-ce qu'ils réagissent de la même façon vis-à-vis de la nature ? Ont-ils aussi certains traits en commun ? Lesquels ?

◆ **Compositions**

1. Retracez l'itinéraire de Janine et de Marcel à travers le désert. Essayez de reprendre le vocabulaire de l'histoire. Commencez votre description de la façon suivante :

   Le vent hurlait et la brume minérale entourait l'autocar qui suivait lentement la route...

2. Considérez le titre de cette histoire. Est-ce que Janine est une femme adultère ? Est-elle infidèle à son mari ? Dans quel sens ? Y a-t-il, à votre avis, une justification possible d'infidélité de la part de Janine ? Ou bien est-elle depuis longtemps « infidèle » à elle-même ? Dans quel sens ?

la Martinique et la Guadeloupe

Population: la Martinique   384 000 habitants
la Guadeloupe   417 000 habitants

Superficie: la Martinique   1 102 km²
la Guadeloupe   1 780 km²

Chef-lieu: la Martinique   Fort-de-France
la Guadeloupe   Basse-Terre

Langues parlées: Français, créole (se maintient aussi en littérature dans les deux départements)

Religion: Catholicisme

Produits agricoles: Canne à sucre, bananes, ananas (*pineapples*), café, cacao, melons, avocats, citrons verts, épices ; agriculture de plantation domine dans les deux départements

Industries: Sucreries (*sugar refineries*), distilleries de rhum (*rum*), tourisme, produits pétroliers

Gouvernement actuel: Départements d'Outre-Mer (D.O.M.) de la France depuis 1946

Histoire: Venus du continent de l'Amérique du Sud, les Caraïbes chassent les anciens habitants (les Arawaks et les Taïnos) des Petites Antilles et habitent la Guadeloupe et la Martinique au moment de l'arrivée de Christophe Colomb (en 1493 et en 1502). Les îles sont colonisées en 1635

par la France ; en 1660 la France et l'Angleterre (les Anglais occupent les îles pendant quelque temps) expulsent les derniers Caraïbes. Les colons français introduisent la canne à sucre et utilisent une main-d'œuvre (*work force*) d'esclaves africains. La prospérité des îles à cette époque est due en grande partie au commerce des esclaves. L'esclavage est enfin aboli en 1848. La Guadeloupe et la Martinique jouissent (profitent) d'un riche mélange de races. La majorité de la population est mulâtre.

Climat: Tropical, humide. Les pays sont souvent ravagés par des cyclones.[1]

---

1. *Grand Larousse en 5 volumes* (Paris : Larousse, 1987), 517, 1462, 1976–77 ; *Quid* 1998 (Paris : Editions Robert Laffont, 1997), 851–855.

12 « Le mur ou les charmes d'une vie conjugale »

Myriam Warner-Vieyra

Courtesy of Myriam Warner-Vieyra.

Myriam Warner-Vieyra (1939–) was born on the island of Guadeloupe in the French Antilles. She grew up in Pointe-à-Pitre and lived on the island until the age of 12. Like her protagonist Juletane in her novel of the same name (1982), she moved from the Antilles to France and, at the age of 22, to Senegal. The widow of Paulin Vieyra, she is a grandmother and is raising her grandson.

Although she recently retired from her position as librarian at the Université Cheikh Anta Diop-Dakar,

Warner-Vieyra continues to write short stories.[1]

A writer who addresses the cultural heritages of the Caribbean and France, Warner-Vieyra sees the possibilities and pitfalls of the physical and spiritual quest for African roots. Her female protagonists Suzette in *Le quimboiseur l'avait dit* (1980), Juletane in the novel *Juletane* (1982), and the shipwrecked women —

---

1. A recent short story, "L'accident" (1996), may be read on the Internet. From the University of Western Australia address http://www.arts.uwa.edu.au/, select "projects," then "*Mots Pluriels*", then vol. 1 no. 1 1996 "Lire le temps." The short story is found in this issue, accompanied by a critical article by Jean-Marie Volet, "Lire 'L'accident' de M. Warner Vieyra et reconstruire le temps."

« femmes échouées » — including the narrator of the present story from *Femmes échouées* (1988) often fail in their outward quests, which are built around men. They find frustrations and limitations rather than liberation and support. To deal with psychological conflicts caused by separation from home and relationships with insensitive men, they turn to their own resources in times of deep anguish. Warner-Vieyra's female characters seek solace in reading, writing, their own imaginations, and even in irrational acts of desperation. Some do not escape the stifling situations that cause depression. The author has spoken of her reasons for placing her characters in these situations : "Psychological problems, particularly women's struggles with depression, have always fascinated me."[2] Her stories take place in Africa, the Caribbean, and France; however, they portray the racial, social, and sexual tensions that exist in all human spaces.

---

2. Mildred Mortimer, "An Interview with Myriam Warner-Vieyra," *Callaloo* vol. 16, no. 1 (1993), 111.

Avant de lire

◈ Questions préalables

1. Dans quelles situations aimez-vous le silence ? Quand préférez-vous le bruit (*noise*) ?
2. Avez-vous jamais essayé de faire parler une personne silencieuse ? Pourquoi ne voulait-elle pas parler ? Pourquoi vouliez-vous établir un dialogue avec cette personne ? Comment l'avez-vous encouragée à parler ? Avez-vous réussi à la faire parler ?
3. Quelle sorte de mauvais comportement (*behavior*) pourriez-vous supporter dans une relation intime de longue durée ? Quel comportement vous mènerait à quitter cette personne ?
4. Qu'est-ce qui vous rend fou/folle de rage ? Que faites-vous pour vous calmer dans cette situation ?

◈ Vocabulaire

Dans cette nouvelle il y a plusieurs verbes intéressants employés au participe passé (souvent comme adjectif). Voici leur infinitif et le sens du verbe :

se bétonner	(fig.) se mettre dans quelque chose qui ressemble à du béton (concrete)
se curer (les dents)	nettoyer
visser	fixer une vis (screw) avec un tournevis (screwdriver) ; (fig.) être **vissé(e)** sur une chaise
sevrer (de)	priver, séparer quelqu'un de quelque chose d'agréable

exaucer	satisfaire ou accorder
mouiller	mettre dans de l'eau ; **mouillé(e)** : fluide, plein(e) d'émotion
dépasser	overcome
épanouir	open up, blossom ; permit someone to fulfill him/herself

Terminez les phrases suivantes avec la forme du participe passé d'un des verbes ci-dessus. Quelques participes passés de verbes que vous connaissez bien sont **arrivé / arrivée / arrivés / arrivées ; fini / finie / finis / finies**. Vérifiez l'accord entre le sujet et le participe passé (féminin, masculin, singulier, pluriel) :

1. Ne voulant plus communiquer, je me suis _____ dans le mutisme.

2. Mon vœu (désir) est _____.

3. La berceuse (lullaby) est un chant _____ de tendresse.

4. Elle se couche, les cheveux brossés et les dents _____.

5. Ils ont gardé leur place si longtemps que le serveur croit qu'ils sont _____ à la table.

6. Sans télévision, radio ou journal, elle a été _____ de toutes les nouvelles du monde extérieur.

7. Ses copines ont l'air tout _____, heureuses ; elle, par contre, a souvent le cafard ("the blues") et se sent désespérément seule.

8. Nous sommes _____ parfois par les événements que nous ne comprenons pas.

◆ **Stratégie de lecture : Reconnaître et identifier les allusions aux sensations physiques**

Lisez le passage suivant qui vient de la nouvelle « Le mur ou les charmes d'une vie conjugale » (ll. 81–87). Comme partout dans la nouvelle, ici l'auteur fait appel aux sensations physiques pour encourager le lecteur ou la lectrice à « sentir » l'émotion de cette histoire.

En lisant le passage ci-dessous, soulignez toutes les expressions ou images qui vous font penser aux sensations physiques.

> Je n'entends que les cliquetis (*clinking*) des fourchettes et couteaux sur les assiettes. Au dessert, l'acidité de l'orange qu'il mange lui fait grincer (*squeak*) les dents et me tourne le sang (*makes my blood boil*). Je suis à deux doigts de la crise de nerfs. Il se retire dans la chambre pour faire sa sieste, j'allume une cigarette ; je ne risque pas de mourir d'un cancer du poumon (*lung*) ou de la gorge, bien avant mon cerveau va éclater de toute la rage contenue dans cet étau (*vise*) qui me comprime (*squeezes*) les tempes (*temples*) et le front (*forehead*).

Maintenant lisez l'histoire et cherchez d'autres exemples. Combien en trouvez-vous ? Quel exemple vous « touche » le plus ? Pourquoi ? Dans quelle mesure cet appel aux sens rend-il un récit plus vivant, réaliste ou intense ?

« Le mur ou les charmes d'une vie conjugale »

Myriam Warner-Vieyra

Mariée depuis plusieurs années avec un homme sage, fidèle, sérieux, calme — le rêve de beaucoup de femmes qui se plaignent de leur macho infidèle, volage°, menteur ou jaloux —, je vais vous croquer° vingt-quatre heures de ma vie auprès de cet être merveilleux.

*frivole / ici : **décrire***

Un soir vers vingt et une heures trente, il me dit :

— Passe-moi la clé de ta voiture.

— Oui. Il faudra mettre de l'essence, le réservoir a juste la quantité nécessaire pour mes courses de la semaine.

Il m'avait parlé ! La dernière fois que nous avions échangé trois
10 mots remontait à je ne sais plus combien de temps : plusieurs jours, une ou deux semaines... Incroyable ! Ma réponse avait fusé° spontanément pour dire quelque chose, établir un dialogue. Balivernes° insipides : l'essence, cela n'avait aucune importance.

spurted out
nonsense

Comment en étions-nous arrivés là ? En toute sincérité, je ne le savais pas. Où se situait ma part de responsabilité ? Dans le passé je m'appliquais à meubler° les silences, je parlais beaucoup. De temps en temps, un grognement° que je prenais pour un encouragement me remontait comme une vieille pendule°. Je plaisantais, riais de mes trouvailles°, espérant que mon rire le contaminerait. Son aphasie°
20 épouvantait mes amis qui disparurent l'un après l'autre de notre foyer réfrigérant. Puis je fus lasse° de m'entendre répondre à mes propres questions. Désespérée de ne pas réussir à faire naître un sourire ou un mot aimable sur les lèvres de mon époux, je me suis bétonnée° dans le mutisme, moi aussi.

*ici : **remplir***
grunt
clock
lucky finds / *ici : manque de communication*
très fatiguée

Ma voisine de palier° me regarde avec envie et admiration. Chaque fin de semaine, son mari rentre ivre vers quatre heures du matin et fait un vacarme à fendre° la tête d'un sourd en martelant leur porte d'entrée de coups de pieds ; tandis que dans notre appartement, trois cent soixante-cinq jours par an plane° un silence de
30 cimetière.

neighbor on the same floor

racket capable of splitting

ici : flotte

A vingt-deux heures, douchée, cheveux brossés, dents curées, je me glisse entre les draps° du lit comme une lettre dans une enveloppe toute neuve. Draps de chez un grand couturier en vogue ; malgré la griffe° bien visible, il ne s'en est jamais aperçu. Ç'aurait pu être deux vieux pagnes°, deux sacs à farine°, pour lui c'était du pareil au même°. Il y a bien longtemps, pour notre mariage, une amie m'offrit une paire de draps en satin or. Un soir, je revêtis une chemise de nuit

sheets

label
skirt fabrics / flour
all the same

assortie° et défis largement le lit, sûre d'être irrésistible ainsi parée°. C'était au temps où il parlait quelquefois. Alors il éructa° :

40 — Qu'est-ce que c'est que ce truc°-là ?

Question qui me rendit muette d'indignation.

Ce soir, monsieur n'ayant pas dit où il allait ni quand il rentrerait, j'éteins ma lampe de chevet° et m'endors sur mes points d'interrogation. Le lendemain matin, à sept heures, je me lève. « Le Mur », comme je l'appelle désormais°, dort. Je ne sais pas à quelle heure il est rentré. C'est sans importance ! Quelle différence entre un mur présent et un mur absent ? A bien réfléchir, il y en a une : sa présence immobile et silencieuse m'énerve°, j'ai envie de le détruire à coups de marteau°. En son absence, je me sens calme, mais vide° de toute én-
50 ergie, désœuvrée°.

Sept heures trente. Je quitte la maison, rentre dans le monde ; enfin du bruit, des paroles. Je m'arrête à la pâtisserie, toujours la même à la même heure. J'achète mes croissants quotidiens, salue les habitués vissés à leur table, dégustant un café moins bon que celui préparé chez eux, cependant tellement plus agréable en compagnie des copains, tout en commentant les dernières nouvelles.

Arrivée au bureau, sevrée d'échanges d'idées depuis plus de douze heures, je forme un numéro sur le cadran du téléphone avant d'entamer ma tâche° du jour. Enfin à l'autre bout une voix amie ; je peux
60 parler et elle me répond, souvent très aimable. Aujourd'hui malheureusement je sens de l'agacement°, une certaine froideur, de l'impatience, des silences qui en disent long. C'est que je dérange°. Je prie que l'on veuille bien m'excuser et raccroche°. Cette petite goutte° d'indifférence fait déborder° mon cœur de son trop-plein d'angoisse. Malgré° moi, je me mets bêtement° à pleurer. Je me sens désespérément seule dans un monde hostile. Personne ne veut m'écouter, me parler. Je suis entourée d'égocentriques bienheureux. Leur dire : « Aujourd'hui j'ai le cafard, parlez-moi, j'ai besoin d'être rassurée ». Ils s'en moquent. « Allez vous faire pendre° ailleurs ! Surtout pas sous
70 nos yeux. Laissez-nous notre sérénité, gardez vos tracas°. » Les heures s'étirent° avec une lenteur cruelle, en milliers de secondes vides d'espoir.

A douze heures trente, de retour à la maison, le Mur n'est pas encore là ; je l'attends, feuilletant° une revue pour écourter le temps. Il arrive vingt minutes plus tard, utilise sa clé pour rentrer, va directement dans la salle de bains puis vient s'installer à table avec son poste à transistor ; il ne rate° jamais les informations. Ce qui se passe dans le monde l'intéresse, il lit tous les journaux de toutes opinions pour mieux se faire la sienne°. Depuis le jour où j'ai hurlé que j'en avais
80 plein le gosier° des atrocités que débite l'actualité°, il s'est acheté un casque à écouteurs°. Je n'entends que les cliquetis des fourchettes et couteaux sur les assiettes. Au dessert, l'acidité de l'orange qu'il mange lui fait grincer les dents et me tourne le sang. Je suis à deux doigts de la crise de nerfs. Il se retire dans la chambre pour faire sa sieste, j'al-

assortie°	matching nightgown / adorned
parée°.	
éructa°	belched out
truc°	thing
lampe de chevet°	bedside lamp
désormais°	henceforth
m'énerve°	*exaspère*
marteau°	hammer / empty
vide°	
désœuvrée°.	*inoccupée*
tâche°	beginning my task
l'agacement°	*irritation*
dérange°	disturb
raccroche°. goutte°	hang up / drop
déborder°	overflow
Malgré° bêtement°	in spite of / *absurdement*
pendre°	hang yourself
tracas°	troubles
s'étirent°	stretch out
feuilletant°	leafing through
rate°	miss
la sienne°.	the better to construct his own
gosier° l'actualité°	my fill / *racontent les informations* / earphones
écouteurs°	

lume une cigarette ; je ne risque pas de mourir d'un cancer du poumon ou de la gorge, bien avant mon cerveau va éclater de toute la rage contenue dans cet étau qui me comprime les tempes et le front.

A quatorze heures trente, je repars, retrouve mon bureau. Les murs son lézardés°, la peinture écaillée°, le patron absent, les clients rares. Le je-m'en-foutisme° de la voix amie, ce matin, m'a déçue. Mes copines ont l'air tout épanouies, heureuses. Elles sont toujours occupées, pressées°, entre un rendez-vous chez le coiffeur, la couturière, le thé bridge, leur emploi, leur mari, leurs enfants. Je suis tout étourdie° de les voir si affairées°.

J'essaie de travailler, mon esprit vagabonde. Je décroche le téléphone, j'hésite entre deux bonnes amies. J'appelle : l'une n'est pas dans son bureau ; l'autre, qui ne travaille pas, vient de sortir. Je repose doucement le combiné, mon regard caresse avec volupté sa ligne racée° dans sa robe couleur de brume° matinale. Je me surprends à souhaiter° très fort qu'il sonne. A la minute qui suit, mon vœu° est exaucé. Les battements de mon cœur se précipitent, enfin quelqu'un pense à moi. Je respire profondément, racle° ma gorge pour éclaircir ma voix, décroche, et avec beaucoup d'assurance, lance comme un cocorico° un « allô ! » joyeux.

— Bonjour. Je voudrais parler au capitaine.

— Comment ?

— C'est bien la caserne des pompiers° ?

Je serre° les lèvres pour ne pas lâcher une insanité°. Mon interlocuteur n'est pour rien dans ma déconvenue°. Au bout de quelques secondes je parviens à gargouiller° un « non » mouillé d'ennui°.

L'après-midi tire° tout de même à sa fin. Je fais quelques achats° sur le chemin du retour, et à dix-neuf heures, je retrouve le Mur, déjà en pyjama, pantoufles° aux pieds, son verre de whisky servi. Lèvres entrouvertes, sourire béat°, il gobe° un match de football à la télévision, il n'a pas un regard de mon côté. Vers vingt heures, nous dégustons notre souper dans un silence velouté°. Le vent murmure dans les branches des arbres de la cour de l'immeuble°, accompagnant notre duo où les notes sont figurées° par les soupirs°, les demi-soupirs, les pauses, les demi-pauses, altérés de points d'orgue°. Je suis relativement paisible. L'habitude.

Il se met au lit et plonge dans la lecture de ses nombreux journaux. A vingt et une heures trente, je le rejoins dans notre chambre. Le ventilateur brasse avec peine° l'air emmuré. Le réveil-matin à quartz rougeoie° sans bruit. Je prends un livre : *Madame Bovary*.[1] Elle avait un mari qui l'adorait, lui parlait, elle n'était pas heureuse pourtant. Qu'aurait-elle fait à ma place ? Je serais curieuse de savoir s'il existe une femme capable d'envier ma solitude givrée°. Les petites misères de madame Bovary ne me distraient pas, ne me consolent

---

1. Roman (1857) de Gustave Flaubert (1821–1880). Rendue désespérée par la vie et les hommes médiocres, Emma Bovary, l'héroïne du roman, se suicide.

cracked / flaking

I-don't-give-a-damn

in a hurry

stunned / busy

élégante / mist

désirer / désir

clear

cock-a-doodle-do

firefighters' station

tighten / *ne pas dire une stupidité* / disappointment

to growl / boredom

draws / purchases

slippers

blissful smile / sucks in

velvety

apartment building

indicated / sighs

organ music notation

circulates with difficulty

glows red

frozen

pas. J'ai besoin de parler, de parler à quelqu'un qui m'écouterait, qui
130 répondrait à mes questions. Entendre le son d'une voix, des mots
aimables, des compliments, des mots caressants, des flatteries et
même des mensonges° qui comblent° de joie en attendant l'heure de   lies / fill
vérité, qui peut d'ailleurs ne jamais venir troubler une innocente
quiétude°.   tranquillity

    Je vois le Mur de profil, il dévore des yeux son journal. L'unique
son que l'on perçoive, c'est le léger bruissement° des feuilles qu'il   rustling
tourne de temps en temps. Je sens gronder en moi une sourde° ré-   muffled
volte. Cela ne peut pas continuer ! Je peux partir, bien sûr, qui m'en
empêche° ? Mais après tant d'années de silence, ne suis-je pas dev-   stops
140 enue moi aussi un être singulier° ? Pourrais-je m'habituer à une autre   étrange
vie ? Loin du Mur ? Partir, c'est peut-être transporter sous d'autres
cieux° mon ennui. Je suis maintenant trop lasse, le chemin parcouru   skies
trop long. On ne peut pas indéfiniment revenir en arrière et raccom-
moder° le passé comme une vieille blouse déchirée°. Trop tard. Si je   mend / torn
me tuais ? Quelle blague° ! Ha ! ha ! ha ! Je ne serais même pas là pour   what a joke
voir si le Mur verserait une larme°. D'ailleurs il ne comprendrait pas.   would shed a tear
Personne d'autre non plus. Partir ! Mourir ! Partir ! Mourir ! Partir...
Mourir... Et si je me jetais sur lui en le frappant ? Il finirait par ouvrir
la bouche enfin... J'en ai marre... Marre à bout... Bout de ficelle°...   at the end of my rope
150 Merde ! Merde ! Merde° ! C'est assez. Plus de sagesse, de bon sens,   (très fam.) shit
de conformisme, je veux du bruit. J'éclate de rire. Dépassée par ma
propre excitation je rejette les draps, arrache° ma chemise de nuit,   tear off
saute sur le lit en criant, gesticulant. Je veux extirper° cet homme de   to pull
sa tranquillité qui m'enrage, faire écrouler° ce mur d'indifférence. Je   to collapse
tombe sur lui, relève la tête.

    Il me regarde, étonné, rajuste ses lunettes puis reprend sa lecture.
Sans un mot.

Après la lecture

◆ **Questions de compréhension**

    1. Décrivez les qualités admirables du mari de la narratrice.
    2. Pourquoi la narratrice appelle-t-elle son mari « le Mur » ?
    3. Comment la femme combat-elle le silence de son mari ?
    4. Qui sont les voisins de palier du couple ?
    5. Que fait la narratrice au bureau où elle travaille ?
    6. Pourquoi leur déjeuner en couple est-il si silencieux ?
    7. Quelle sorte de vie mènent les amies de la narratrice ?
    8. Quel est le dernier acte de cette femme ? Quelle est la réaction de son mari ?

◆ Une perspective plus large

Interprétons le texte

1. Dressez une liste des activités de ce couple en ordre chronologique pendant les 24 heures décrites dans la nouvelle. Commencez par le premier incident mentionné :

   21 h 30   Le mari demande à sa femme la clé de la voiture et quitte la maison.

2. En considérant la liste d'incidents que vous avez dressée ci-dessus, comment décrirez-vous la vie de ce couple ?
3. Quels détails de leur routine quotidienne ont été éliminés de la nouvelle ? Quel est l'effet de cette information passée sous silence ?
4. Quel est un des thèmes principaux de la nouvelle ? Y en a-t-il d'autres ?
5. Qu'est-ce qui vous impressionne le plus dans ce récit ?

Allons plus loin

1. Quels sont les signes d'une crise de nerfs imminente dans la vie de la narratrice ?
2. *Madame Bovary* est un roman de Gustave Flaubert écrit en France au 19e siècle. D'un côté la protagoniste est romantique : elle aime les beaux-arts, la vie exaltante (passionnante), les beaux sentiments — la passion amoureuse, le courage, la générosité. D'un autre côté, Madame Bovary est ambitieuse, égoïste, naïve, gâtée (*spoiled*), impatiente et sans pitié pour son mari Charles Bovary dont les qualités « bovines » la rendent presque folle de rage et de désespoir. Voyez-vous certains rapports entre les Bovary et le couple dans la nouvelle ? Expliquez.
3. Quel est le rapport entre l'auteur et la narratrice ? Avez-vous l'impression que l'auteur se moque d'elle ou plutôt que l'écrivain sympathise avec sa protagoniste ?
4. Pouvez-vous décrire le rythme de cette histoire ? Y a-t-il des changements de rythme au long de la nouvelle ? Correspondent-ils aux états d'esprit de la protagoniste ?

◆ Compositions

1. Essayez d'imaginer la vie que mène le mari de la narratrice, ainsi que son état d'esprit. Qu'est-ce qui aurait pu provoquer l'incommunicabilité chez lui ?
2. En commençant par le titre « Le mur ou les charmes d'une vie conjugale », commentez le rôle de l'ironie à travers la nouvelle. Est-ce une ironie amère (*bitter*) ou plutôt humoristique ?
3. En songeant aux qualités théâtrales ou cinématographiques de la nouvelle — son intensité, l'importance des gestes et des silences, et sa courte durée — mettez en relief les éléments qui vous font penser au théâtre ou au cinéma.

Comparons les nouvelles !

◆ Personnages

1. Les femmes protagonistes dans ces trois nouvelles, « La fièvre », « La femme adultère », et « Le mur ou les charmes d'une vie conjugale », sont très frustrées. Elles viennent de trois cultures très différentes ; elles ont pourtant beaucoup en commun. De quoi souffrent-elles ?

2. Dressez une liste des qualités et des défauts des personnages principaux masculins et féminins dans ces trois nouvelles. A votre avis, est-ce que les personnages masculins sont plus sympathiques ou moins sympathiques que les personnages féminins ? Dans chaque nouvelle, est-ce que l'attitude des femmes envers les hommes est justifiée par les événements ? Expliquez.

3. Considérez les personnages principaux de chacune des nouvelles : une mère de sept enfants qui habite à Brazzaville, au Congo ; un couple de commerçants français dans le désert d'Algérie ; et la femme dont le mari est muet. Choisissez une des situations ci-dessus et proposez une solution aux problèmes conjugaux qui s'y trouvent. Que feriez-vous à la place de ces personnages pour résoudre les impasses apparentes ? Ont-ils des chances de s'en sortir ? Expliquez votre réponse.

◆ Thèmes

4. La liberté est un thème important dans les trois nouvelles de ce chapitre. Alphonsine, Janine, et la narratrice dans « Le mur... » se voient obligées d'accepter une vie conjugale qu'elles regrettent. Comment est-ce que chacune, à sa manière, cherche à se libérer ? A votre avis, est-ce qu'elles y réussissent ou échouent (*fail*) ?

5. Le décor est l'univers matériel dans lequel a lieu (*takes place*) l'action du drame. Quels sont les éléments principaux du décor de chaque nouvelle ? Dans quelles nouvelles semblent-ils devenir aussi une partie intégrale du thème du récit ?

◆ Style

6. A votre avis, quelle nouvelle décrit le mieux la société où habitent les personnages ? D'après les données de la nouvelle, faites une description de cette société.

7. Dans laquelle de ces trois nouvelles avons-nous l'impression d'entrer le plus dans la conscience du personnage principal ? En donnant des exemples tirés de ce récit, dites ce que le narrateur ou la narratrice nous révèle sur la psychologie du personnage.

8. Etudiez la notion de temps dans chaque nouvelle. Quels sont les événements qui indiquent le passage du temps ? Existe-t-il un rapport entre la chronologie

des récits et leurs intrigues ? Est-ce que la brièveté ou la longueur du temps renforcent l'intensité de certaines actions ? Dans votre réponse, parlez surtout du temps comme d'un élément stylistique dont se sert l'auteur pour souligner l'importance accordée à une crise ou à une émotion très forte dans l'histoire.

V

La révolte et l'espoir

Avant de lire le chapitre V

« La révolte et l'espoir »

Discutez des questions suivantes :

1. Avez-vous jamais ressenti le besoin de vous rebeller contre vos parents ? Contre une personne d'autorité ? Contre une autre personne dans votre famille ? Contre une institution dont les décisions vous paraissaient être trop arbitraires ? Contre des traditions que vous trouviez difficiles à accepter ?

2. Quand vous réfléchissez à votre avenir personnel, ressentez-vous de l'espoir ? Pensez-vous que vos études vous aideront à trouver un bon emploi ? A améliorer la société où vous habitez ou une autre société que vous voudriez mieux connaître ?

3. Avez-vous jamais été déprimé(e) ou très découragé(e) ? Quelles en étaient les raisons ? Après avoir reçu une mauvaise note à un examen, avez-vous le moral à zéro ? Avez-vous des idées pour remonter le moral (*cheer up*) à quelqu'un ?

4. Croyez-vous que la société où vous habitez vous offre des avantages que les jeunes d'une autre société n'ont peut-être pas ? Ces jeunes se heurtent-ils contre (affrontent-ils) certains murs du passé ? Lesquels ? Dans quelles circonstances est-ce que le manque d'espoir pourrait mener à la révolte ? En quoi la révolte pourrait-elle se manifester ?

République démocratique du Congo

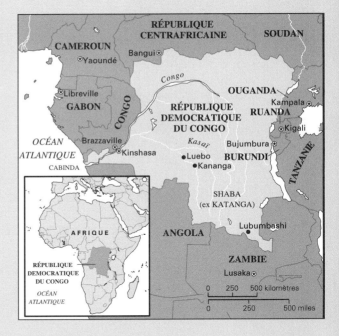

Population de la République démocratique du Congo: 44,10 millions d'habitants

Superficie: 2 344 885 km²

Capitale: Kinshasa

Langues parlées: Français, swahili, tshiluba, lingala, kikongo

Religions: Catholicisme, protestantisme, kimbanguisme (Eglise du Christ fondée en 1921 par Simon Kimbangu), animisme.

Industries, produits: Ciment, textile, charbon, mines (cuivre, cobalt, zinc, argent, diamant), palmier à huile, café, canne à sucre

Gouvernement actuel: République

Histoire: Le pays qui s'appelle aujourd'hui la République démocratique du Congo est habité dès la préhistoire par une population d'origine bantoue. Les Pygmées occupent la forêt équatoriale. Au 16e siècle trois états (le Loango, le royaume tyo, et le Kongo) se forment des deux côtés du fleuve Congo. D'autres peuples créent des états qui sont plus ou moins stables jusqu'au 19e siècle.

Léopold II (1865–1909), roi des Belges, avec l'aide de Henry Stanley (1841–1902), prend possession de la rive gauche du Congo (1885). Léopold fait cadeau du territoire à la Belgique, et ce pays impose une politique paternaliste au Congo. En 1960 le pays devient indépendant. Cependant de graves troubles internes (provoqués en partie par l'exode des anciens colonisateurs) divisent la nouvelle nation. Après des conflits sanglants, le général Joseph D. Mobutu (1930–1997) se fait proclamer président (1965). A partir de 1994 une crise au Ruanda déstabilise le Congo. Finalement, en 1997, des troupes rebelles (aidées par l'Ouganda et le Ruanda) prennent Kinshasa, la capitale. Laurent-Désiré Kabila devient le nouveau chef du gouvernement. Le climat actuel de violence au Congo souligne encore une fois l'instabilité sociale du pays.

Climat: Equatorial (chaud et humide) dans la partie centrale ; tropical dans le nord et le sud.[1]

---

1. *Grand Larousse en 5 volumes* (Paris : Larousse, 1987), 3251 ; *Le Petit Robert 2 : Dictionnaire universel des noms propres* (Paris : Dictionnaires le Robert, 1997), 2244–46 ; *Quid 1998* (Paris : Editions Robert Laffont, 1997), 1212–13.

13 « Amertume »

Kama Kamanda

© James Gaasch.

Kama Kamanda (1952–   ), Congolese storyteller and poet, was born in Luebo, a city on the Kasaï River, which flows some 600 kilometers into the Congo River upstream of the Congo's capital, Kinshasa. Kamanda studied the classics in his homeland and law at the University of Liège in Belgium and the University of Strasbourg in France. After completing his studies he became a journalist and then technical assistant for the news syndicate Infeurope. Exiled from his homeland because of his political views, Kamanda lives in Belgium, where he devotes his time to his literary career and to the defense of civil rights in Africa.

In 1987 Kamanda was awarded the Prix Paul Verlaine by the Académie française for his collection of poems celebrating Africa, *Chants de brumes* (1986). In this collection Kamanda already speaks of exile: « L'exil est là comme un spectre, une tombe / … qui attend ses / occupants. » His next three books of poetry include *Les résignations* (1986), *Eclipse* (1987), and *La somme du néant* (1989), which was awarded the Prix Louise Labé in 1990. Kamanda became known as a storyteller with his *Les contes du griot* in 1988, followed by *Les contes des veillées africaines* in 1989 and *La nuit des griots* in 1991 (Grand Prix littéraire de l'Afrique Noire). His two 1992 collections of poetry, *L'exil des songes* and *Les myriades des temps vécus*, were also honored by the Académie française. More recent publications include « Amertume », written expressly for the present anthology, the poems of *Les vents de l'épreuve* (1993), the *conte La légende de l'amant maudit* (1994), *L'étreinte des mots : poèmes* (1995), and *Les vents de l'épreuve : poèmes* (1997).

Kamanda's poetry speaks of Africa and of the human condition and the universal quest for liberty, which is at once social, psychological, and spiritual. In a similar way, his prose follows two directions: traditional *contes* of Africa and also a modern-style *nouvelle*, in which ambitious and productive men and women from different nations and continents strive for lives of dignity, respect, and freedom. In both his poetry and his prose there is a note of melancholy, a sense of alienation and longing (particularly in his female characters) for the ideal of unity and community.

Avant de lire

1. Est-ce qu'un(e) camarade vous a jamais dit quelque chose de choquant ? D'injuste ? De cruel ? Avez-vous jamais subi (*endured*) des insultes ? Quelles sortes d'insultes ? Comment avez-vous réagi ? Avez-vous ressenti de l'amertume (*bitterness*) ?

2. Dans le cas où on subit (*est victime de*) la cruauté, qu'est-ce qui est le plus important, la revanche (*revenge*) ou le pardon ? La justice ou l'oubli (*forgetting*) ? Est-il facile d'oublier une injustice ? Pourquoi est-ce quelquefois nécessaire ?

3. Dans quel(s) sens est-ce que l'ambition est une force positive ? Dans quel(s) sens est-elle plutôt négative ? Connaissez-vous quelqu'un de très ambitieux ? Quelqu'un sans aucune ambition ? Lequel préférez-vous ? Pourquoi ? Faut-il être travailleur(se) et ambitieux(se) pour avoir une bonne carrière ? Quelle est votre définition d'une bonne carrière ?

4. Considérez la situation d'une mère assez ambitieuse qui est abandonnée avec trois enfants après un mariage de dix ans. Elle n'a jamais étudié ni travaillé de sa vie. Comment peut-elle survivre si elle est très pauvre ? Que feriez-vous à sa place ?

◆ **Vocabulaire**

Voici quelques mots et expressions utiles pour la lecture qui suit.

l'amertume (f.) : bitterness
sans appel (m.) : literally, "without appeal"; final
se lamenter : to lament one's fate
ses lèvres serrées : lips tightly closed
rompre le silence : to break the silence; to start to speak
reprendre : to speak again, to take up again
vivre dans son ombre (f.) : literally, to live in his/her shadow, to play a secondary or supportive role
le cœur jaloux : jealous heart
contraindre quelqu'un à faire quelque chose : to force someone to do something
durcir : to harden
jeter un coup d'œil : to glance
le feu de brousse : brush fire

En réfléchissant à ce vocabulaire, choisissez le mot ou l'expression qui s'accorde avec le contexte de la phrase donnée ci-dessous.

1. La décision de son mari était _____ .

2. « Hélas ! Mon mari aime une autre femme ! » _____-elle _____ . (verbe au passé composé)

3. Il _____ et a commencé à parler. (verbe au passé composé)

4. Pendant qu'il parlait, il _____ vers le visage de sa femme. (verbe à l'imparfait)

5. Elle savait qu'elle ne pouvait pas le _____ rester chez eux.

6. Elle a caché sa douleur et sa déception, _____ , pâles d'angoisse.

7. Elle avait accepté de _____ , de jouer un rôle secondaire à celui de son mari.

8. Elle ne voulait pas montrer les douleurs de son _____ .

9. Elle éprouvait (felt) de _____ et une tristesse profonde.

10. Le choc _____ ses sentiments, et elle ne l'aimait plus. (verbe à l'imparfait)

11. Son cœur ressemblait à un champ ravagé par _____ .

12. Finalement elle _____ sa vie avec courage. (verbe au passé composé)

◆ **Stratégie de lecture : Comprendre la chronologie des événements**

Pour bien comprendre le récit suivant, il faudra faire très attention à la chronologie des événements. Etudiez d'abord les questions suivantes sans les écrire. Et puis lisez attentivement la nouvelle, tout en les ayant à l'esprit.

1. En quelle année Zany, le mari dans la nouvelle, a-t-il pris la décision de quitter Nzuzi, sa femme ?
2. Au moment de la séparation, quel âge avait leur fils aîné ?
3. Combien d'années se sont écoulées (passées) entre la deuxième et la troisième parties du récit ?
4. Quand est-ce que Zany a revu Nzuzi par hasard ?

Pourriez-vous trouver les réponses à ces questions en lisant la nouvelle seulement une fois ? Revenez aux questions ci-dessus après une première lecture et partagez vos réponses avec vos camarades.

« Amertume »

Kama Kamanda

I

Après dix ans de mariage et la naissance de trois enfants, un coup de foudre° suffit-il à tout détruire en un jour ? Nzuzi aurait préféré se persuader du contraire...

ici : événement soudain

Ce matin du 5 juillet 1960, Zany, rentrant d'un voyage à l'intérieur du Congo, dit fermement à sa femme Nzuzi qu'il ne voulait plus d'elle :

— J'ai pris la décision de te quitter.

— Dis-moi pourquoi ! Je voudrais tout comprendre ! dit Nzuzi, tremblante.

10 — Il n'y a rien à comprendre ! assura-t-il, la situation est claire : j'aime une autre femme.

Sa décision, irrévocable, sans appel, fit frissonner° Nzuzi. Une fièvre subite° traversa son corps. Elle défaillit° sur une chaise, en face de lui, les jambes foudroyées° par l'émotion.

— Mon Dieu ! Pourquoi ? se lamenta-t-elle.

Les larmes commencèrent à couler de ses yeux. La gorge sèche, ses lèvres serrées pâlirent d'angoisse, de douleur et de désarroi°. Ils se regardèrent longtemps, sans rien se dire. Rompant le silence qui régnait entre eux, Zany reprit à demi-voix :

20 — Que puis-je encore faire pour toi ?

— Rien ! Je n'ai besoin de rien, répondit Nzuzi d'une voix basse.

Anxieuse, elle l'écouta parler de tout ce qu'il avait fait pour leurs enfants et pour elle. Elle n'osa pas lui dire sa colère°, de peur qu'il ne s'imagine qu'elle voulait l'empêcher de reprendre sa liberté. Elle vivait sa propre séparation comme un cauchemar. Que n'avait-elle pas fait pour le contenter, elle ! Elle avait tout enduré, sans se révolter, sans le tromper°. Elle avait vécu dans son ombre, sans jamais se manifester à la lumière de ses ambitions°. Elle avait toléré qu'il fréquente d'autres femmes, sans lui montrer les blessures° de son cœur jaloux.

30 Bien qu'°espérant encore le voir revenir sur sa parole°, elle se préparait à la solitude.

Zany prit bien soin d'°éviter toute explication qui eût pu° le contraindre à reconnaître ses torts.°

II

Nzuzi se sentit impuissante°. Elle se résigna une fois de plus à subir son sort°. Ne pouvant s'opposer à la volonté de Zany, elle comprit que désormais° sa vie ne serait plus la même. Elle devrait assumer seule l'avenir de ses trois enfants. Mais comment leur offrir une bonne éducation ? L'aîné avait à peine sept ans... Toute sa vie, Nzuzi avait été dévouée à son mari. A présent, il fallait apprendre à

40 vivre sans son aide. Elle qui n'avait jamais étudié ni travaillé se trouvait dans une effroyable° impasse. Son âme avait durci ses sentiments. Une tristesse profonde accablait° son cœur. L'avenir sombre, imprévisible, hantait son esprit. Les enfants étaient encore jeunes et elle ne pouvait attendre que surgisse° parmi eux un sauveur. La providence viendrait-elle à son secours ? Cela restait à prouver.

---

trembler

*soudaine / est tombée (**défaillir**, passé simple) / frappées*

confusion

ici : rage

lui être infidèle
montrer ses propres ambitions
ici : douleurs
Although / go back on his word

a fait bien attention à / (littéraire) aurait pu / erreurs

sans pouvoir
destin
henceforth

terrible
opprimait

*apparaisse (**surgir**, subjonctif)*

La terre devenue inhospitalière avait perdu ses dieux.[1] Le tourbillon° soufflait au fond de son être. Le séisme° brutal, incontrôlable, agitait ses jambes. Le vent venait d'emporter vers les ruines de la désolation ce qui lui restait encore de l'amour. Son cœur, s'il était pos-50 sible d'y jeter un coup d'œil, ressemblerait à un champ ravagé par le feu de brousse. Nzuzi regarda d'un œil sombre la silhouette de son mari en partance ; son amour brimé° se révoltait même en s'effilochant°.

ici : Une grande agitation / earthquake

victimized
even while being torn apart

Depuis ce jour, vivre devint synonyme de lutter de toutes ses forces, de toutes ses peines, de toutes ses sueurs°.

ici : efforts

Elle chercha du travail, mais en vain. Elle se décida enfin à échanger ou à vendre tous les objets de valeur de la famille. De troc en troc°, d'achat en vente, elle finit par trouver de quoi survivre avec ses enfants.

D'échange en échange

60 Plus tard, elle réussit à s'en sortir grâce à son courage et à son opiniâtreté°. Une trentaine d'années s'écoulèrent sans la moindre nouvelle de Zany.

sa détermination

III

Un jour de haute saison, saison durant laquelle les eaux des fleuves et des rivières montent, débordent° et inondent la végétation, Zany se rendit à l'Université afin d'y solliciter l'aide du Directeur général pour son fils, Ndinga.

overflow

— S'il vous plaît, Monsieur le Directeur, c'est mon fils unique. Je compte sur votre compréhension. J'ai investi toutes mes économies dans ses études. S'il est exclu en dernière année, que voulez-vous qu'il 70 devienne ?

Après un examen sérieux du dossier°, le Directeur décida, avec l'aval° du Conseil d'administration, d'accorder sa chance à Ndinga. Grâce à cette faveur, le jeune homme put terminer ses études de droit et devint ainsi avocat.

des documents
approval

Le père de Ndinga, très heureux, s'en alla remercier leur bienfaiteur°. Les bras chargés de cadeaux précieux, il se rendit, en compagnie de son fils, au domicile du Directeur de l'Université.

protecteur

Là, à peine entré, il resta figé. Dans la salle d'attente où ils avaient été introduits par la servante de Monsieur le Directeur, Zany recon-80 nut son ex-femme, Nzuzi. Il eut un grand choc. Il n'osa même pas tourner son regard vers elle.

A la fin de leur entretien°, le Directeur les raccompagna, son fils et lui, vers la sortie. C'est alors que Zany ne put s'empêcher de demander :

conversation

---

1. Dans le monde animiste les esprits — les bons et les mauvais — habitent toute la terre. Nzuzi a perdu tout espoir. Le monde pour elle est sans âme, sans charité.

— Monsieur le Directeur, excusez-moi, qui est cette dame ?

— De qui voulez-vous parler, Monsieur ?

— De la dame que j'ai vue dans votre salon, celle qui est assise, là, dans le jardin avec des petits enfants ?

90 — La dame que vous désignez, cher Monsieur, répondit le Directeur en souriant, c'est ma mère. Je suis son fils aîné. Les enfants qui jouent près d'elle sont ceux de ma sœur cadette, qui est docteur. Quant à mon autre frère, il est actuellement ambassadeur à Paris...

Après la lecture

◆ **Questions de compréhension**

A. 1. Comment s'appellent les deux protagonistes principaux de la nouvelle « Amertume » ?
2. Combien d'enfants le couple a-t-il après dix ans de mariage ?
3. Qu'est-ce que le mari dit en rentrant d'un voyage à l'intérieur du Congo ?
4. Quelle est la réaction de sa femme ?
5. Zany donne-t-il une explication à sa femme ?
6. Comment Nzuzi essaie-t-elle de gagner sa vie ? Réussit-elle à sortir de l'impasse d'une mère abandonnée ?
7. Pendant combien d'années est-ce qu'elle n'entend rien de Zany ?
8. Nzuzi trouve-t-elle un autre compagnon ?
9. Qui est Ndinga ? Que veut-il faire ? Quelle profession choisit-il ?
10. Où est-ce que Zany revoit Nzuzi ?
11. Qui est le Directeur de l'Université ? Qui est la femme dans le salon du Directeur ?

B. N'oubliez pas de répondre à toutes les questions sur la chronologie des événements dans **Stratégie de lecture**.

◆ **Une perspective plus large**

Interprétons le texte

1. Que veut dire l'expression « un coup de foudre » dans le contexte de la nouvelle ? Y a-t-il deux significations possibles ?
2. La situation semble être claire pour Zany : il aime une autre femme. Sa femme, Nzuzi, paraît prête à accepter la décision de Zany de la quitter. Pourquoi se résigne-t-elle si vite à son destin ?
3. Est-ce uniquement la providence qui vient au secours de Nzuzi ? Quels traits de caractère expliquent sa réussite (son succès) ?
4. Pourquoi Zany dit-il au Directeur général de l'Université qu'il vient solliciter de l'aide pour « son fils unique » ? Est-ce simplement un mensonge de sa part ? Expliquez les circonstances.

5. A la fin de l'histoire le Directeur général nomme la profession de tous les membres de sa famille. Le fait-il pour se vanter (*to boast*) de leur succès ? A-t-il raison d'être fier de sa famille ? Qu'en pensez-vous ?

Allons plus loin

1. Le hasard (*chance*) joue-t-il un rôle important dans ce récit ? Quels incidents en dépendent ? Dans quelle mesure est-ce que le hasard détermine l'intrigue ? Trouvez-vous que l'histoire soit vraisemblable (*plausible*) ? Expliquez vos réponses.
2. Dans le comportement (la conduite) de Zany qu'est-ce qui vous surprend ? Est-ce que sa conduite diffère de celle qu'on voit dans la vie de tous les jours dans les sociétés que vous connaissez ? Elaborez.
3. Quelles sont probablement les pensées de Zany lorsqu'il revoit son ex-femme, Nzuzi, après tant d'années ?
4. A votre avis, quels sentiments Zany épouve-t-il en apprenant que les enfants de son premier mariage ont eu tant de succès ?

◆ Compositions

A. En employant les verbes pronominaux suivants, mis en relief dans la nouvelle de Kama Kamanda, racontez au présent de l'indicatif l'histoire que vous venez de lire. N'hésitez pas à vous servir d'autres verbes ou à changer complètement la fin du récit. Si le temps le permet, lisez ce que vous avez écrit aux autres dans la classe.

se lamenter	se sentir	se rendre
se résigner	se trouver	s'en aller
se révolter	se décider	s'empêcher
se préparer		

B. Le hasard joue un rôle important dans la résolution (le dénouement) de l'histoire que vous venez de lire. Racontez un incident qui vous est arrivé où le hasard a joué un rôle dans votre vie.

le Québec

Population: 7 334 200

Superficie: 1 667 926 km^2

Capitale: Québec

Langues parlées principales: Français, anglais, amérindien (Les Francophones représentent à peu près 30% de la population canadienne. Ils dominent dans le Québec avec environ 80% des habitants et sont nombreux au Nouveau-Brunswick.)

Religions: Catholicisme, protestantisme

Produits agricoles: Céréales, légumes, fruits, tabac, élevage (élevage laitier, moutons, porcs), lait, beurre

Industries: Bois, fourrures (*furs*), pêche, exploitation minière (cuivre, fer, amiante [*asbestos*], etc.), production d'énergie hydroélectrique, métallurgie (aluminium), tourisme, produits pharmaceutiques, informatique

Gouvernement: Province qui fait partie de la Confédération canadienne, adhérant à la Constitution du Canada

Histoire: Le Québec est peuplé d'abord par les Inuit (Esquimaux), les Mohawks, les Montagnais, les Creeks (*Cree*), et les Algonquins. Jacques Cartier (1494–1554) prend possession du Canada au nom de la France en 1534. Plus tard, Samuel Champlain (1567?–1635) fonde la ville de Québec (1608). De nos jours de nouveaux immigrants arrivent des Antilles, d'Asie du Sud-Est et du Liban, s'installent au Québec et s'intègrent à la société.

Le français cesse d'être la langue officielle de la province pendant un temps au milieu du 19e siècle, mais retrouve sa place d'autorité lorsque le Québec recouvre son statut (*status*) de province en 1867. Puis, en 1974, les Québécois proclament le français langue officielle. Un mouvement séparatiste, mené par René Lévesque, se développe pendant les années 1970. En 1995, une mesure sur la souveraineté de la province est rejetée par une très mince majorité. Aux élections de novembre 1998, le Parti québécois est néanmoins réélu dans la province, signalant la vigueur du mouvement séparatiste. La culture québécoise connaît récemment un essor (*expansion*) étonnant en littérature, et dans les domaines de la chanson et du cinéma.

Quoique (*although*) 80% des Francophones se regroupent au Québec, on reconnaît qu'une minorité non négligeable parle français dans l'est de l'Ontario et dans les provinces maritimes, surtout au Nouveau-Brunswick.

Climat: Grandes variations, rude l'hiver, précipitations abondantes, étés chauds[1]

---

1. *Grand Larousse en 5 volumes* (Paris : Larousse, 1987), 496–501 ; 2548–49 ; *Quid 1998* (Paris : Editions Robert Laffont, 1997), 961–65.

14 « Les triangles de Chloé »

Gaëtan Brulotte

Courtesy of Gaëtan Brulotte.

Gaëtan Brulotte (1945–   ) was born in Lévis, Quebec. He studied at the University of Laval and at the Ecole des Hautes Etudes en Sciences Sociales in Paris, under the direction of Roland Barthes. Brulotte taught French literature at two schools in Trois-Rivières, the Collège d'Enseignement Général et Professionnel and the University of Quebec. In 1983 he moved to the United States to take a post at the University of South Florida in Tampa. After a visiting professorship (1993–94) teaching literature in Grenoble, France, where he wrote « Les triangles de Chloé »,[1] and a second visiting professorship (1994–95) at the Sorbonne, Brulotte returned to the United States. He presently teaches French literature at USF, while writing fiction and essays.

Brulotte's stories have been individually honored in Canada and in France. The collection *Le surveillant* (1982) was awarded the Prix Adrienne-Choquette by the Société des Ecrivains Canadiens de Langue Française, nominated for the Prix du Gouverneur Général du Canada in 1982, selected in 1983 by the journal *Nos livres* as "book of the month," and in Paris the same year was awarded the Prix France-Québec. His novel *L'emprise* (1979) was awarded the Prix Robert-Cliche. Several of his stories have been adapted for theatrical and radio production. When he tours Canada and the United States, Brulotte gives readings of his stories and creates spontaneous theatrical productions with ease and good humor. He also lectures to university audiences on the history of Quebec, painting, and literary themes such as sexuality and gender. He published the short story collection *Ce qui nous tient* in 1988, which he describes as "stories in three obstinate movements, with an overture, a finale, and four interludes, whose theme is the universal determination to be and to become." *Le client* (1996), a play, was recognized by the French Ministry of Culture in 1997. *Œuvres de chair, figures du discours érotique*, a long critical essay, appeared in 1998. A new collection of short stories, titled *Epreuves*, is forthcoming. A sense of humor and an openness to possibilities of the creative imagination characterize not only his works but the artist as well. In many

---

1. In its 1994 version, « Les triangles de Chloé » made its debut in this anthology. A longer version was first published in Outre ciels, ed. Gaëtan Lévesque (Montréal: XYZ, 1990) and in the Italian journal Les Cahiers du Ru (no. 15, 1990).

respects, this creative imagination is itself a part of Quebec as it defines itself today.[2]

Brulotte's fiction exploits the interplay between reality and imagination, originality and facsimile, innocence and irony. His themes reflect his interest in art, sexuality, and the mysterious workings of the mind. Banal settings in his stories veil intense psychological dramas whose violent eruptions are both signs of individual strength and predictable behavioral response. Though built on complex plots, the stories are often resolved by simple ironic twists. Thus the author creates an intellectual edifice, comprising many different levels, only to cut it down to size, to simplicity, and to common sense.

---

2. The editors interviewed Gaëtan Brulotte during his visit to Humboldt State University in April 1993, in Quebec in April 1994, and in Florida in 1998.

Avant de lire

◆ **Questions préalables**

1. Quand vous allez chez le médecin ou chez le dentiste, êtes-vous souvent obligé(e) d'attendre longtemps ? Est-ce que vous vous impatientez si vous devez attendre plus d'une demi-heure ? Que faites-vous d'habitude pour tuer (faire passer) le temps dans la salle d'attente ?

2. Connaissez-vous quelqu'un qui ait consulté un thérapeute (un psychanalyste ou un psychiatre) ? A votre avis, quelles sont les raisons valables pour voir un thérapeute ? Lorsque la vie vous oppresse ? Quand vous vous sentez incapable de confronter l'idee de la mort ou une autre influence négative ? Lorsque vous n'avez pas assez de force pour vous libérer d'un triangle amoureux ? Après avoir vu un ovni (un objet volant non identifié — "*UFO*") derrière votre maison ? Y a-t-il d'autres raisons pour demander rendez-vous chez un thérapeute ? Elaborez.

3. Avez-vous déjà été complètement gagné(e) par la colère (*overcome by anger*) ? Avez-vous eu envie de rompre ou de déchirer (*to tear up*) quelque objet ? L'avez-vous fait ? Quel sentiment avez-vous éprouvé après cet acte impulsif ? Expliquez les circonstances.

◆ **Vocabulaire**

Un nouveau mot de vocabulaire se reconnaît parfois par un élément du mot qui en rappelle un autre. **Je m'impatiente**, par exemple, est un verbe pronominal qui contient le préfixe **im-** (non-) et le mot **patient**. Le verbe **s'impatienter** fait référence à l'action de perdre patience. Regardez les mots suivants. Cherchez dans les mots de la colonne de gauche un élément que vous reconnaissez déjà, et trouvez un mot ou une expression dans la colonne de droite qui lui soit plus ou moins équivalent(e).

1. muré   a. d'une façon manifeste ou évidente
2. s'enrager   b. personne endormie ambulant ou errant dans la nuit

3. épaisseur *(f.)*
4. auparavant
5. barbiche *(f.)*
6. agrippé à
7. piétiner
8. entrevoir
9. malsain
10. manifestement
11. filet *(m.)* (de lumière)
12. somnambule *(m., f.)*
13. méchanceté *(f.)*
14. s'affairer à

c. frapper avec les pieds ; marcher sans faire de progrès
d. voir un peu entre des obstacles ; soupçonner
e. un petit rayon ou fil
f. action méchante ou mauvais comportement
g. être affairé ou occupé à ; s'occuper de
h. accroché, attaché à
i. devenir plein(e) de rage
j. enfermé(e) entre des murs
k. qualité épaisse
l. avant
m. petite barbe au menton
n. qui a l'air malade

◆ **Stratégie de lecture : Identifier des mots clés et des expressions associées**

Parcourez le texte et prenez note des mots qui vous semblent essentiels au développement de l'histoire; puis trouvez des expressions synonymes ou associées dans le texte qui renforcent ou répètent ces mots clés. Tâchez d'en trouver une par paragraphe.

Exemples:

Paragraphe 1: **attente:** je m'impatiente, en retard, pas ponctuel, je marine, oisiveté, etc.

Paragraphe 5: **détesté:** abominer, abhorer, répulsion

« Les triangles de Chloé »

Gaëtan Brulotte

Pour la vingt et unième semaine consécutive, je m'impatiente dans la salle d'attente de mon thérapeute, le Docteur Imemi. C'est lundi. J'ai rendez-vous à quinze heures, comme d'habitude. Et comme d'habitude, il est en retard. Il n'a pas été ponctuel une seule fois depuis notre premier rendez-vous.

Aujourd'hui, c'est ma dernière visite. Je compte le lui annoncer à ma manière, lorsqu'il me recevra. J'en ai assez. Voilà ! Signe de cure ? Sans doute. C'est arrivé comme ça. Mon désir de redevenir indépendante s'est ravivé°. Et la décision s'est imposée à moi comme une évi-
10 dence. Aujourd'hui c'est bel et bien° la dernière fois.

réveillé (*se raviver*)
réellement

Je marine° déjà depuis dix minutes dans cette salle d'attente où il n'y a rien : pas de magazine à feuilleter pour tuer le temps (comme si on ne voulait pas distraire l'attention, mais de quoi ?), pas de conversations intéressantes auxquelles participer (chacun muré en soi et se sentant observé en cobaye° à travers un miroir sans tain°), personne de marquant à qui se raccrocher° (les autres patients paraissent tous plus banals les uns que les autres). Rien de plaisant à contempler.

Un seul objet attire toute l'attention, un seul : une toile° solitaire sur le mur nu° du fond. C'est une peinture abstraite sans cadre°, sans

20 titre, sans signature apparente, isolée entre deux lampes et reflétée dans la glace du mur contigu°. Pendant vingt et une semaines, je n'ai eu que cette croûte dédoublée° à contempler dans cette salle d'attente.

J'ai détesté ce tableau au premier coup d'œil. Avec le temps, j'en suis même venue à l'abominer. D'autant plus que, dans le bureau du thérapeute, il y a exactement le même et qu'en cours de séance° je l'ai également toujours sous les yeux. Plus je regarde cette peinture, plus j'enrage. Pourquoi le thérapeute l'a-t-il choisie ? Et surtout pourquoi en avoir ainsi décoré sa salle d'attente et son bureau ? Voire°, d'après

30 la secrétaire, sa clinique au complet ?

Pourquoi une toile abstraite ? Dans l'oisiveté° interrogative de l'attente et de la thérapie, cette question m'a beaucoup travaillée°. Après maintes° explications silencieuses, je suis parvenue° à la conclusion qu'elle devait servir à stimuler l'imagination des patients.

Dans cette toile, on reconnaît des formes bleu sombre et nuageuses, disposées en larges strates° d'ombres séparées de minces filets de lumière. Entre ces strates, la clarté se fraie° péniblement un passage dans l'épaisseur des ténèbres. A peine quelques lueurs° parviennent-elles à traverser les masses opaques triomphantes. On

40 pourrait certes y discerner le travail d'une vitalité qui se débat° pour s'affirmer contre la mort ou contre une forme négative. Mais j'y vois plutôt la mise en scène° d'un étouffement° sans rémission.

Ce tableau m'oppresse.

Sur son fond rébarbatif°, apparaît, finement tracé en blanc, le contour exact d'un triangle. Cette figure géométrique légèrement penchée° vers la gauche occupe le premier plan, encombre la portion centre-gauche de la toile et dérange la perception de l'ensemble. Elle accentue la froideur, l'inhumanité et le caractère pointu° du tableau.

J'abhorre par-dessus tout° ce triangle et je crois savoir pourquoi.

50 Je suis venue consulter ce thérapeute pour me sortir d'un triangle amoureux infernal qui me faisait atrocement souffrir. Et tout ce que cette clinique a eu à m'offrir pour nourrir ma rêverie pendant vingt et une semaines, c'est ce glacial triangle sur fond de mort. Comment pourrais-je apprécier ce tableau à sa juste valeur puisque le trois° est responsable de tout ce qui ne va pas dans ma vie ? Souvent chez moi la nuit, j'en rêve et, dans mes cauchemars, j'arrache° le triangle pour le jeter au loin.

---

reste longtemps dans une situation désagréable

guinea pig / amalgame métallique qui réfléchit la lumière / to hold onto

un tableau
sans autre décor / frame

à côté

tableau (péjoratif) réfléchi dans la glace

pendant la session de thérapie

Et même

inaction
ici : tourmentée
plusieurs / arrivée

couches (strata)
ouvre (**se frayer**)
lumières

lutte (**se débattre**)

ici : la représentation / une suffocation

à l'aspect repoussant et désagréable

inclinée

angulaire
surtout

le chiffre 3

détache par force

---

186   **Gaëtan Brulotte**

Aujourd'hui, le triangle m'apparaît encore plus lumineux que jamais auparavant, d'une opalescence qui le détache du tableau et le
60 rend plus menaçant, tel un ovni qui irradie° avant de disparaître.   *radiates*
Chauffé à blanc° et intensifié par le miroir, il m'aveugle au point que   *très chaud*
je cligne° des yeux. Cela ne fait que raviver ma détermination d'en   *blink*
finir avec cette histoire.

Quand enfin le thérapeute se décide à venir me chercher dans la
salle d'attente, tout ce que je vois c'est sa barbiche grisâtre fraîchement taillée°. Il me semble la voir pour la première fois. Je hais par-   *coupée*
dessus tout les touffes° triangulaires agrippées au menton, qui me   *tufts*
semblent refléter une personnalité étriquée°, justement comme celle   *étroite*
de mon psychologue.

70 Arrivée dans son bureau, une fois assise dans mon fauteuil bleu, à
nouveau devant l'incontournable° tableau, je lui révèle tout le mal   *inévitable*
que je pense de lui comme thérapeute et comme être humain, et
combien sa malsaine barbichette° rappelle son affreux tableau. Je lui   *petite barbiche*
reproche son mauvais goût artistique, détaille° avec une urgence en-   *c'est-à-dire je détaille*
flammée, toute la répulsion que m'inspire sa toile, tous les
cauchemars qu'elle réveille en moi. Je ne mâche pas mes mots° et as-   *Je m'exprime avec une franchise*
surément j'y vais un peu fort, car il me coupe soudain la parole en   *brutale*
m'annonçant que la cure lui paraît désormais en place et qu'il ne juge
plus utile de me revoir.

80 Je suis sidérée° de le voir prendre ainsi les devants°. Je devrais   *stupéfiée / ici : make the first*
pourtant être soulagée, puisque moi aussi je souhaite interrompre ces   *move*
rencontres qui m'exaspèrent et m'épuisent°. Mais je voulais être la   *ici : fatiguent extrêmement*
première à exprimer cette décision. Il m'a prise de court.° Il faut en   *surprise*
plus que je vive ce rejet. Il ne me reste plus qu'à sortir sans autre
explication.

Je me sens frustrée. Revenue dans la salle d'attente, je dois affronter la secrétaire. Elle reste parfaitement indifférente. Pourtant la
séance se termine plus tôt que d'habitude. Manifestement elle s'en
moque°. Elle est de connivence avec le thérapeute contre moi. Encore   *couldn't care less*
90 un triangle infernal !

La colère gagne tout mon être. Je ne me contrôle plus. J'attrape au
passage un coupe-papier° qui traîne sur le bureau de la secrétaire. Je   *letter opener*
me précipite vers le mur vide où trône° l'horrible tableau. J'enfonce°   *occupe la place d'honneur / fais*
mon instrument dans la toile avec la jouissance d'une libération. Une   *pénétrer*
fois, pour mon mari qui m'a trompée, une deuxième fois, pour la
femme qui me l'a enlevé, à plusieurs reprises pour mon thérapeute,
sa secrétaire, mon père, ma mère. Je lacère sans pitié la toile et plus
particulièrement le triangle.

A mon grand étonnement, la secrétaire ne réagit pas du tout à
100 mon agitation violente : elle reste immobile et muette°.   *silencieuse*

Je décroche alors la toile du mur, la jette par terre en grognant°, la   *growling, grumbling*
piétine de rage, la déchire en lambeaux° avec la satisfaction du   *rip to shreds*
défoulement°.   *libération des pulsions (impulses)*
                                                inconscientes

La secrétaire semble presque contente.

A ce moment, le thérapeute surgit dans la salle et j'évalue soudain mon vandalisme. J'ai peur qu'il n'appelle la police sur-le-champ° et je m'imagine déjà devant quelque tribunal. Mais rien de cela n'arrive. Bien au contraire le thérapeute me dit doucement en souriant, d'un air entendu° : « Je constate avec joie que tout est enfin terminé pour vous ! » Cette réaction achève de m'ahurir°. Il m'ouvre la porte, me serre la main et me souhaite bonne chance. Je crois rêver. « Ne vous inquiétez pas ; tout va bien aller, » ajoute-t-il. Mes gestes sont alors ceux d'une somnambule. Je sors de la clinique comme transportée par enchantement dans un monde enfin redevenu léger et joyeux. Après des mois de mort spirituelle, je revis.

immédiatement

complice
étonner, troubler

Je marche dehors quelques minutes, puis, soudain saisie° d'un vague regret, reviens sur mes pas°. Je voudrais tout de même° m'excuser auprès d'Imemi, lui offrir une compensation et lui exprimer ma gratitude. Cette politesse me paraît s'imposer après les méchancetés, l'incivilité et le vandalisme dont je l'ai accablé°.

prise
dans le sens contraire / quand
même

écrasé, attaqué

Quand j'ouvre la porte de la clinique, je suis sidérée de surprendre le thérapeute qui s'affaire à remplacer le tableau détruit par un neuf en tous points identique ! Et dans le corridor, tout près de moi, une porte de placard bâille° : elle laisse entrevoir une imposante pile de copies de la même toile !

est un peu ouverte

Après la lecture

♦ **Questions de compréhension**

Est-ce que les phrases suivantes sont **vraies** (V) ou **fausses** (F) ? Si elles sont fausses, corrigez-les.

1. Le thérapeute arrive presque toujours à l'heure et quand il n'est pas ponctuel, sa patiente ne s'impatiente pas.
2. La narratrice a l'intention d'annoncer qu'elle n'a plus besoin de voir son thérapeute.
3. Dans la salle d'attente, où il n'y a même pas de magazine à feuilleter, un seul objet attire toute son attention : une toile réaliste, sans signature.
4. Un tableau abstrait décore et la salle d'attente et le bureau du thérapeute.
5. La narratrice a compris que les tableaux sont là pour stimuler l'imagination des patients.
6. D'après la narratrice, le triangle représenté sur le tableau souligne la chaleur et l'humanité de l'ensemble de la toile.
7. Pendant la nuit, lorsqu'elle fait des cauchemars, la narratrice voit ce triangle et elle l'arrache pour le jeter au loin.
8. Le thérapeute parvient à la conclusion que sa patiente doit continuer à le voir. Sa cure n'est pas encore en place.

9. Lorsque le thérapeute voit la femme en train de commettre un acte de vandalisme, il appelle la police sur-le-champ.
10. A la fin de l'histoire, la narratrice apprend que le thérapeute possède une pile de copies du même tableau.

◈ Une perspective plus large

Interprétons le texte

1. Quels sont les différents triangles mentionnés dans la nouvelle ?
2. Quel est le décor de la salle d'attente du thérapeute ? Décrivez la toile qui s'y trouve. Combien de fois est-ce que chaque patient(e) voit ce tableau à chaque visite ? Pendant combien de minutes doit-il/elle attendre dans la salle d'attente ? Est-ce que cette attente fait partie de la cure ? Comment est-ce que la protagoniste interprète la fonction de l'attente et de la toile ?
3. Pouvez-vous décrire la méthode de thérapie de ce psychologue ?
4. Qu'est-ce que nous apprenons sur la vie de la protagoniste dans la description de sa lacération de la toile à coups de coupe-papier ?
5. Quel est l'état mental de la patiente ? Est-elle folle ? Exagère-t-elle ? Est-elle paranoïaque ? Est-elle dangereusement violente ? Est-ce que sa « cure » est vraie ou illusoire ? Justifiez votre interprétation.

Allons plus loin

1. Certains éléments du décor, des éléments physiques ou extérieurs de la nouvelle, ont aussi un complément psychologique ou intérieur. A votre avis, quel est le sens psychologique des murs de la salle d'attente, de la froideur de la clinique, de la peinture abstraite, de la couleur bleue de la toile et du fauteuil dans le bureau du thérapeute, du coupe-papier saisi par la patiente, et de la rue dehors ?
2. Comment interprétez-vous le placard plein de copies de la toile ? Est-ce que l'auteur se moque de (*is making fun of*) ses lecteurs ? De sa protagoniste ? De la psychanalyse ? Se moque-t-il peut-être du ton et du thème assez intellectuels de sa propre nouvelle ? Comment le fait-il ?
3. Comment cette nouvelle est-elle une nouvelle de révolte et d'espoir ? Elaborez.

◈ Compositions

A. Décrivez les rapports entre Chloé et son thérapeute. Dans cette petite composition, insistez aussi sur la description des objets ou des choses et leur rapport avec les personnages.

B. Dans votre vie y a-t-il des objets qui reflètent, d'une manière ou d'une autre, votre état d'esprit ? Quel est votre rapport avec ces objets ? Quels sentiments provoquent-ils chez vous ? Essayez de décrire ces sentiments ou émotions.

C. Décrivez une visite (réelle ou imaginaire) que vous faites chez le médecin. Comment est le décor de la salle d'attente ? Ce décor vous plaît-il ? Que faites-vous pour tuer le temps ? A quoi rêvez-vous ? Quel est votre état d'esprit ? Pourquoi avez-vous pris rendez-vous ? Que direz-vous au médecin quant à vos problèmes médicaux ?

l'Algérie

Population: 28,6 millions d'habitants

Superficie: 2 381 741 km² (dont 2 000 000 km² de régions sahariennes)

Capitale: Alger

Langues parlées: Arabe, berbère, français

Religion: Islam

Produits agricoles: Bovins, ovins (moutons), vin, blé, avoine (*oats*), agrumes (*citrus fruits*), olives, dattes

Industries: Pétrole ; mines de phosphates, houille (*coal*), plomb (*lead*) ; acier (*steel*) ; automobiles

Gouvernement: République

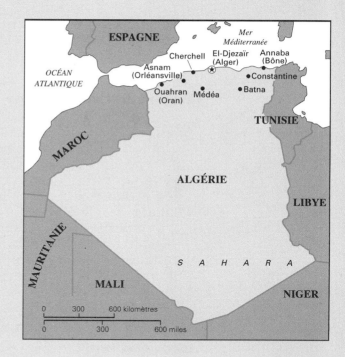

Histoire: La civilisation berbère de l'Algérie antique voit arriver les Phéniciens (fin du 2ᵉ millénaire av. J.-C.), les Carthaginois (9ᵉ siècle av. J.-C.), et les Romains (2ᵉ siècle av. J.-C.) sur ses côtes. Sous la domination romaine, le Maghreb (la Tunisie, l'Algérie, le Maroc) devient une partie importante de l'Empire. Plus tard, avec l'invasion de la région par les Arabes (venant de l'est), l'islamisation de l'Algérie s'accomplit (au 7ᵉ siècle) et les Arabes y règnent pendant une longue période ; leur règne est seulement interrompu par les Espagnols (de 1505 à 1511), les Turcs (1518–1711) et, finalement, par les Français (1830–1962).

La période de colonisation française de l'Algérie se lit comme un triste chapitre dans l'histoire des deux pays. En 1954 les divers mouvements nationalistes en Algérie se rallient derrière le Front de libération nationale (F.L.N.) et la guerre, qui durera huit ans, éclate. Toute solution pacifique semble destinée à échouer. Une grande partie de l'opinion internationale se range du côté algérien, tandis que le public français contemple de près le déchirement de leur nation et la possibilité réelle d'une guerre civile en France. La lutte pour la liberté se termine pour les Algériens avec les accords d'Evian (France, 1962) et un cessez-le-feu. L'Algérie devient un état indépendant par le référendum du 1ᵉʳ juillet, 1962. Plus d'un million de colons français (les « pieds-noirs ») quittent l'Algérie pour retrouver leur ancienne patrie.

Plus récemment, après l'assassinat du président Boudiaf en 1992, la situation politique se radicalise. Depuis cette date les problèmes de l'Algérie semblent de plus en plus insolubles ; le pays risque de sombrer (tomber) dans des conflits éternels entre les forces du gouvernement et les mouvements islamistes armés. Cependant, en 1999 le nouveau Président Boutefilka cherche énergiquement à concilier les factions opposantes. L'Algérie sera-t-elle capable de sortir de la crise qui la paralyse depuis si longtemps ?

Climat: Climat marin de la Méditerranée dans le nord ; climat saharien sec et chaud dans le sud ; variations selon le relief (plaines, montagnes, etc.)[1]

---

1. *Le Petit Robert 2 : Dictionnaire universel des noms propres* (Paris : Dictionnaires le Robert, 1997), 44–47 ; *Quid 1998* (Paris : Editions Robert Laffont, 1997), 904–11.

15 « Il n'y a pas d'exil »

Assia Djebar

© Gamma Liaison.

Assia Djebar (1936–   ), whose real name is Fatima-Zohra Imalayène, was born in Cherchell, near Algiers (see map of Algeria and information, p. 190). She is a French-speaking professor, historian, novelist, poet, cinematographer, short story writer, and journalist. Descendant of a Bedouin tribe, she attended both Koranic and French schools and earned her secondary school diploma in Algeria. The first Algerian woman to be admitted to the Ecole Normale Supérieure de Sèvres in France, Djebar completed her first novel, *La soif*, in 1957, while still a student. Moving to Tunisia as her own country faced the throes of war with France, she worked as a journalist for the pro-Algerian independence newspaper *El Moudjadid* and earned a diploma in history that prepared her to teach at the University of Rabat in Morocco. She then taught history at the University of Algiers, after Algeria became independent in 1962.

Djebar's cross-cultural experiences have made her acutely aware of the threat of westernization to Algerian national values. While strongly attracted to Paris and the French intellectual climate, she identifies intimately with the history of Algerian women. She tells her stories in nine novels dating from 1957 to 1997, one play, one collection of poetry, a photo essay, two feature-length films, and two volumes of short stories, including *Oran, langue morte*, published in 1997. The story « Il n'y a pas d'exil » comes from an earlier collection, the well-known *Femmes d'Alger dans leur appartement* (1980).

At the annual world congress of the Conseil International d'Etudes Francophones held in Casablanca, Morocco, in July 1993, Djebar spoke of the voices of Arab women in terms of « vomissement » : the eruption of voices held too long in check. Her characters live the tensions of silenced and muffled speech in texts about oral tradition, writing, exile, and the crises of change. In the 1990s Djebar became increasingly outspoken in her dismay and sorrow for those living in Algeria's violent political climate today; her fictionalized testimony *Le Blanc de l'Algérie* (1995) portrays the repression of liberties and the void of death in a country from which she has been forced into exile. She presently resides in Paris and in Lafayette, Louisiana, where she is a professor of Francophone literature at the University of Southwestern Louisiana.

Avant de lire

◆ **Questions préalables**

1. Avez-vous jamais été obligé(e) de changer votre routine ou vos habitudes de façon radicale ? Qu'est-ce qui a provoqué ce changement ? Vos parents ont-ils déménagé ? Un frère ou une sœur s'est-il (elle) marié(e) ? Avez-vous commencé vos études universitaires ? Comment vous êtes-vous adapté(e) ? En avez-vous souffert ? Vous en êtes-vous réjoui(e) (*Did it delight you?* : **se réjouir de**) ?

2. Aimez-vous faire le marché ? Acheter les provisions ? Apportez-vous un filet, un sac à provisions, ou employez-vous les sacs en papier ou en plastique fournis par le supermarché ? Allez-vous quelquefois au marché en plein air ? Qu'est-ce que vous y achetez ? A votre avis, y a-t-il certaines tâches ménagères qu'une femme ne devrait pas faire ? Qu'un homme ne devrait pas faire ? Lesquelles ?

3. Avez-vous ou connaissez-vous une famille que vous considérez très tradition-nelle ? Quels sont certains aspects traditionnels de la vie de cette famille ? Est-ce que l'élément traditionnel de leur vie se transforme à cause des influences de la vie moderne ? Lesquelles ? Quels sont les avantages d'une famille traditionnelle pour un(e) adolescent(e) ? Quels sont les désavantages, les inconvénients ?

4. Avez-vous l'impression qu'il y a une sorte de hiérarchie de pouvoir dans votre famille ? Expliquez. Qui décide les activités de la famille ? Qui prend les décisions importantes ? Qui travaille hors de la maison ? Qui travaille à la maison ? Y a-t-il quelqu'un dans la famille qui fait des voyages d'affaires ? Qui s'occupe de la maison pendant l'absence de cette personne ?

◆ **Vocabulaire**

Voici quelques verbes importants qui font progresser l'histoire que vous allez lire. Après avoir étudié leur sens, remplacez les tirets par le verbe approprié. Attention au temps convenable du verbe.

accueillir : (j'accueille, il/elle accueille, nous accueillons) recevoir, saluer
se mettre à : commencer à (+ inf.)
déboucher : ouvrir, dégager
écraser : renverser et passer sur le corps de quelqu'un, presser ou déformer
se tordre : se courber dans tous les sens
soupirer : pousser des soupirs (sighs); soupirer de désespoir
veiller à : faire grande attention à, s'occuper de
renseigner : informer, donner des indications
entamer : commencer, engager
se presser : se dépêcher, courir

1. La conférencière a cherché à _____ un dialogue avec le public.

2. Ils marchaient, sans _____, le long des boulevards en regardant toutes les belles vitrines.

3. Quand elle rend visite à ses grands-parents, ils la (l') _____ toujours avec beaucoup d'affection.

4. Il nous faudra un tire-bouchon, si nous allons _____ cette bouteille d'eau minérale.

5. Il avait si mal au ventre qu'il _____ de douleur.

6. La voiture, qui roulait bien trop vite, _____ le pauvre piéton au beau milieu de la rue.

7. Pendant que les autres membres de la famille travaillaient en dehors de la maison, la mère _____ besoins du ménage.

8. Ayant vécu une vie pleine de tragédies, elle _____ souvent devant ceux qui l'entouraient.

9. Sans plan de la ville, il s'était vite perdu dans les ruelles étroites. Heureusement, un passant a eu l'obligeance de le _____.

10. En semaine l'étudiant suivait toujours la même routine: une fois rentré chez lui, il _____ préparer son travail du lendemain.

◆ **Stratégie de lecture : Identifier des formules culturelles**

Les dialogues dans la nouvelle « Il n'y a pas d'exil » sont construits autour de la langue parlée, avec des « formules culturelles » — des clichés, des refrains, des dictons, des stéréotypes, etc. On prononce des **formules générales** qui se répètent souvent dans la vie de tous les jours — « Que le malheur soit loin de nous ! » ou des **formules spécifiquement religieuses** — « Que Dieu nous préserve ! » Quelquefois on répète **le même dialogue**, comme un refrain :

> Elle avait répété comme tous les jours depuis trois ans : « Il a fallu que nous soyons chassés de notre pays pour que je sois obligée d'aller faire le marché comme un homme. »
> — Nos hommes ont aujourd'hui autre chose à faire ! avais-je répondu comme tous les jours, depuis trois ans.

Considérez les formules culturelles en caractères gras dans les phrases ci-dessous et déterminez si la formule est un

(a) **cliché général,**
(b) **cliché religieux,** ou
(c) **échange (dialogue) qui se dit souvent dans la vie de tous les jours**.

Voici trois exemples de ces formules. Déterminez la catégorie des autres formules.

Les pauvres gens ! (a)

Que Dieu nous garde toujours à l'abri (sous sa protection) ! (b)

— **Qu'y a-t-il donc ?**
— **Rien**, dis-je. (c)

1. On va l'enterrer (*bury*) aujourd'hui même, répéta Mère un peu plus haut. **C'est notre coutume.**

2. **C'est la volonté de Dieu** ! reprenait la seconde.
3. **Mon Dieu**, dit-elle d'une voix émue (pleine d'émotion).
4. Pensons donc au présent ! Pensons à aujourd'hui, disait Aïcha d'une voix sèche. **Le reste est dans la main de Dieu.**
5. — Rappelle-toi, dit-elle, **le jour du retour dans notre patrie, nous rentrerons tous, tous, sans exception.**
   — **Le jour du retour**, reprit doucement Mère dans le silence qui suivit . . . **si Dieu le veut !**
6. **Que Dieu soit loué** (praised) **et qu'il soit exaucé** (heard) !
7. **Ceux qui sont morts pour la Cause** (l'indépendance algérienne) **ne sont pas vraiment morts !** répondait Anissa avec un sursaut de fierté.
8. **La victoire est de toute façon certaine . . . Et nos combattants sont comme du fer** (iron).
9. — **Nous n'en boirons pas une gorgée** (mouthful), commençait la vieille, **avant d'avoir obtenu votre parole pour votre fille.**
   — **Moi, je vous la donnerais . . . Je vous sais des gens de bien . . . Mais il y a son père.**

Utilisez-vous des expressions similaires ? Des expressions qu'on entend tous les jours ? Des formules religieuses ? De courts dialogues qui se répètent souvent comme une formule ? Partagez-en quelques-uns avec vos camarades de classe.

« Il n'y a pas d'exil »

Assia Djebar

PREMIÈRE PARTIE

Ce matin-là, j'avais fini le ménage un peu plus tôt, vers neuf heures. Mère avait mis son voile°, pris le couffin° ; sur le seuil° de la porte, elle avait répété comme tous les jours depuis trois ans :

veil / ici : sac à provisions / threshold

— Il a fallu que nous soyons chassés de notre pays pour que je sois obligée d'aller faire le marché comme un homme.

— Nos hommes ont aujourd'hui autre chose à faire ! avais-je répondu comme tous les jours, depuis trois ans.

— Que Dieu nous préserve !

J'accompagnai Mère jusqu'aux escaliers, puis je la regardais des-
10 cendre lourdement à cause de ses jambes :

— Que Dieu nous préserve ! repris-je° pour moi-même, en rentrant.

j'ai repris

Les cris commencèrent vers dix heures, une heure après environ. Ils venaient de l'appartement voisin et se transformèrent bientôt en hurlements°. Toutes les trois, mes deux sœurs, Aïcha, Anissa et moi-

cris aigus et prolongés

même, la reconnûmes° à la manière qu'avaient les femmes de l'accueillir : c'était la mort.

Aïcha, l'aînée, se précipita à la porte, l'ouvrit pour mieux entendre :

— Que le malheur soit loin de nous ! murmura-t-elle. La mort a
20 rendu visite aux Smain°.

A ce moment, Mère entra. Elle posa le couffin par terre, s'arrêta le
visage bouleversé° et se mit à frapper sa poitrine de ses mains, spas-
modiquement. Elle poussait de petits cris étouffés comme lorsqu'elle
allait se trouver mal.

Anissa, bien qu'elle fût° la plus jeune d'entre nous, ne perdait jamais son sang-froid°. Elle courut fermer la porte, enleva le voile de
Mère, la prit par les épaules et la fit asseoir sur un matelas°.

— Ne te mets donc pas dans cet état pour le malheur des autres !
dit-elle. N'oublie pas que tu as le cœur malade ! Que Dieu nous garde
30 toujours à l'abri !

Tout en répétant la formule plusieurs fois, elle allait chercher de
l'eau, et en aspergeait° Mère, qui, maintenant, geignait°, étendue de
tout son long sur le matelas. Puis Anissa lui lava entièrement le visage, sortit de l'armoire une bouteille d'eau de Cologne, la déboucha
et la lui mit sous les narines°.

— Non ! disait Mère. Apporte-moi du citron.

Et elle se remettait à geindre.

Anissa continuait à s'affairer. Moi, je la regardais. J'ai toujours été
lente à réagir. Je m'étais mise à écouter les pleurs du dehors qui
40 n'avaient pas cessé, qui ne cesseraient sans doute pas, au moins
jusqu'à la nuit. Il y avait cinq ou six femmes chez les Smain, et toutes
se lamentaient en chœur, chacune s'installant pour toujours, semblait-il, dans cet éclatement confondu de leur douleur°. Après, bien
sûr, elles auraient à préparer le repas, à s'occuper des pauvres, à laver
le mort° … Il y a tant de choses à faire, le jour d'un enterrement°.

Pour l'instant, les voix des pleureuses°, toutes pareilles, sans qu'on
puisse même en distinguer une par un accent plus déchiré°, faisaient
un seul chant long, hoquetant°, et je sus qu'il recouvrirait° la journée
entière comme un brouillard d'hiver.

50 — Qui donc est mort chez eux ? demandai-je à Mère qui s'était
presque calmée.

— Leur jeune fils, dit-elle, en humant° fortement le citron. Une
voiture l'a écrasé juste devant la porte. Je rentrais, quand mes yeux
l'ont vu se tordre une dernière fois come un ver°. L'ambulance l'a
emmené à l'hôpital, mais il était déjà mort.

Puis elle se remit à soupirer.

— Les pauvres gens ! disait-elle. Ils l'ont vu sortir tout bondissant
de vie et voici qu'on va le leur ramener dans un drap ensanglanté° !

Elle se souleva à demi, répéta : « tout bondissant de vie ! » Puis elle
60 retomba sur le matelas et ne prononça plus que les formules rituelles
pour écarter° le malheur. Mais la voix basse qu'elle prenait toujours
pour s'adresser à Dieu avait un accent un peu dur, véhément.

l'avons reconnue

à la famille au nom de Smain

profondément troublé

même si elle était
calme
mattress

sprinkled (**asperger**) / se
plaignait faiblement (**geindre**)

nostrils

explosion fusionnée par leur
souffrance
la personne morte / burial
femmes qui pleurent pour les
morts / ici : tourmenté
d'une voix entrecoupée
(gasping) / would cover

inhaling (**humer**)

worm

bloody sheet

chasser

— C'est un jour qui sent mauvais ! dis-je, toujours debout devant Mère, et immobile. Je l'avais deviné° dès ce matin, mais je n'avais pas compris que c'était l'odeur de la mort. *guessed*

— Ajoute : Que Dieu nous préserve ! dit Mère vivement. Puis elle leva les yeux sur moi. Dans la chambre, nous étions seules, Anissa et Aïcha étaient retournées aux cuisines.

— Qu'as-tu donc ? dit-elle. Tu sembles pâle. Aurais-tu mal au
70 cœur°, toi aussi ? *la nausée*

— Que Dieu nous préserve ! dis-je en quittant la chambre.

*

A midi, ce fut Omar qui rentra le premier. Les pleurs continuaient toujours. J'avais veillé au repas en écoutant le thrène° et ses modula- *chant ou complainte funèbre*
tions. Je m'y habituais. Je pensais qu'Omar allait poser des questions. Mais non. On avait dû le renseigner dans la rue.

Il entraîna Aïcha dans une chambre. Je les entendis ensuite chu-
choter°. Ainsi, quand quelque événement important survenait°, *whisper / se produisait (**survenir**)*
Omar en parlait à Aïcha d'abord, parce qu'elle était l'aînée, et la plus grave. Auparavant°, dehors, Père avait fait de même avec Omar, car il *Avant*
80 était le seul fils.

Il y avait donc quelque chose de nouveau ; et cela n'avait rien à voir avec la mort qui avait rendu visite aux Smain. Je n'avais nulle° *pas de*
curiosité. Aujourd'hui est le jour de la mort, tout le reste devient in-différent.

— N'est-ce pas ? dis-je à Anissa qui sursauta°. *a réagi par un mouvement brusque*

— Qu'y a-t-il donc ?

— Rien, dis-je sans m'étendre° car je connaissais ses réponses tou- *développer le sujet*
jours interloquées°, lorsque je me mettais à penser haut. Ce matin *troublées*
encore…
90 Mais pourquoi soudain ce désir insolent de me fixer dans un miroir, d'affronter mon image longtemps, et de dire, tout en laissant couler mes cheveux sur mes reins°, pour qu'Anissa les contemple ? *small of the back*

— Regarde. A vingt-cinq ans, après avoir été mariée, après avoir perdu successivement mes deux enfants, après avoir divorcé, après cet exil et après cette guerre, me voici en train de m'admirer et de me sourire, comme une jeune fille, comme toi…

— Comme moi ! disait Anissa ; et elle haussait les épaules.

*

Père rentra un peu tard, parce que c'était vendredi et qu'il allait faire la prière du « dhor » à la mosquée.[1] Il demanda aussitôt la cause
100 de ce deuil°. *mourning*

— La mort a visité les Smain, dis-je en accourant vers° lui pour lui *running up to*
baiser la main. Elle leur a pris leur jeune fils.

— Les pauvres gens ! fit-il après un silence.

1. Tournés vers la Mecque, les musulmans doivent faire des dévotions (prières) cinq fois par jour. Il est seulement indispensable qu'ils se rendent à la mosquée le vendredi pour la prière de midi.

Je l'aidai à s'installer à sa place habituelle, sur le même matelas. Ensuite, en posant le repas devant lui et en veillant à ce que rien ne tarde°, j'oubliai un peu les voisins. J'aimais servir Père ; c'était, je crois, le seul travail domestique qui me plaisait. Maintenant surtout. Depuis notre départ, Père avait beaucoup vieilli. Il pensait trop aux absents, bien qu'il n'en parlât jamais, à moins qu'une lettre n'arrivât d'Algérie et qu'il demandât à Omar de la lire.[2]

en vérifiant que tout arrive au bon moment

110   Au milieu du repas, j'entendis Mère murmurer :

— Ils ne doivent guère avoir envie° de manger aujourd'hui !

n'ont probablement pas très envie

— Le corps est resté à l'hôpital, dit quelqu'un.

Père ne disait rien. Il parlait rarement au cours des repas.

— Je n'ai guère faim, dis-je en me levant, pour m'excuser.

Les pleurs, au-dehors, semblaient plus étouffés, mais je distinguais quand même leur mélopée°. Leur douce mélopée. C'est le moment, me dis-je, où la douleur devient accoutumance°, et jouissance° et nostalgie. C'est le moment où l'on pleure avec presque de la volupté°, car ce présent de larmes° est un présent sans fin. C'était le moment où le corps de mes enfants se refroidissait vite, si vite et où° je le savais…

chant monotone
habitude / plaisir

vif plaisir des sens / tears
c'est-à-dire, le moment où

120

A la fin du repas, Aïcha vint dans la cuisine où je me trouvais seule. Elle alla auparavant fermer la fenêtre qui donnait sur les terrasses voisines, par où les pleurs me parvenaient. Moi, je les entendais toujours. Et, c'est étrange, c'était cela qui me rendait si calme aujourd'hui, un peu morne°.

sombre et triste

— Des femmes viennent cet après-midi pour te voir et te demander en mariage, commença-t-elle. Père dit que le prétendant est convenable à tous égards°.

digne de tout point de vue

130

Sans répondre, je lui tournai le dos et me dirigeai vers la fenêtre.

— Qu'as-tu donc ? fit-elle un peu vivement.

— J'ai besoin d'air, dis-je en ouvrant toute grande la fenêtre, pour que le chant entre. Cela faisait déjà quelque temps que dans mon esprit la respiration de la mort était devenue « le chant. »

Aïcha resta un moment sans répondre.

— Lorsque Père sortira, tu veilleras à soigner un peu ta toilette°, dit-elle enfin. Ces femmes savent bien que nous sommes des réfugiés parmi tant d'autres, et qu'elles ne vont pas te trouver parée° comme une reine. Mais il faudrait quand même que tu sois à ton avantage.

t'occuperas de ton apparence physique

embellie

140

— Elles se sont arrêtées de pleurer, constatai-je, ou peut-être sont-elles déjà fatiguées, dis-je en rêvant à cette fatigue étrange qui nous saisit au plus profond de la douleur.

— Occupe-toi donc des femmes qui vont venir ! répliqua Aïcha d'une voix un peu plus haute.

Père était parti, ainsi qu'Omar, lorsque Hafça arriva. C'était une Algérienne comme nous, qu'on avait connue là, une jeune fille de vingt ans et qui était instruite. Institutrice, elle ne travaillait que

---

2. Voilà trois verbes à l'imparfait du subjonctif.

depuis qu'elle et sa mère s'étaient, elles aussi, exilées. « Une femme
150 honorable ne travaille pas hors de sa maison, » disait sa mère autre-
fois°. Elle le disait encore, mais avec un soupir d'impuissance. Il fallait   *dans le passé*
bien vivre, et chez elles, maintenant, il n'y avait pas d'homme.

Hafça trouva Mère et Anissa en train de préparer les pâtisseries
comme si celles-ci étaient nécessaires pour des réfugiés comme nous.
Mais le sens du protocole, chez Mère, tenait de° l'instinct, un héritage   *ressemblait à*
de sa vie passée qu'elle ne pourrait abandonner facilement.

— Ces femmes que vous attendez, demandai-je, qui sont-elles ?

— Des réfugiées comme nous, s'écria Aïcha. T'imagines-tu peut-
être que nous te donnerons en mariage à des étrangers ?

160 Puis avec énergie :

— Rappelle-toi, dit-elle, le jour du retour dans notre patrie, nous
rentrerons tous, tous, sans exception.

—Le jour du retour, s'exclama soudain Hafça dressée° au milieu   *debout*
de la pièce, les yeux élargis de rêves. Le jour du retour dans notre
pays ! répéta-t-elle. Que je voudrais alors m'en revenir° à pied, pour   ***revenir*** (littéraire)
mieux fouler° la terre algérienne, pour mieux voir toutes nos   step on
femmes, les unes après les autres, toutes les veuves°, et tous les orphe-   widows
lins, et tous les hommes enfin, épuisés, peut-être tristes, mais
libres — libres ! Et je prendrai un peu de terre dans mes mains, oh !
170 une toute petite poignée° de terre, et je leur dirai : « Voyez, mes frères,   fistful
voyez ces gouttes de sang° dans ces grains de terre, dans cette main,   drops of blood
tant l'Algérie a saigné de tout son corps, de tout son immense corps,
tant l'Algérie a payé de toute sa terre pour notre liberté et pour ce retour. Mais son martyre parle maintenant en termes de grâce. Voyez
donc, mes frères… »

— Le jour du retour, reprit doucement Mère dans le silence qui
suivit…si Dieu le veut !

C'est alors que les cris avaient repris par la fenêtre ouverte.
Comme un orchestre qui entame brusquement un morceau°. Puis   *c'est-à-dire, morceau de musique*
180 Hafça, sur un autre ton :

— Je suis venue pour la leçon, rappela-t-elle.

Aïcha l'entraîna dans la pièce voisine.

Pendant leur conciliabule°, je ne savais que faire. Les fenêtres de la   *réunion secrète*
cuisine et des deux autres chambres donnaient sur les terrasses. J'al-
lais de l'une à l'autre, les ouvrais, les refermais, les rouvrais à nouveau. Tout cela sans me presser et comme si je n'écoutais pas le chant.

Anissa avait surpris mon manège°.   *ici : jeu*

— Cela se voit que ce ne sont pas des Algériens, dit-elle. Ils ne
sont guère habitués au deuil.

190 — Chez nous, à la montagne, répondit Mère, les morts n'ont personne pour les pleurer avant qu'ils ne refroidissent.

— Les pleurs ne servent à rien, fit Anissa stoïque, qu'on meure°   ***mourir***, présent du subjonctif
dans son lit ou sur la terre nue° pour sa patrie.   naked

— Qu'en sais-tu ? lui dis-je soudain. Tu es trop jeune pour le
savoir.

— Ils vont bientôt l'enterrer, chuchota Mère.

Puis elle leva la tête et me regarda. J'avais fermé à nouveau la fenêtre derrière moi. Je n'entendais plus rien.

— On va l'enterrer aujourd'hui même, répéta Mère un peu plus
200 haut. C'est notre coutume.

— On ne devrait pas, dis-je. C'est une détestable coutume que de livrer° ainsi à la terre un corps où s'allume encore la beauté ! Une bien détestable coutume… Il me semble qu'on l'enterre encore tout frissonnant°, encore… (mais je ne fus plus maîtresse de ma voix).

— Ne pense plus à tes enfants ! dit Mère. La terre qu'on a jetée sur eux leur est une couverture d'or°. Ma pauvre fille, ne pense plus à tes enfants ! répéta Mère.

— Je ne pense à rien, dis-je. Non vraiment, je ne veux penser à rien. A rien !

celle de donner

tremblant

blanket of gold

◆ **Questions de compréhension**

Qui sont les personnages suivants ? Quelles sortes de choses apprenez-vous sur eux — leurs actions, leur personnalité, leur apparence physique, leur âge — dans la première partie de la nouvelle ?

1. « je »
2. Mère
3. Aïcha
4. Anissa
5. les Smain
6. les pleureuses
7. Omar
8. Père
9. les femmes qui vont venir cet après-midi
10. Hafça

DEUXIÈME PARTIE

210 Il était déjà quatre heures de l'après-midi quand elles entrèrent. De la cuisine où je m'étais cachée, je les entendis après les habituelles formules de politesse, s'exclamer :

— Quels sont donc ces pleurs ?

— Que le malheur soit loin de nous ! Que Dieu nous préserve !

— J'ai la chair de poule°, disait la troisième. J'avais oublié ces temps-ci la mort et les larmes. Je les avais oubliées bien que notre cœur fût toujours endolori.

— C'est la volonté de Dieu ! reprenait la seconde.

Mère expliquait la cause de ce deuil d'une voix placide, tout en les
220 faisant entrer dans la seule pièce que nous avions pu meubler décemment. Anissa, près de moi, faisait déjà les premières remarques sur la physionomie des femmes. Elle interrogeait Aïcha qui les avait accueil-

goose bumps

lies avec Mère. Moi, j'avais rouvert la fenêtre, et je les regardais échanger leurs impressions.

— A quoi rêves-tu donc ? disait Anissa toujours l'œil sur moi.

— A rien, dis-je mollement° ; puis, après un arrêt : je pensais aux *doucement* différents visages du destin. Je pensais à la volonté de Dieu. Derrière ce mur, il y a un mort et des femmes folles de douleur. Ici, chez nous, d'autres femmes parlent de mariage... Je pensais à cette différence.

230 — Arrête-toi de « penser » coupa vivement Aïcha. Puis à Hafça qui entrait : c'est à elle que tu devrais donner des cours, non à moi. Elle passe son temps à penser. A croire qu'elle a lu autant de livres que toi.

— Et pourquoi ne voudrais-tu pas ? demandait Hafça.

— Je n'ai besoin d'apprendre le français, répondis-je. A quoi cela pourrait-il me servir ? Père nous a toutes instruites dans notre langue. « Cela seul est nécessaire, » a-t-il coutume de dire.

— Il est utile de connaître d'autres langues que la sienne, dit Hafça lentement. C'est comme de connaître d'autres gens, d'autres

240 pays.

Je ne répondis pas. Peut-être avait-elle raison. Peut-être qu'il fallait apprendre et ne pas perdre son temps à laisser son esprit errer°, *vagabonder* comme moi, dans les couloirs déserts du passé. Peut-être qu'il fallait prendre des leçons et étudier le français, ou n'importe quoi d'autre. Mais moi, je n'éprouvais jamais le besoin de secouer mon corps ou mon esprit... Aïcha, elle, était différente. Comme un homme : dure et travailleuse. Elle avait trente ans. Elle n'avait pas vu depuis trois ans son mari, incarcéré toujours à Barberousse[3] depuis les premiers jours de la guerre. Elle s'instruisait pourtant et ne se contentait pas du tra-

250 vail du ménage. Maintenant, après seulement quelques mois des leçons d'Hafça, Omar ne lui lisait plus les rares lettres de son mari qui pouvaient parvenir. Elle réussissait à les déchiffrer seule. Quelquefois je me prenais à l'envier°. *commençais à être jalouse d'elle*

— Hafça, dit-elle, c'est l'heure pour ma sœur d'aller saluer ces dames. Entre donc avec elle.

Mais Hafça ne voulait pas. Aïcha insistait et je les regardais dans leur menu° jeu de politesse. *petit*

— Est-ce qu'on sait si on est venu chercher le corps ? demandai-je.

— Comment ? Tu n'as pas entendu les récitants tout à l'heure ?

260 faisait Anissa.

— C'était donc pour cela que les pleurs avaient cessé un instant, dis-je. C'est étrange comment, dès qu'on récite quelque part des versets du Coran,[4] aussitôt les femmes s'arrêtent de pleurer. Et pourtant, c'est le moment le plus pénible, je le sais. Tant que le corps est là, devant vous, il semble que l'enfant n'est pas tout à fait mort, qu'il ne

---

3. Prison en **Algérie** maintenue par l'armée française pendant la guerre algérienne.
4. Voir la note 14, p. 150.

peut être mort, n'est-ce pas ?… Puis arrive l'instant où les hommes se
lèvent, et c'est pour le prendre dans un drap, sur leurs épaules. C'est
ainsi qu'il part, vite, comme le jour où il est venu… Pour moi, que
270 Dieu me pardonne, ils ont beau alors réciter° des versets du Coran, la   *no matter how much they recite*
maison reste vide, après leur départ, toute vide…

Hafça écoutait, en penchant° la tête vers la fenêtre. Elle se retour-   *inclinant*
na vers moi en frissonnant. Elle me parut alors plus jeune encore
qu'Anissa.

— Mon Dieu, dit-elle d'une voix émue. Je viens d'avoir vingt ans
et pourtant je n'ai jamais rencontré la mort. Jamais de ma vie
entière !

— Tu n'as perdu aucun des tiens° dans cette guerre ? demandait   *de tes parents*
Anissa.

280 — Si, dit-elle. Mais les nouvelles arrivent toujours par lettre. Et la
mort par lettre, voyez-vous, je ne peux y croire. J'ai un cousin ger-
main° qui a été guillotiné parmi les premiers à Barberousse. Eh bien,   *first cousin*
je ne l'ai jamais pleuré parce que je ne peux croire qu'il est mort. Il
était pourtant comme mon frère, je le jure. Mais je ne peux croire
qu'il est mort, comprenez-vous ? disait-elle avec une voix qu'envelop-
paient déjà les larmes.

— Ceux qui sont morts pour la Cause ne sont pas vraiment
morts ! répondait Anissa avec un sursaut de fierté.

— Pensons donc au présent ! Pensons à aujourd'hui, disait Aïcha
290 d'une voix sèche. Le reste est dans la main de Dieu.

Elles étaient trois : une vieille qui devait être la mère du prétendant et qui, à mon arrivée, mit précipitamment ses lunettes ; deux
autres femmes, assises côte à côte, et qui se ressemblaient. Hafça, qui
était entrée derrière moi, s'assit à mes côtés. Je baissais les yeux.

Je connaissais mon rôle pour l'avoir déjà joué ; rester ainsi muette,
paupières baissées et me laisser examiner avec patience jusqu'à la fin :
c'était simple. Tout est simple, avant, pour une fille qu'on va marier.

Mère parlait. J'écoutais à peine. Je savais trop les thèmes qu'on allait développer : Mère parlait de notre triste condition de réfugiés ;
300 ensuite, on échangerait les avis pour savoir quand sonnerait la fin :
« … encore un ramadhan⁵ à passer loin de son pays… peut-être était-
ce le dernier… peut-être, si Dieu veut ! Il est vrai que l'on disait de
même l'an dernier, et l'an d'avant… Ne nous plaignons pas trop…
La victoire est de toute façon certaine, tous nos hommes le disent.
Nous, nous savons que le jour du retour viendra… Il nous faut
songer à ceux qui sont restés… Il nous faut penser au peuple qui
souffre… Le peuple algérien est un peuple aimé de Dieu… Et nos
combattants sont comme du fer… » Puis on reviendrait au récit de la
fuite°, aux différents moyens que chacun avait empruntés° pour quit-   *évasion / employés*
310 ter sa terre où le feu brûle… Puis on évoquerait la tristesse de l'exil, le

5. Epoque de l'année — le neuvième mois du calendrier musulman — où tout croyant doit
observer le jeûne (*fast*) de l'aube au crépuscule.

cœur qui languit du pays… Et la peur de mourir loin de sa terre natale… Puis… mais que Dieu soit loué et qu'il soit exaucé !

Cette fois, cela dura un peu plus longtemps ; une heure peut-être
ou plus. Jusqu'au moment où l'on apporta le café. J'écoutais alors à
peine. Je songeais, moi aussi, mais à ma manière, à cet exil et à ces
jours sombres.

Je pensais que tout avait changé, que le jour de mes premières fiançailles, nous étions dans ce long salon clair de notre maison, sur les
collines d'Alger ; qu'il y avait alors prospérité pour nous, prospérité et
320 paix ; que Père riait, et qu'il remerciait Dieu de sa demeure° pleine…   *maison*
Et moi, je n'étais pas comme aujourd'hui, l'âme grise, morne et cette
idée de la mort palpitant faiblement en moi depuis le matin… Oui, je
songeais que tout avait changé et que pourtant, d'une certaine façon,
tout restait pareil. On se préoccupait encore de me marier. Et
pourquoi donc ? me dis-je soudain. Et pourquoi donc ? répétais-je
avec en moi, comme de la fureur, ou son écho. Pour avoir les soucis°   *préoccupations*
qui eux ne changent pas en temps de paix comme en temps de
guerre, pour me réveiller au milieu de la nuit en m'interroger sur ce
qui dort au fond du cœur de l'homme qui partagerait ma couche°…   *ici : lit*
330 Pour enfanter° et pour pleurer, car la vie ne vient jamais seule pour   *mettre au monde des enfants*
une femme, la mort est toujours derrière elle, furtive, rapide, et elle
sourit aux mères… Oui, pourquoi donc ? me dis-je.

Le café était servi maintenant. Mère faisait les invitations.

— Nous n'en boirons pas une gorgée, commençait la vieille°,   *c'est-à-dire la vieille dame*
avant d'avoir obtenu votre parole pour votre fille.

— Oui, disait l'autre, mon frère nous a recommandé de ne pas
revenir sans votre promesse de la lui donner comme épouse.

J'écoutais mère éviter de répondre, se faire prier° hypocritement   *making the women insist*
et de nouveau les inviter à boire. Aïcha se joignait à elle. Les femmes
340 répétaient leur prière°… C'était dans l'ordre°.   *ici : demande / ici : coutume*

Le manège dura encore quelques minutes. Mère invoquait l'autorité du père :

— Moi, je vous la donnerais… Je vous sais des gens de bien…
Mais il y a son père.

— Son père a déjà dit oui à mon frère, reprenait l'une des deux
femmes qui se ressemblaient. La question n'a plus à être débattue
qu'entre nous.

— Oui disait la seconde, la parole est à nous maintenant. Réglons
la question.

350 Je levai la tête ; c'est alors, je crois, que je rencontrai le regard de
Hafça. Or°, il y avait, au fond de ses yeux, une étrange lueur°, celle de   *Maintenant / lumière*
l'intérêt sans doute ou de l'ironie, je ne sais, mais on sentait Hafça
étrangère, attentive et curieuse à la fois, mais étrangère. Je rencontrai
ce regard.

— Je ne veux pas me marier, dis-je. Je ne veux pas me marier,
répétais-je en criant à peine.

Il y eut beaucoup d'émoi° dans la chambre : Mère qui se souleva° *agitation / s'est levée*
en poussant un soupir, Aïcha que je vis rougir. Et les deux femmes,
qui se retournèrent d'un même mouvement lent et choqué, vers moi :

360   — Et pourquoi donc ? disait l'une d'elles.

    — Mon fils, s'exclama la vieille avec quelque hauteur°, mon fils *arrogance*
est un homme de science. Il va partir dans quelques jours en Orient.

    — Certainement ! disait Mère avec une touchante précipitation.
Nous savons qu'il est un savant°. Nous le connaissons pour son cœur *ici : scientifique*
droit°… certainement… *honnête*

    — Ce n'est pas pour ton fils, dis-je. Mais je ne veux pas me marier.
Je vois l'avenir tout noir devant mes yeux. Je ne sais comment l'expliquer, cela vient sans doute de Dieu… Mais je vois l'avenir tout noir
devant mes yeux ! répétais-je en sanglotant° tandis qu'Aïcha me sor- *sobbing*

370 tait en silence.

*

Après, mais pourquoi raconter la suite, sinon° que je me con- *excepté*
sumais de honte, et que je ne comprenais pas. Hafça seule était restée
près de moi, après le départ des femmes.

    — Tu es fiancée, dit-elle d'une voix triste. Ta mère a dit qu'elle te
donnait. Accepteras-tu ?— et elle me fixait avec des yeux suppliants.

    — Qu'importe° ! dis-je, et je pensais réellement en moi-même : What difference does it make
qu'importe ! Je ne sais ce que j'ai eu tout à l'heure. Mais elles par-
laient toutes du présent, et de ses changements, et de ses malheurs°. *catastrophes*
Moi, je me disais : à quoi donc cela peut-il servir de souffrir ainsi loin

380 de notre pays si je dois continuer, comme avant, comme à Alger, à
rester assise et à jouer… Peut-être que lorsque la vie change, tout avec
elle devrait changer, absolument tout. Je pensais à tout cela, dis-je,
mais je ne sais même pas si c'est mal ou bien… Toi qui es intelligente
et qui sais, peut-être comprendras-tu…

    — Je comprends ! disait-elle avec une hésitation comme si elle al-
lait commencer à parler et qu'elle préférait ensuite se taire°. *rester silencieuse*

    — Ouvre la fenêtre, dis-je. Le soir va finir.

Elle alla l'ouvrir puis elle revint près de mon lit où j'étais restée
étendue à pleurer, sans cause, de honte et de fatigue tout à la fois.

390 Dans le silence qui suivit, je contemplais, lointaine, la nuit qui en-
gloutissait° peu à peu la pièce. Les bruits de la cuisine où se tenaient *remplissait*
mes sœurs semblaient venir d'ailleurs°. *d'un autre endroit*

Puis Hafça se mit à parler :

    — Ton père, dit-elle, parlait une fois de l'exil, de notre exil actuel,
et il disait, oh ! je m'en souviens bien, car personne ne parle comme
ton père, il disait : « il n'y a pas d'exil pour tout homme aimé de Dieu.
Il n'y a pas d'exil pour qui est dans la voie° de Dieu. Il n'y a que des *ici : les commandements*
épreuves°. » *tribulations*

Elle continua encore, mais j'ai oublié la suite, sauf qu'elle répétait

400 très souvent « nous » d'un accent passionné. Elle disait ce mot avec
une particulière énergie, si bien° que je me mis à me demander, vers in such a way

la fin, si ce mot nous désignait nous deux seules, et non pas plutôt les autres femmes, toutes les femmes de notre pays.

A vrai dire, même si je l'avais su, qu'aurais-je pu répondre ? Hafça était trop savante° pour moi. Et c'est ce que j'aurais voulu lui dire quand elle se tut dans l'attente peut-être de mes paroles.

instruite

Mais ce fut une autre voix qui répondit, une voix de femme qui, par la fenêtre ouverte, montait claire comme une flèche° vers le ciel, qui se développait, déployait son vol°, un vol ample comme celui de l'oiseau après l'orage, puis qui retombait en cascades soudaines.

arrow

flight

410

— Les autres femmes se sont tues, dis-je. Il ne reste plus que la mère pour pleurer…Ainsi est la vie, ajoutais-je après un moment. Il y a ceux qui oublient ou simplement qui dorment. Et ceux qui se heurtent toujours contre° les murs du passé. Que Dieu les ait° en sa pitié !

*affrontent / **avoir**, présent du subjonctif*

— Ce sont les véritables exilés, dit Hafça.

— *Tunis, 1959*

Après la lecture

◆ **Questions de compréhension**

Comme une œuvre cinématographique, la deuxième partie de la nouvelle se divise assez nettement en quatre scènes différentes. Résumez en deux ou trois phrases ce qui se passe dans chaque scène.

a. La première scène a lieu dans le salon à l'arrivée des trois femmes.
b. Les trois sœurs et Hafça se parlent dans la cuisine.
c. La narratrice entre dans le salon où les invitées l'attendent.
d. La conversation finie, la narratrice rentre dans sa chambre, où elle parle avec Hafça.

◆ **Une perspective plus large**

Interprétons le texte

1. Qu'est-ce que la narratrice aime faire à la maison ? Comment se compare-t-elle à ses deux sœurs dans la première scène de la nouvelle ? Que dit-elle à Hafça au sujet de l'apprentissage de la langue française ?

2. Pourquoi est-ce que la mort du voisin touche tellement la narratrice ? Pourquoi se révolte-t-elle contre l'idée de se remarier ?

3. Quel est le rôle joué par Hafça dans la nouvelle ? Comment interprétez-vous la phrase suivante, vers la fin de l'histoire : « — Je comprends ! disait-elle avec une hésitation comme si elle allait commencer à parler et qu'elle préférait ensuite se taire ».

4. Est-il bon ou mauvais de se remarier dans les circonstances décrites ici ? A votre avis, la protagoniste va-t-elle se remarier ou pas ?

5. Si l'on en croit cette nouvelle, quels sont les rôles des parents dans une famille islamique traditionnelle ? Quels sont les rôles des filles ? Des fils ?

Allons plus loin

1. Quel est l'effet produit par le fait que la protagoniste n'est jamais nommée ?
2. La plupart des personnages dans la nouvelle sont des femmes. Quels sont les rôles des femmes par rapport aux hommes dans cette vie d'exil ?
3. Quel est le rôle des fenêtres dans cette nouvelle ? Pourquoi est-ce que la protagoniste les ouvre, les ferme, et les rouvre en alternance ?
4. Il y a une sorte de lutte dans la nouvelle entre la vie et la mort. A votre avis, laquelle en ressort victorieuse ?
5. Comment interprétez-vous finalement le titre « Il n'y a pas d'exil » ? Ce titre est-il paradoxal ? Comment l'exil se définit-il dans cette nouvelle ?

◈ Compositions

A. Quels conseils donneriez-vous (*would you give*) à la protagoniste de l'histoire ? Doit-elle essayer d'oublier le passé et tout recommencer ? Doit-elle se remarier ? Doit-elle penser à la condition des femmes de son pays ou seulement à la sienne ? Toutes les femmes de l'histoire se heurtent-elles contre les mêmes murs du passé ? Quels sont ces obstacles ?

B. A votre avis serait-il bon d'effacer (*erase*) toutes les différences sociales entre l'homme et la femme ? Toutes les distinctions créées artificiellement à la maison et au bureau ? Est-il possible ou même désirable de les éliminer ? Donnez votre opinion au sujet de l'égalité des sexes.

Comparons les nouvelles !

◆ Personnages

1. En quoi est-ce que les protagonistes féminines des trois nouvelles sont fortes ? Faibles ? Quels sont les facteurs culturels (traditions, phénomènes sociaux, etc.) qui jouent un rôle dans ces récits ?
2. Quel personnage aimez-vous le mieux dans ce chapitre ? Pourquoi ?

◆ Thèmes

3. **La révolte** de chacune de ces trois femmes est différente et complexe. Essayez de développer les événements qui les ont menées *(led them)* à se révolter et exactement contre quoi ou contre qui elles se révoltent. Ont-elles **l'espoir** d'en sortir ? Est-ce que le succès dépend de leur révolte ? De leur intelligence ? De leur détermination / De leur foi *(faith)* ? De l'aide des autres ? Du hasard ?
4. Dans les trois nouvelles les femmes cherchent à se libérer des contraintes de la vie. Leur quête de libération se définit-elle différemment pour chacune des trois femmes ? Expliquez votre réponse.

◆ Style

5. Quel est le symbole particulier à chaque nouvelle que vous venez de lire ? Par exemple, quelle est l'importance symbolique de la fenêtre dans la nouvelle « Il n'y a pas d'exil » ?
6. Quelle nouvelle met en relief l'idée d'une morale ou d'une leçon à apprendre ? Quelle nouvelle montre le plus clairement une influence de la psychologie moderne ? Et dans quelle nouvelle est-ce que le style met en parallèle le récit écrit et la tradition orale (le dialogue ou le non-écrit) ?

◆ Généralités

7. A votre avis, comment est-ce que le lieu d'origine — la République démocratique du Congo, le Québec, l'Algérie — se voit dans chaque nouvelle ? Considérez surtout l'intrigue, l'histoire racontée.
8. Dans quelle(s) nouvelle(s) est-ce que le genre — masculin ou féminin — des personnages est peu important ou peut-être sans conséquence ? Expliquez.

Appendice
Le passé simple

Le passé simple exprime une action entièrement accomplie. Il appartient aux événements du récit qui se situent à un moment passé ou écoulé (*elapsed*) dans le temps. Le passé simple est remplacé par le passé composé dans la langue courante.

Pour former le passé simple des verbes réguliers, on garde le radical de l'infinitif (**aim**/er, **fin**/ir, **perd**/re) et on y ajoute les terminaisons suivantes :

j'	aim**ai**	je	fin**is**	je	perd**is**
tu	aim**as**	tu	fin**is**	tu	perd**is**
il/elle/on	aim**a**	il/elle/on	fin**it**	il/elle/on	perd**it**
nous	aim**âmes**	nous	fin**îmes**	nous	perd**îmes**
vous	aim**âtes**	vous	fin**îtes**	vous	perd**îtes**
ils/elles	aim**èrent**	ils/elles	fin**irent**	ils/elles	perd**irent**

Pour beaucoup de verbes irréguliers, le radical du passé simple se dérive du participe passé. Ces verbes ont un **i** ou un **u** à toutes les personnes, selon le participe passé. Voici les terminaisons des verbes avec **i** :

dormir:
dormi (participe passé)

je	dormi**s**
tu	dormi**s**
il/elle/on	dormi**t**
nous	dormî**mes**
vous	dormî**tes**
ils/elles	dormi**rent**

partir : **parti** (participe passé)	elle partit ; elles partirent
mentir : **menti**	elle mentit ; elles mentirent
rire : **ri**	elle rit ; elles rirent
dire : **dit**	elle dit ; elles dirent

Voici les terminaisons des verbes avec **u** :

avoir:
eu (participe passé)

j'	eu**s**
tu	eu**s**
il/elle/on	eu**t**
nous	eû**mes**
vous	eû**tes**
ils/elles	eu**rent**

apercevoir : **aperçu** (participe passé)	elle aperçut ; elles aperçurent
boire : **bu**	elle but ; elles burent

connaître : **connu**	elle connut ; elles connurent
courir: **couru**	elle courut ; elles coururent
croire : **cru**	elle crut ; elles crurent
devoir : **dû**	elle dut ; elles durent
recevoir : **reçu**	elle reçut ; elles reçurent
taire : **tu**	elle tut ; elles turent
vivre : **vécu**	elle vécut ; elles vécurent

D'autres verbes ont un radical irrégulier au passé simple :

éteindre :	elle éteignit ; elles éteignirent
être :	elle fut ; elles furent
écrire :	elle écrivit ; elles écrivirent
faire :	elle fit ; elles firent
ouvrir :	elle ouvrit ; elles ouvrirent
tenir :	elle tint ; elles tinrent
venir :	elle vint ; elles vinrent
voir :	elle vit ; elles virent

Lexique/Glossary

Abbreviations

n. = nom
fam. = familier
sing. = singulier
pl. = pluriel (nom)
f. = féminin (nom)
m. = masculin (nom)
adj. = adjectif
adv. = adverbe

pron. = pronom
par ex. = par exemple
qqc. = quelque chose
qqn. = quelqu'un
fig. = figuratif
arg. = argot
arch. = archaïque
jur. = juridique

litt. = littéraire
ici = dans ce contexte
péj. = péjoratif

ll. = lignes
géog. = géographique

A

à   at, to
  à la rigueur   if absolutely necessary
  à l'étage   upstairs
  à l'étranger   abroad
  à peine   barely
  à travers   through
  à l'aise   at ease
  à la bonne heure   Good for you! Fine!
abaisser   to lower
s'abattre   to crash down, to fall hard (on)
abbé (m.)   priest, abbot
abhorrer   to hate, to loathe, to abhor
abimer   to ruin
abolir   to abolish
abord (m.)   access, approach (to land)
au premier abord   at first sight, to begin with
aborder   to tackle, to approach, to board
aboyer   to bark
abri (m.)   shelter
  à l'abri de   sheltered from
s'abriter   to shelter oneself, to take cover
abus (m.)   abuse
abusif(ve)   acting badly, excessively, and/or unjustly
acabit (m.) (litt.)   nature, kind of (person)
accabler   to overwhelm, to overcome
accentuer   to stress, to accentuate
accommoder (les restes)   to use up the leftovers
accomplir   to accomplish
accord (m.)   agreement, consent, match (number and gender)
accorder   to make things agree
  s'accorder   to agree
accouchement (m.)   childbirth
accourir   to rush up, to come running

accoutumance (f.)   habit, adaptation
accrocher (à)   to hook (on), to catch (on)
  s'accrocher (à)   to be hooked (on) or attached (to)
accueillir   to welcome, to greet
achat (m.)   purchase, buying
  achat des provisions   buying of groceries
achever   to accomplish, to complete
  s'achever   to be accomplished, in the process of being completed
actualité (f.)   current events, question of the moment
actuel(le)   present
actuellement   presently
adresser la parole à   to speak to
  s'adresser à   to address oneself to, to speak to
aduler   to idolize, to adulate
affairé(e)   busy
s'affairer à   to be busy doing something
affaires (f.pl.)   possession(s), business(es)
  voyage (m.) **d'affaires**   business trip
affecter   to affect, to move, to feign
affleurer   to show on the surface
affluer (à, dans)   to flock (to)
affolement (m.)   panic, fear
affreux(se)   frightful, horrible
agacement (m.)   irritation, annoyance
agacer   to pester, to irritate
âge (m.)   age
  du troisième âge   elderly
agir   to act
  il s'agit de   it's about
agité(e)   hectic, troubled, agitated, fitful
s'agiter   to bustle about, to grow restless
s'agrandir   to enlarge

agrippé(e) à   attached to, gripping, clinging to

agrume (m.)   citrus fruit

ahaner   to strive, to struggle

ahurir   to astound

aide (f.)   aid, help, assistance

   appeler à l'aide   to call for help

aïeul(e) (m.f.)   ancestor, grandfather or
   grandmother

aigu(ë)   shrill, sharp

aiguille (f.)   needle, spire

ailleurs   elsewhere

   d'ailleurs   moreover, however, from elsewhere

aîné(e)   elder, eldest, older

ainsi que   like

air (m.)   look (on one's face), tune, melody

aise (f.)   comfort

   à l'aise   at ease

   mal à l'aise   ill at ease, uncomfortable

aisé(e)   of means, well-off

ajoupa (f.)   hut

ajouter   to add

alentour   around

   aux alentours (m.pl.)   in the surrounding area

aliment (m.)   foodstuff

alimentaire   related to food

alimentation (f.)   feeding

allée (f.)   avenue, path (in garden)

allègrement   happily

allemand(e)   German

   berger allemand   German shepherd dog

aller   to go

   s'en aller   to go away

alliance (f.)   wedding ring, alliance

allô   hello (on the telephone)

allocation (f.)   allowance

allongé(e)   stretched out, lying down flat, longer
   (days)

allophone (Quebec)   speaking a mother tongue
   other than English or French

allumer   to light

allure (f.)   speed, pace, bearing

alors   then, at that moment

alourdir   to weigh down

   s'alourdir   to grow heavy, to get heavy

amaigri(e)   having lost weight, thinned

amalgamé(e)   mixed

ambiance (f.)   atmosphere

ambulant(e)   strolling, itinerant, travelling

âme (f.)   soul

améliorer   to improve

aménagé(e)   fitted out, fixed up, equipped

amer(ère)   bitter

amèrement   bitterly

amérindien(ne)   Native American

amertume (f.)   bitterness

ami(e) (m.f.)   friend

amiante (m.)   asbestos

amical(e)   friendly

ampoule (f.)   blister, lightbulb

ananas (m.)   pineapple

angoisse (f.)   anguish, torment

animé(e)   lively

   animé par la passion   passionate

animer   to give life to, to animate, to drive, to lead

animisme (m.)   belief that objects, as well as
   humans, have souls

anisé(e)   tasting or smelling of anise

annonce (f.)   ad, announcement

   petites annonces   classified ads

annuaire (m.)   telephone book

antan (litt.)   yesteryear, the past

   d'antan   of the past

antre (m.)   lair, cave

apaisant(e)   calming

apaisement (m.)   calm, soothing

apaiser   to calm

apercevoir   to perceive, to catch sight of

   s'apercevoir de   to notice, to be aware of

aphasie (f.)   aphasia, speech impairment

s'apitoyer (sur)   to feel pity (for)

appareil (m.)   machine

appartenir (à)   to belong (to)

appât (m.)   lure

appel (m.)   call, appeal

   faire appel à   to appeal to

   sans appel   without appeal, final

appelé(e)   called

appeler   to call

s'appliquer   to apply oneself

apport (m.)   contribution, benefit

apprendre   to learn

   apprendre à qqn   to teach

apprenti(e)   apprentice

apprentissage (m.)   apprenticeship, learning by
   experience

apprivoiser   to tame, to win over

approcher   to approach

   s'approcher (de)   to come near (to)

s'approprier   to take over, to appropriate

aquilin(e)   aquiline, resembling an eagle

arachide (f.)   peanut (plant)

appuyer (sur)   to push (a button)

   s'appuyer sur   to lean against or on

arborer   to exhibit, to hoist a flag or a sail

ardoise (f.)   slate

arête (f.)   bridge (of nose)

argent (m.) silver, money
argenterie (f.) silverware
argile (f.) clay
argot (m.) slang
arracher to tear out or off, to pull up (plants)
   s'arracher à to tear oneself from, to snatch oneself from
arrêt (m.) stop
s'arrêter to stop
arrière (f.) back
   en arrière behind, back
artère (f.) main road, thoroughfare, artery
articulation (f.) joint
artifice (m.) artifice, trick
   feux d'artifice fireworks
ascenseur (m.) elevator
asile (m.) asylum, refuge
asperger to sprinkle
aspirateur (m.) vacuum cleaner
assaut (m.) assault
assiduité (f.) perseverance, constant attention(s)
assiégé(e) besieged
assiette (f.) plate
s'assimiler to assimilate
assis(e) seated
associé(e) similar, related (expression)
s'assombrir to darken
assorti(e) matching
assourdissant(e) deafening
assuré(e) assured, guaranteed
astiquer to polish
astuce (f.) astuteness, craftiness
atelier (m.) workshop, artist's studio
s'attabler to sit down at a table
s'attaquer to attack each other
s'attarder to linger
atteindre to reach, to hit, to contact
attendre to wait (for)
   s'attendre à to expect
attente (f.) wait, expectation
attenter à la vie de qqn. to make an attempt on someone's life
attention (f.) attention
   (faites) attention! watch out!
   prêter attention to pay attention
atterrir to land
attirer to attract
attraper to catch
attribuer to give, to attribute
au to the, in the, on
   au fur et à mesure as, as and when
   au ralenti in slow motion
   au sujet de about

aube (f.) dawn
aucun(e) not any, not one
(l')au-delà (m.) (the) beyond
au-dessous (de) below, beneath
au-dessus (de) above
aumône (f.) alms, charity
auparavant beforehand, previously
auprès de next to
auréole (f.) halo
aurore (f.) dawn, aurora
   aurore boréale aurora borealis
aussitôt immediately
   aussitôt que as soon as
autant de...que as much/many...as
autel (m.) altar
autocar (m.) bus (circulating out of town)
auto-stoppeur(se) (m.f.) hitchhiker
autrefois in the past
autruche (f.) ostrich
aval (m.) warranty, backing
avaler to swallow
avantage (m.) advantage
avare stingy, miserly
avertir to notify, to inform, to warn
avertisseur (m.) horn
aveugle blind
aveugler to blind
avide greedy, eager, grasping
avidité (f.) greed, eagerness
avis (m.) opinion
   à votre avis in your opinion
avisé(e) notified, informed
avocat(e) (m.f.) lawyer
avocat (m.) avocado
avoine (f.) oats
avoir to have
   avoir beau (+ inf.) no matter how much (one does something)
   avoir lieu to take place
   avoir du retard to be late
   avoir la vie sauve to come out unscathed or alive
   en avoir marre (fam.) to be fed up, to have had enough
avorter to have an abortion
avouer to acknowledge, to confess, to admit

B

baark! (fam.) Barf!
babiller to chatter
babord (m.) port side (left, at sea)
bagagiste (m.f.) mover

bagarre (f.)   brawl, quarrel
baguette (f.)   slender loaf of bread, wand
  baguettes (in the Orient)   chopsticks
baie (f.)   bay
  baie vitrée   bay window
baignant(e)   bathing, swimming
se baigner   to bathe, to go swimming
bâiller   to yawn, to be slightly open
baiser (m.)   kiss
baisser   to lower, to bend over, to go down
se balancer   to swing, to rock, to sway
balivernes (f.pl.)   nonsense, rubbish
ballot (m.)   bundle
ballotté(e)   tossed about
baluchon (m.)   bundle
bambin(e) (m.f.)   tiny tot
banquette (f.)   seat, bench
baquet (m.)   bucket, pail
barbarie (f.)   barbarity, barbarism
barbiche (f.)   goatee
barbichette (f.)   little goatee
barré(e)   marked with a bar, obstructed
bas (m.)   stocking, lower area
  en bas   below
basané(e)   swarthy, tanned
baser   to base, to found (ideas)
bas-fond (m.)   shallow, low ground
  bas-fonds   dregs
bâti(e)   built
bâton (m.)   stick
battant(e)   beating
  le cœur battant   one's heart beating fast
battement (m.)   beat, blinking swing
battre   to beat
  battre son plein   to be at the height of its fury, in full
  se battre   to fight each other
bavarder   to chat
béat(e)   blissful, happy, blindly optimistic
beau-frère (m.)   brother-in-law
bégayer   to stutter
béké(e)   descending from the white European conquerors of the Caribbean
béké-goyave   poor white
bel et bien   really, definitely
béni(e)   blessed
berbère   one of the languages spoken in North Africa
bercer   to rock, to soothe
berceuse (f.)   lullaby, rocking chair
berger(ère) (m.f.)   shepherd, shepherdess
besogne (f.)   work, task
besoin (m.)   need, want
bête (adj.)   stupid, silly

bête (n.f.)   animal, beast, insect, fool
bêtement   stupidly
bêtise (f.)   stupidity, nonsense, stupid mistake
béton (m.)   concrete
bétonné(e)   made of concrete
betterave (f.)   beet
  betterave à sucre   sugar beet
beurk! (Quebec)   shit! darn!
bibelot (m.)   knick-knack, trinket
biche (f.)   doe
bidonville (m.)   poor neighborhood, shantytown, slums
bien (n.m.)   property, good
bien (adv.)   well
  bien que   although
  si bien que   in such a way that
  bien fait pas cher (fam.)   well done for a good price
bien-être (m.)   well-being
  Bien-Etre (m.)   Welfare (agency)
bienfaiteur/(trice) (m.f.)   benefactor, benefactress
bientôt   soon, soon afterwards
bienvenue (Quebec)   it was nothing, you're welcome
bienvenu(e)   welcome (to our place)
  vous êtes les bienvenus!   welcome (to our place)!
bijou (m.)   jewel   **bijoux** (pl.)
bis(e)   grayish brown
bistrot (m.)   café, restaurant, bar
bitumé(e)   asphalted
bizarrerie (f.)   strangeness, quirk
blague (f.)   joke, fib
blanc (m.)   the color white, emptiness, target
blanca Navidad (Spanish)   White Christmas
blanchisseuse (f.)   laundress
blé (m.)   wheat
blessure (f.)   wound
se blottir   to curl up, to snuggle
blouson (m.)   jacket
boire   to drink
bois (m.)   wood(s)
boîte (f.)   box or can
bombé(e)   arched
bon(ne)   good
  à la bonne heure   Good for you! Fine!
bondir   to bound, to leap
bondissant(e)   bounding
bonheur (m.)   happiness, good luck
  porter bonheur   to bring good luck
bonne (f.)   maid
bord (m.)   edge
  au bord de   on the edge or the verge of

borne (f.)   boundary
bosquet (m.)   thicket
bosselé(e)   hilly, bumpy, dented
botte (f.)   boot
bottine (f.)   ankle boot, baby's bootee
bouche (f.)   mouth
boucher   to clog, to stop up, to block
  se boucher les oreilles   to cover one's ears
boudeur(se)   sullen, sulky
boue (f.)   mud
boueux/boueuse   muddy
bouffe (f.) (fam.)   food
bougainvillier (m.)   bougainvillea (a purple-flowered bush growing in warm climates)
bouger   to move (without a specific direction)
bougie (f.)   candle
bougre(sse) (m.f.) (fam.)   man, woman
bouillir   to boil
  elle bout   she is boiling mad
bouleversé(e)   turned upside down overwhelmed
bourdonner   to buzz
bourg (m.)   market town, large village
bourgeois(e) (m.f.)   middle-class city-dweller
bourgeoisie (f.)   middle class
bourlinguer   to navigate extensively, to make heavy weather
bousculer   to knock over, to push, to jostle
bout (m.)   end, bit
  au bout   at the end, on the end
  au bout de la terre   to the ends of the earth
  être à bout   to be exasperated
bouton (m.)   button, pimple
bovin (m.)   cattle
brailler   to bawl
brancard (m.)   stretcher
brancardier(ère) (m.f.)   stretcher-bearer
bras (m.)   arm
brasser   to mix, to stir
brasserie (f.)   brewery, restaurant
braver   to defy
brèche (f.)   breach
bref(brève)   short, brief
bribe (f. usually pl.)   fragment(s), snatch(es) (of conversation)
bridé(e)   slanted
brimer   to victimize, to pick at, to bully
brise (f.)   breeze
briser   to break
bristol (m.)   business card
brodé(e)   embroidered
broderie (f.)   embroidery
brouillard (m.)   fog
brouillé(e)   confused, blurred

broussard(e)   one who comes from "the bush" to the city
broussaille (f.)   brushwood, bushes, undergrowth
brousse (f.)   brush, bush
broyer   to crush, to pulverize, to grind
bruire   to rustle, to murmur
bruissement (m.)   rustling, murmuring
bruit (m.)   noise
brûler   to burn
brûlure (f.)   burn
brume (f.)   mist
brumeux(se)   misty
bruyant(e)   noisy
buanderie (f.)   laundry
bûcheron (m.)   lumberjack
bulle (f.)   bubble
burnous (m.)   burnous, hooded cloak
buste (m.)   bust, chest
but (m.)   objective, goal
buté(e)   stubborn
  un air buté   a stubborn expression

C

cabinet (m.) **de toilette**   dressing room, small room with sink to freshen up
  les cabinets (m.pl.)   lavatory
cacao (m.)   cocoa
cache-cache (m.)   hide and seek
cachette (f.)   hiding place
  en cachette   secretly
cachou (m.)   pill, piece of candy
cadeau (m.)   gift
cadet(te)   younger
cadran (m.)   dial (clock, telephone)
cadre (m.)   frame, surroundings, management staff
cafard (m.)   cockroach
  avoir le cafard   to be feeling low
café (m.)   coffee
  café au lait   equal mix of coffee and milk
caillé(e)   curdled
caisse (f.)   box, case, chest, cash register
caissier(ère) (m.f.)   cashier
calciné(e)   charred
calendrier (m.)   calendar
camarade (m.f.)   friend
camisole (f.)   short sleeveless undergarment for women
se camoufler   to camouflage oneself
campagne (f.)   country
campement (m.)   camp, encampment
canard (m.), **cane** (f.)   duck
ça ne fait rien   it doesn't matter

caniche (m.) poodle
  caniche mexicain chihuahua dog
canine (f.) canine tooth, eyetooth
canne (f.) **à sucre** sugar cane
canot (m.) rowboat, dinghy
cantine (f.) canteen, trunk, dining hall
cantonade (f.) **à la cantonade** to everyone in general
caoutchouc (m.) rubber
cao-dai (m.) Vietnamese religion celebrating Confucianism and certain historical figures recognized as saints
capital-décès (m.) death benefits
capuchon (m.) cape, hood, cap or lid
car (m.) **autocar** inter-city bus
caractère (m.) character or personality of a person
  caractères gras bold print
carcasse (f.) shell, carcass, framework
carnet (m.) notebook
carrare (m.) marble
carré (n.m.) square, plot, patch
carré(e) (adj.) square
carreau (m.) small square, pane, tile
carrefour (m.) intersection
carrière (f.) career, quarry
carte (f.) map
  carte postale postcard
  carte de visite business card
  carte d'identité identification card
carton (m.) cardboard
cas (m.) case
  cas d'urgence emergency
  en tout cas in any case
case (f.) cabin, hut
caserne (f.) barracks, station
casque (m.) helmet
  casque à écouteurs headset
casser to break
cauchemar (m.) nightmare
  faire un cauchemar to have a nightmare
causer to chat
cavalier(ère) horseback rider
céder to yield, to give in, to give way
cela fait sept ans que for the last seven years
cendre (f.) ash, cinder
centaine (f.) **(de)** around a hundred
centime (m.) cent, French *centime*
centre d'achat (m.) shopping center
cependant nevertheless, however
certes certainly
cerveau (m.) brain
cesser to stop, to cease
  cessez-le-feu (m.) ceasefire

C.F.A. *Communauté financière africaine* currency of the former French colonies of Africa
chacal (m.) jackal
chacun(e) each one
chagrin (m.) sorrow
chahut (m.) noise, din, baiting
chaîne (f.) chain, chain necklace
  à chaîne forçat of convict's chain
chaînette (f.) little chain
chair (f.) skin, flesh
  chair de poule goose bumps
chaleur (f.) heat, warmth, fervor
se chamailler (fam.) to quarrel
chambre (f.) room, bedroom
  chambre de bonne attic or maid's room
chambrette (f.) small bedroom
chameau (m.) camel
champ (m.) field
chance (f.) (good) fortune
chandail (m.) sweater
chant (m.) song, chant
chanter to sing
chargé(e) loaded
charger to charge for an attack, to give someone a responsibility, to load, to accuse
  se charger (de) to take responsibility (for)
Charlemagne Emperor of the West (747–814)
charnel(le) fleshy, carnal
charpie (f.) lint, shredded linen
charrette (f.) cart drawn by animals
chasser to chase, to hunt, to evict, to dispel
chasseur(se) (m.f.) hunter
chat(te) (m.f.) cat
  jouer au chat to play cat and mouse
chatoyant(e) shimmering, glistening, iridescent
chaud(e) hot
chaud et froid (m.) chill
  prendre un chaud et froid to catch a chill
  à chaudes larmes hot tears, abundant tears
chauffage (m.) heating system
chauffer to heat up
  chauffer à blanc heat up white hot
  ça chauffe! it's heating up!
chaumière (f.) thatched cottage
chaussé(e) wearing shoes or boots
chaussée (f.) pavement, roadway
chaux (f.) lime
  blanchi à la chaux whitewashed
chemin (m.) **de fer** railroad, train
cheminée (f.) chimney
cheminer to walk (along)
chercher to research, to look for, to pick up or get (someone)
  chercher à tâtons to grope for (as in the dark)

chéri(e) dear, darling
cheval (m.) horse **chevaux** (pl.)
chevaucher to straddle
  se chevaucher to overlap (each other)
chevelure (f.) body of hair
chevet (m.) bedside
  lampe de chevet bedside lamp
cheveux (m.pl.) hair on one's head
cheville (f.) ankle
chevrotant(e) quavering (voice)
chien(ne) (m.f.) dog
chiffon (m.) rag, scrap of paper or cloth
chignon (m.) hairstyle with hair in a bun at the
  neck
choc (m.) shock
choix (m.) choice
chômage (m.) unemployment
choquant(e) shocking
choquer to shock
chrétien(ne) Christian
chuchoter to whisper
Le Cid legendary Spanish hero
ci-dessous below (here)
ci-dessus above (here)
ciel (m.) sky, heaven
cimetière (m.) cemetery
circoncis(e) circumcised
cire (f.) wax
cirer to wax
citadin(e) city-dweller
cité (f.) old part of a city, walled section of a
  city
cité(e) (adj.) cited, quoted
citer to cite, to quote (someone or a text)
clair(e) light, bright, clear
clairière (f.) clearing
clairotte (fam.) almost as transparent as water
clap! (m.) in an instant
claquer to bang, to slam
  elle claque des dents her teeth are chattering
clarté (f.) clarity
classer (un dossier) to close (a file)
cliché (m.) negative, print (of a photograph)
cligner to blink
cliquetis (m.) jingle, clinking, rattle
clochard (m.) vagrant
cloche (f.) bell
cobaye (m.) guinea pig
cochon (m.) pig
cocorico (m.) cock-a-doodle-do
cœur (m.) heart
  de bon cœur willingly
  au cœur de pierre with a heart of stone
  son cœur se serra her heart sank

coffre (m.) chest, safe, trunk
coin (m.) corner
  coin perdu out-of-the-way place
  jeter un regard en coin give a sideways glance
col (m.) collar, neck
colère (f.) anger, rage
collège (m.) junior high school
coller to glue, to stick
colline (f.) hill
colon (m.) settler, colonist
combinaison (f.) woman's slip
combiné (m.) telephone receiver
comble (m.) height, attic (apartment)
  pour comble to top it all off
combler to fill in, to fulfill
comète (f.) comet
commode handy, convenient
compagnie (f.) company, everybody
complet(ète) entire, complete, full
  au complet entire, complete
complet (m.) suit
comportement behavior, conduct
compréhension (f.) understanding
comprendre to understand, to include
comprimer to squeeze
compte (m.) count, account
  tout compte fait after all is said
  and done
compter (sur) to count (on)
comptoir (m.) counter
concerner to concern
  en ce qui concerne about, regarding
conciliabule (m.) secret meeting
conciliant(e) conciliatory
conduit(e) driven
confiant(e) trusting
confier to entrust, to invite, to confide
confiture (f.) jam, preserves
confondre to mix up, to confuse
confondu(e) confused
conforme in order, in accord with the law
se conformer (à) to conform (to)
congé (m.) holiday
conjugal(e) marital
  infidélité conjugale marital infidelity
conjuguer to conjugate
connivence (f.) connivance, complicity
conquête (f.) conquest
consanguinité (f.) blood relationship
conscience (f.) consciousness, conscience
conseil (m.) advice
conséquence (f.) consequence
  sans conséquence unimportant
constater to see, to observe

conte (m.)   tale

contigu(ë)   contiguous, adjacent

contingent (m.)   (military) contingent

contracter   to catch (disease), to incur (debt), to acquire (habit)

contraindre   to constrain, to force

contrarié(e)   frustrated, annoyed

contre   against, in exchange for

contremaître (m.)   foreman

contrit(e)   contrite, penitent

convenable   acceptable, proper

copie (f.)   student paper, homework

cornet (m.)   cone (for ice cream)

corps (m.)   body

correspondance (f.)   match, correspondence, connection (travel)

correspondre   to correspond, to agree

   faire correspondre   to match

corriger   to correct

corrompre   to corrupt

corsage (m.)   blouse, bodice (of a dress)

corsé(e)   vigorous, spicy, full-flavored

corvée (f.)   chore, drudgery

côte (f.)   rib, slope, coast(-line)

   côte à côte   side by side

côté (m.)   side

   d'un côté...d'un autre côté   on the one hand...on the other hand

côtier(ère)   coastal

cou (m.)   neck

couche (f.)   bed, layer

   couche   diaper

   en couches   childbirth labor

   fausse couche   miscarriage

   couche sociale   social stratum, social milieu

coucher   to put to bed, to lay down

   coucher (avec)   to make love (to)

   se coucher   to go to bed

coucher (m.)   bedtime, setting (of sun)

coude (m.)   elbow

coudre   to sew

couffin (m.)   shopping bag, sack, basket

couler   to flow, to sink

   se la couler douce   to take life easy

   couler de source   to be natural, evident

couloir (m.)   corridor

coup (m.)   knock, blow, shock, shot, strike (of the hour)

   un coup d'œil   a glance

   jeter un coup d'œil   to glance

   coup de foudre   lightning strike, (fig.) love at first sight

   d'un (seul) coup   all at once, with one (single) stroke

coupe (f.)   champagne glass, felling of trees

   Coupe du monde   World Cup

   sous la coupe de qqn   in a state of dependence on someone

coupe-papier (m.)   letter opener

couper   to cut, (fig.) to cut off (a conversation, light)

couramment   fluently, usually

courant (m.)   current, river flow

   au courant   up to date, informed

se courber   to bow, to bend, to stoop

courir   to run

   courir des risques   to run risks

cour (f.)   courtyard, court, courtship

cours (m.)   course, train of thought or events

   en cours de   in the course of

   au cours de   during

course (f.)   errand, outing, trip, race, running

   course à pied   footrace

court(e)   short

   à court   short (of it), having too little

cousin (m.) **germain**   first cousin

couteau (m.)   knife

coutelas (m.)   large knife, cutlass

couture (f.)   sewing

couturier(ère) (m.f.)   dress designer, dressmaker

couverture (f.)   blanket

couvre-cahiers (m.)   notebook cover

couvre-lit (m.)   bedspread

couvrir   to cover

   se couvrir   to cover oneself

cracher   to spit (out)

craindre   to fear

craintivement   fearfully

craquer   to creak, to crack, to collapse

crasse (f.)   filth, grime

créer   to create

crème (f.) **à la glace**   ice cream

crépitement   crackling, sizzling

crépuscule (m.)   twilight, dusk

crête (f.)   peak

creuser   to dig, to hollow out

   se creuser   to sink (eyes), to become hollowed (cheeks, eyes), to dig

creux (n.m.)   hollow

creux(se) (adj.)   hollow

crève-la-faim   dying of hunger

crever (fam.)   to die

   crever d'envie de   to be dying to

criard(e)   shouting, loud

cribler (de)   to riddle (with)

crier   to cry out, to shout

   crier dessus   to yell at, to scold

crise (f.)   crisis

   crise de nerfs   fit of hysterics

crispé(e)   rigid, tense
crissement (m.)   screeching sound
crisser   to crunch, to screech (brakes), to rustle
croire   to believe
   n'en croire pas ses yeux   not to believe one's eyes
se croiser (les bras)   to cross (one's arms), (fig.) to remain idle
croix (f.)   cross
croquer   to munch, to sketch
croûte (f.)   crust
croyant(e) (m.f.)   believer (in religion)
cruauté (f.)   cruelty
cueillir   to pick
cuillerée (f.)   spoonful
cuir (m.)   leather
cuire   to cook
cuisinier(ère) (m.f.)   cook
cuisse (f.)   thigh, drumstick
   sur les cuisses   on one's lap
cuistot (m.) (fam.)   (professional) cook
   maître cuistot   master (professional) chef
cuivre (m.)   copper
culot (m.)   nerve, audacity
culotte (f.)   woman's underpants, men's knee breeches
curé (m.)   priest
curer   to clean
   se curer les dents   to clean one's teeth
curetage (m.)   curetage, D and C
cyprès (m.)   cypress tree

D

da (f.) (fam.)   female servant
daigner   to condescend, to deign
d'ailleurs   moreover, however
danse (f.)   dance
   danse macabre   dance of Death
davantage   more
de   of, from
   de temps à autre (adv.)   from time to time
   de rien   it was nothing, you're welcome
débarquer   to land, to come ashore
débattre   to debate
   se débattre (pour)   to fight (for)
débauche (f.)   dissolute living, debauchery
débiter   to reel off, to spout
déborder   to overflow
déboucher   to uncork, to open (a bottle), to unclog
se débrouiller   to manage, to get along
debout   standing up
débuter   to begin

déchiffrer   to decode, to figure out
déchirement (m.)   wrench, rift, split
déchirer   to rip apart, to tear up
   accent déchiré   heart-rending tone
décimer   to decimate
décoller   to unfasten, to take off, to remove
décoloré(e)   faded
déconfit(e)   disheartened, crestfallen, downcast
déconvenue (f.)   disappointment
décor (m.)   setting
découper   to cut up
   se découper   to stand out
découvert(e)   uncovered, bare discovered
décrêper   to straighten (hair)
décrire   to describe
décrocher   to unhook, to pick up the phone receiver
déçu(e)   disappointed, let down
dédoublé(e)   split in two
dédoubler   to unfold (cloth)
défaillir   to collapse, to become feeble, to faint
défaire   to undo, to mess up
défait(e)   undone, untied, defeated
   les cheveux défaits   one's hair let down
défavorisé(e)   underprivileged, at a disadvantage
défendre   to defend, to protect, to prohibit
   se défendre   to defend oneself, to restrain onself, to steer clear of
déferler   to break (wave), to surge, to unfurl
défi (m.)   challenge
défiler   to pass by
définir   to define
déflagration (f.)   explosion, combustion
défoulement (m.)   letting off steam, releasing tensions
défriser   to straighten one's hair
déganter   to remove gloves
dégeler   to thaw
déguster   to taste, to savor
dehors   outside
   au dehors   outside
   en dehors de   apart from, outside
déjà   already
déjouer   to thwart, to frustrate
   déjouer les pièges (m.)   to avoid obstacles
délit (m.)   (criminal) offense
délivrer   to rescue, to release, to deliver
deltaplane (m.)   hang glider
démailloté(e)   unraveled, disentangled, removed from
démarche (f.)   gait, walk, approach, bearing
démarreur (m.)   (car) starter
déménager   to move one's home
dément(e)   mad, insane

démesuré(e) disproportionate, excessive (without limits)

demeure (f.) home

demeurer to remain, to inhabit

  demeurer sur ses positions to refuse to change one's stand

demi (m.) half

  à demi half(way) (+adj.)

démissionner to resign

démodé(e) out of fashion

dénouement (m.) ending, denouement, outcome

se dénouer to unknot, to undo

denrée (f.) foodstuff, produce

dent (f.) tooth

  se mettre qqc. sous la dent to have a bite to eat

dentelle (f.) lace

dépasser to overtake, to pass, to go beyond

se dépêcher to hurry

dépeindre to depict

déplacer to move something

déployer to deploy, to unfurl

dépoli(e) tarnished (metal), frosted (glass)

déposer to drop off, to deposit

déranger to disturb, to trouble

dérisoire trivial, pathetic

dérive (f.) drift

dériver to derive, to divert, (fig.) to drift

dès since, from (the beginning, etc.)

désarmé(e) disarmed, helpless

désarroi (m.) confusion, disarray

descendre to come down, to descend

désespérément desperately

se déshabiller to get undressed

désigner to point out, to indicate

désœuvré(e) idle, at loose ends (person)

désolé(e) sorry, sad

désormais henceforth, from now on

dessiner to draw, to design

  se dessiner to be outlined, to stand out

détail (m.) detail, retail

  vendre au détail to sell (goods) retail

détendu(e) relaxed

détente (f.) relaxation

détourner to turn away

détritus (m.) rubbish, refuse, debris

détromper to show someone his/her error in thinking

deuil (m.) mourning

devant (adv.) in front (of)

devant (n.m.) front part, façade

  prendre les devants to make the first move

devenir to become

se dévêtir to undress

devin (m.) seer, soothsayer

devoir (n.m.) duty

devoir (v.) to be obliged to

deviner to guess

dévoué(e) devoted

dhor (m.) prayer at the mosque on Friday at noon (Arabic)

diable (m.) devil

diagnostic (m.) diagnosis

diamant (m.) diamond

dicton (m.) saying, common expression

Dieu God

dilemme (m.) dilemma

(se) diluer to attenuate, to evaporate

diminuer to reduce

dirham (m.) currency in Morocco

se diriger to go in a certain direction

discontinu(e) discontinuous

discuter de to discuss

disparaître to disappear, to vanish

disparu(e) disappeared, deceased

disposer to place, to arrange

disque (m.) record album

distraire to distract, to entertain

distraitement absent-mindedly

Dive (f.) Diva, goddess, operatic prima donna

  Dive bouteille beloved wine

se diviser to be divided

djob (m.) job

docilement meekly, obediently

doigt (m.) finger

  au doigt et à l'œil exactly

dolent(e) complaining, doleful

domestique (m.f.) servant, maid

dominer to dominate,

  se dominer to control one's feelings

dommage (m.) damage

don (m.) capacity, gift, talent

donner to give

  donner sur to face towards

doré(e) golden

se dorer to become golden, to tan

dos (m.) back

dossier (m.) file, documents

doté(e) de possessing

doucement softly, gently, slowly

douter to doubt

  se douter de to suspect

douteux(se) doubtful

doux(ce) gentle, sweet, soft, pleasant

drap (m.) sheet

drapeau (m.) flag

dresser to put up, to construct, to stand up
  se dresser to stand erect
  dresser une liste to make a list
droit (n.m.) law, right, copyright
droit (adv.) straight
droit(e) (adj.) honest, righthand
drôle funny, strange
dromadaire (m.) dromedary (camel)
dur(e) hard
durcir to harden
durer to last

E

eau (f.) water, body of water
ébène (f.) ebony
  noir d'ébène jet black
éblouissant(e) dazzling
ébranler to shake (suspicions), to weaken
s'ébrouer to shake oneself
écaille (f.) shell, scale, splinter
écaillé(e) flaking, peeling
écarter to move apart, to separate
  écarter le malheur to ward off misfortune
  s'écarter de to pull away from
échapper (à) to escape
écharpe (f.) scarf, sash
échelle (f.) ladder, scale (measurement)
échoué(e) run aground, shipwrecked, failed
échouer to fail, to ground
s'éclaircir to lighten, to thin, to clear
éclairer to light up, to brighten up
éclat (m.) flash of light, luster, bits of glass, wood or stone
  éclats de voix cries
éclatement (m.) explosion
éclater to explode, to arrive like an explosion
  éclater de rire to burst out laughing
écœurer to make nauseous, to disgust
économies (f.pl.) savings
écouler to dispose of, to issue
  s'écouler to flow, to pass by (time)
écran (m.) screen (movie)
écraser to crush
écrin (m.) jewel case
écriture (f.) writing
écrouler to collapse, to crumble
écumer to foam (at the mouth) in rage, to skim
éducation (f.) education, upbringing
effacer to erase
  s'effacer to step aside, to wear off

effarer to alarm, to cause fear
effarouché(e) frightened, alarmed
s'effilocher to fray (cloth)
effleurer to brush lightly
s'effondrer to collapse
effrayant(e) frightening
effrayé(e) frightened
effronté(e) brazen, insolent
effroyable dreadful
également equally
égard (m.) consideration, respect
  à tous égards in all respects
  à cet égard in that respect
égarement (m.) distraction, deviation
égocentrique self-centered
élan (m.) surge, momentum
élevage (m.) breeding of stock
élève (m.f.) pupil, young student
élevé(e) elevated, raised, high
  bien/mal élevé(e) well/ill-mannered
  taux (m.) **élevé** high rate
s'élever to rise (up), to arise
élire to elect
s'éloigner to go away, to move away
élytre (m.) elytron, hardened forewings (in certain insects)
emballer to package up, to wrap up
embarquer to ship, to start on
embarras (m.) confusion, problem
embrasser to kiss, to take up
embusqué(e) keeping out of sight, hidden
émerger to emerge, to come out
émerveillement (m.) amazement
émission (f.) program, show (on TV)
emmener to take somewhere
s'emmitoufler to wrap oneself up
emmuré(e) walled-up
émoi (m.) emotion
s'émousser to become dulled or blunted
s'emparer (de) to seize, to grab
empêcher to stop, to prevent
empiler to pile up, to stack up
empirer to get worse
emplacement (m.) location, site
emplir (de) to fill (with)
emploi (m.) work, job
empocher to pocket
empoigner to seize, to grab
emporter to carry off or away
emprunter to borrow, to use
emprise (f.) domination
ému(e) full of emotion, touched

en   in, on, upon, while
  en partance   about to leave, outbound
  en ce qui concerne   regarding
  en travers   crosswise
encadrer   to frame
encercler   to circle
encens (m.)   incense
s'enchaîner   to go on, to carry on
encombrer   to clutter, obstruct
encourageant(e)   encouraging
endolori(e)   painful, sore
endommagé(e)   damaged
s'endormir   to fall asleep
endroit (m.)   place
énerver   to bother, to irritate
  s'énerver   to get worked up
enfance (f.)   childhood
enfanter   to give birth, to beget
enfantin(e)   childlike
enfer (m.)   hell
enfermer   to shut in, to enclose
  s'enfermer   to shut oneself in, to lock oneself in
enfiler   to slip on (clothing)
enfoncer   to sink, to push in
  s'enfoncer   to disappear
enfouir   to bury, to hide
s'enfuir   to flee, to run away
engager   to hire, to pledge, to urge
  s'engager   to commit oneself
  s'y engager   to enter an area
engloutir   to engulf, to swallow up
s'engouffrer (dans)   to rush (into)
engrais (m.)   fertilizer
engrenage (m.)   gears, (fig.) involvement
  être pris dans l'engrenage   to be caught in a spiral
enivrer   to intoxicate
enlever   to take away
ennui (m.)   boredom, trouble
ennuyer   to bore
s'enorgueillir (de)   to pride onself (on)
enquêteur(se) (m.f.)   investigator
s'enrager   to become enraged
enrichir   to enrich
enroué(e)   hoarse (voice), husky
ensanglanter   to bloody
enseignant(e) (m.f.)   teacher
ensorcelant(e)   magic, bewitching
entamer   to begin, to take up
s'entasser   to be piled up
entendre   to hear, to understand
  entendre raison   to listen to reason
  s'entendre   to get along

entendu(e)   understood, heard, complicitous
  d'un air entendu   knowingly
entente (f.)   understanding
enterrement (m.)   burial
  tête d'enterrement   morbid look
enterrer   to bury
s'entêter (à)   to persist (in), to be determined (to)
entourer   to surround, to wrap around
entraîner   to pull or drag, to sweep along, to lead to, to train
entrebâillé(e)   partly open, ajar
entrefaites (f.pl.) **sur ces entrefaites**   at that moment, while this was going on
entreprendre   to undertake
entreprise (f.)   enterprise, project
entretenu(e)   maintained (house or garden)
entretien (m.)   conversation, maintenance
entrevoir   to glimpse
entrouvert(e)   half-open
envahir   to invade
enveloppant(e)   enveloping, captivating
envie (f.)   desire, envy, birthmark
  avoir envie de   to feel like/to want to do something
envier   to envy
environ   around, approximately
environs (m.pl.)   surroundings
envisager   to look to the future
s'envoler   to fly away
envoyer   to send
épais(se)   thick
épaisseur (f.)   thickness
s'épaissir   to thicken
s'épanouir   to blossom, to light up
épargné(e)   saved, spared
épaule (f.)   shoulder
  hausser les épaules   shrug one's shoulders
épave (f.)   (ship)wreck, wreck (person)
éperdu(e)   desperate, frantic
  éperdu(e) d'amour   wildly in love
épi (m.)   ear (of corn)
  épis (m.pl.)   wisps of hair
épice (f.)   spice
épicer   to spice (food)
époque (f.)   time period, epoch
épouser   to marry
épouvante (f.)   fright, horror
épouvanter   to terrify
époux(se) (m.f.)   husband, wife
épreuve (f.)   test, trial
éprouver   to feel, to experience, to test
s'épuiser   to run out, to become exhausted
érable (m.)   maple

errer   to wander
éructer   to belch
escalier (m.)   stairs, stairway
escarpin (m.)   dancing shoe or pump
esclavage (m.)   slavery
esclavagiste (m.f.)   slave holder or supporter
esclave (m.f.)   slave
espèce (f.)   type, sort
espoir (m.)   hope
esprit (m.)   spirit
esquisser   to sketch, to begin
essaim (m.)   swarm
essayer (de)   to try (to)
essence (f.)   gas, essence
essieu (m.)   axle
essor (m.)   expansion
essorer   to wring (out)
essoufflé(e)   out of breath
essuyer   to wipe, to dry, to suffer
est (m.)   east
estomaqué(e)   astonished
s'établir   to settle
étage (m.)   floor (of a building)
   à l'étage   upstairs
étagère (f.)   a shelf or a set of shelves
étain (m.)   pewter, tin
étaler   to spread (out), to display
étape (f.)   step, stage (of a process, of a voyage)
état (m.)   state (of mind, of country, etc.)
   être dans tous ses états   to be very agitated
étau (m.)   vice (tool)
éteindre   to put out (light), to turn off (television)
   s'éteindre   to go out, to die
étendre   to stretch out, to extend
   s'étendre   to develop the subject fully
étendu(e)   stretched out
s'éterniser   to remain a long time
ethnie (f.)   ethnic group
étinceler   to sparkle
étincelant(e)   sparkling, shining
étincelle (f.)   spark
étirement (m.)   stretch
s'étirer   to stretch
étoffe (f.)   material, fabric
étoile (f.)   star
   zéro étoile   (hotel) does not get the minimum
   rating
étourdi(e)   scatterbrained, thoughtless, stunned,
   dazed
étroit(e)   narrow, close
étroitement   closely
étonnant(e)   astonishing
étouffant(e)   suffocating

étouffement (m.)   suffocation
étouffer   to suffocate, to muffle
et patati et patata   and so on and so on
étrange   strange
étranger(ère)   foreign
étrangler   to strangle
être (v.)   to be
être (n.m.)   being
étreinte (f.)   embrace, grip
étriqué(e)   too tight, (fig.) narrow-minded
s'évanouir   to disappear, to faint
évanouissement (m.)   fainting spell
éveillé(e)   awake, bright
événement (m.)   event
évêque (m.)   bishop
éviter   to avoid
évoluer   to evolve
exaucé(e)   granted, fulfilled
exclure   to exclude
exécrer   to loathe, to detest
exil (m.)   exile
exiler   to exile
exode (m.)   exodus
expédier   to send (a letter, a check)
expéditif(ve)   fast, expeditious
expirer   to expire, to breathe out
exposition (f.)   exhibit
exprimer   to express
exténué(e)   exhausted

F

face (f.)   head side of a coin, face
   faire face à   to face up to
fâché(e)   angry
façon (f.)   manner
faillible   fallible
faillir   to almost do something
fainéant(e)   lazy
faire   to make, to do
   faire appel à   to have recourse to, to recall
   cela ne fait rien   it doesn't matter
   ce qui fait que   which means that
   se faire des illusions   to fool oneself
   faire exprès   to do on purpose
   cela fait sept ans que   for the last seven years
   faire les cent pas   to pace
   faire mine de   to pretend to
   faire de vieux os (fam.)   to get old
   faire fortune   to get rich
fait (n.m.)   fact
   du fait que   since, because
   fait(s) divers   incident, news items

falaise (f.)   cliff
falot (m.)   large lantern
fard (m.)   make-up
farine (f.)   flour
faste (m.)   splendor, pomp
fatras (m.)   trash, jumble
faune (m.)   rural deity, faun
faut (pas) (fam.) **il (ne) faut (pas)**   one must (not)
faute (f.)   fault, need, lack
fauteuil (m.)   armchair, upholstered chair
fautif(ve)   faulty
faux(sse)   false
féconder   to fertilize, to render fertile
féerie (f.)   an enchanting display of colors and light
se féliciter (de)   to congratulate oneself (for)
femme (f.)   woman, wife
   femme de ménage   housekeeper, cleaning woman
   femme de chambre   housemaid, chambermaid
fendre   to split, to crack
fer (m.)   iron
fesse (f.)   buttock
fête (f.)   party, feast
feu (adj. inv.)   late   **(feu son mari, feu sa femme)**
feu (m.)   fire, headlight, traffic light
   feux d'artifice   fireworks
   n'y voir que du feu   not to understand a thing
feuille (f.)   leaf, page
feuilleter   to leaf through
feutré(e)   feltlike, muffled
fiançailles (f.pl.)   engagement to be married
fiancé(e)   engaged to be married
ficelé(e)   tied with string
ficelle (f.)   string
   bout de ficelle   piece of string
   à bout de ficelle   at the end of one's rope
se ficher de (fam.)   not to care about, not to give a damn about
   s'en ficher   not to care about it
fidèle   faithful
fier(ère)   proud
fierté (f.)   pride
fièvre (f.)   fever
fiévreusement   feverishly, passionately
figé(e)   set, frozen, congealed
figure (f.)   face
figurer   to appear (in a photo or a text)
fil (m.)   thread
   au fil des jours   as the days pass
filature (f.)   textile mill, spinning
filer   to rush along, to dash off, (fam.) to leave
filet (m.)   thin streak (of light), net
fille (f.)   daughter, girl

fillette (f.)   little girl
fils (m.)   son
fin (f.)   end
   en fin de   at the end of
   du fin fond   from the furthest reaches
   en fin de compte   all things considered
finir   to finish
   finir par   to end by
fixe   fixed, steady
fixer   to fix, to make firm, to look fixedly at
flair (m.)   intuition, sense of smell
flamber   to blaze, to singe
flamboyant (m.)   Caribbean tree with bright red flowers
flanc (m.)   slope, hillside, flank
flanqué(e) de   flanked by, accompanied by
flanquer   to flank, to throw, (fam.) to throw a person out
flatter   to flatter, to pat (an animal)
flèche (f.)   arrow
fléchir   to bend, to sag
fleur (f.)   flower
fleuve (m.)   river (that runs to the sea)
flirt (m.)   flirtation, flirting
flocon (m.)   flake (snow, cereal)
floraison (f.)   flowering, blossoming
flot (m.)   wave, flood, torrent
foi (f.)   faith
foie (m.)   liver
foin (m.)   hay
fois (f.)   time
   il était une fois   once upon a time
   à la fois   at the same time
folie (f.)   madness
folle (fou)   crazy
fonctionnaire (m.f.)   civil servant, government official
fond (m.)   background, rear, depth, bottom
   au fond d'elle-même   sincerely, at heart, in her heart of hearts
fonder   to found, to establish
fondre   to melt
   fondre sur   to swoop down on
force (f.)   strength, fortitude
   à force de   by dint of
   de force   by force
fort(e)   strong, stout, high, hard
fortune (f.)   luck, chance, fortune
   faire fortune   to get rich
fossé (m.)   trench, ditch, (fig.) gulf (between two people)
fou (fol, folle)   crazy
foudroyer   to strike down (by lightning, by anger)

fouiller to search, to explore
foulard (m.) scarf
foule (f.) crowd
fouler to step on
four (m.) oven
fourrure (f.) fur
foutre Je m'en fous (fam.) I don't give a damn
  je-m'en-foutisme (m.) (fam.) not giving a damn
    (attitude)
foyer (m.) hearth, family home, foyer
foyer-logement (m.) senior group residence
fraîcheur (f.) freshness, coolness
frais/fraîche fresh, cool
franc (m.) French currency
à la française in the French way
  jardin à la française garden in the formal
    French style
frapper to hit, to strike, to knock
frasques (f.pl.) escapades
franchi(e) crossed (over)
frayer (un chemin) to clear (a path)
  se frayer un passage to force one's way through
frein (m.) brake
frémir to tremble
frénétique frenetic
friable crumbly
friandise (f.) sweet, tidbit
fric (m.) (fam.) money
frileux(se) sensitive to the cold
fripé(e) in rags
frisson (m.) trembling, shiver
frissonner to shiver, tremble
froideur (f.) coldness, coolness
frôler to brush up against
froncer to pucker, to gather (in sewing)
  froncer les sourcils to frown
front (m.) forehead
frontière (f.) border
frotter to rub, to scrub
fugitif(ve) fleeting
fuir to flee, to run away, to leak
fuite (f.) flight, leak
fumée (f.) smoke
funeste fatal, disastrous
fur au fur et à mesure little by little
furtif(ve) furtive, stealthy
fusée (f.) rocket
fuser to burst forth

G

gagner to win, to earn, to overcome
gagné(e) par overcome by

galopin (m.) (fam.) brat
ganté(e) wearing gloves
garantir to guarantee, to secure (a debt), to vouch
  for
garçon (m.) boy
  garçon d'hôtel bellhop
garçonne (f.) tomboy
  à la garçonne tomboy-style
garder to keep
gare (f.) station
  gare en plaine country station
  gare routière bus station
se garer to park
gargouiller to gurgle, to growl, to rumble
garni(e) furnished with or served with
gaspiller to waste, to squander (money, time)
gâté(e) spoiled
gauchement awkwardly
geindre to whimper, to moan
gelé(e) frozen
gémissement (m.) groan, moan
gêne (f.) discomfort, embarrassment
  sans gêne inconsiderate
gêné(e) embarrassed
gêner to bother (someone)
genou (m.) knee
genre (m.) type, gender
gens (m.pl.) people
  gens de bien respectable people
  gens de couleur people of color
  gens de maison servants
geste (m.) gesture
gesticuler to gesticulate
gésir to lie (inert)
  il gît he lies
gifler to slap
gilet (m.) cardigan, vest (Quebec) sweater
gitan(e) (m.f.) gypsy
givré(e) frosted, iced
glaçage (m.) gloss (of paper), glaze, frosting
glace (f.) ice cream, ice, mirror, window
glacé(e) chilled, ice cold
glaçon (m.) icicle, ice cube
glapir to yelp, to bark like a fox
glisser to slip, to slide
gluau (m.) a piece of wood that African hunters
  cover with a sticky substance to trap small birds
gober to swallow
goguenard(e) ironic and mocking
gonfler to swell, to bulge, to inflate
gorge (f.) throat, woman's bust or bosom, (géog.)
  gorge
gorgée (f.) swallow, mouthful (of a liquid)

gosier (m.)   throat
   en avoir plein le gosier (fam.)   to be fed up
gosse (m.f.) (fam.)   child
goulot (m.)   neck (of a bottle), narrow passage
gourde (f.)   Haitian money
goût (m.)   taste, sense of taste, desire
goûter   to taste, to relish
goûter à   to taste something
goutte (f.)   drop
goutter   to drip
grabat (m.)   cot
grâce (f.) **à**   thanks to
   l'an de grâce   the year of our Lord
gracile   slender
graine (f.)   seed
graisseux(se)   greasy
graminée (f.)   grass
grand(e)   big, grand
grappe (f.)   cluster, bunch (of grapes)
gras(se)   fat, greasy
gratifier (de)   to present someone (with something)
gratter   to scratch
gravats (m.pl.)   rubble
grave   serious, bad
graveur (m.)   engraver, etcher
gravier (m.)   gravel
gravure (f.)   engraving
grêle (adj.)   very thin
grêle (n.f.)   hail
grelottant(e)   shivering
grenade (f.)   pomegranate
grenouille (f.)   frog
griffe (f.)   scratch, claw, label
griffer   to scratch, to claw
grille (f.)   gate, grate, (crossword) grid
griller   to toast, to roast
grimacer   to grimace, to make a face
grimper   to climb
grincer   to squeak, to grind (one's teeth)
griot (m.)   African storyteller
grisonnant(e)   graying
grivois(e)   saucy, bawdy, coarse
grognement (m.)   growl
grogner   to grumble, to growl, to grunt
grondement (m.)   roar, growl
gronder   to scold, to growl
gros(se)   bulky, big, stout, fat
grossesse (f.)   pregnancy
grossir   to put on weight, to swell, to increase
grouillant(e)   crawling, seething
se grouper   to gather together
guère   hardly

guérir   to cure, to heal, to recover
guerre (f.)   war
guetter   to watch (out) for, to lie in wait for
guichet (m.)   ticket window, service window
guirlande (f.)   garland
guttural(e)   throaty, guttural

H

habillé(e)   dressed
habit (m.)   dress, costume, evening dress, coat
   habits (m.pl.)   clothes
habitant(e) (m.f.)   inhabitant
habitude (f.)   habit, custom, use
***hac!** (fam.)   the shortest of comments, almost nothing
***haie** (f.)   hedge
   ***haie vive**   evergreen hedge
***haillon** (m.)   rag   **haillons**   tattered clothes
***haine** (f.)   hate
***haineux(se)**   full of hatred
***haïr**   to hate
haleine (f.)   breath
haleter   to pant
***hangar** (m.)   shed
***hanter**   to haunt
***harcelé(e)**   harassed
***hardes** (f.pl.)   old clothes, rags
***hardi(e)**   daring, bold
***hargneux & hargneux(se)**   bad-tempered or nagging
***hasard** (m.)   chance, fate
   par hasard   by chance
***hâte** (f.)   haste, hurry
   à la hâte   hastily, hurriedly
***hausser**   to raise (a flag), to shrug (one's shoulders)
***haut(e)**   high, loud
   haute saison   rainy season, busy season
***hauteur** (f.)   height, hautiness
   à la hauteur   to be up to doing something, to be equal to a task
***hein?**   eh?
***héler**   to hail, to call
***hérissé(e)**   bristling, hair standing on end, having goose bumps
hésiter à   to hesitate to
heure (f.)   hour
   à la bonne heure   Good for you! Fine!
se heurter (contre)   to run into, to collide (with), to run up against
hier au soir   last night
***hisser**   to hoist, to haul up

*honte (f.)   shame
  avoir honte   to be ashamed
*hoqueter   to hiccup
horloge (f.)   clock
*houille (f.)   coal
huile (f.)   oil
huître (f.)   oyster
*humer   to inhale, to smell
*hurlement (m.)   howling, yelling, howl, yell
*hurler   to howl, to scream, to roar, to yell

I

idolâtrer   to idolize
ignorer   to be unaware of
île (f.)   island
illuminé(e) (m.f.)   mystic, visionary, dreamer
  without a sense of reality
immatriculation (f.)   license number
immeuble (m.)   building, apartment building
s'immobiliser   to stop moving
impasse (f.)   dilemma, dead end
s'impatienter   to become impatient
important(e)   important, substantial
n'importe quoi   anything
s'imposer à qqn.   to impose itself/oneself on
  someone
imprévisible   unforeseeable
imprévu (m.)   unexpected event
improviste (m.) **à l'improviste**   unexpectedly,
  without warning
impuissance (f.)   helplessness
impuissant(e)   helpless, impotent
inachevé(e)   incomplete, unfinished
inattendu(e)   unexpected, unforeseen
incendie (m.)   (outbreak of) fire
incisive (f.)   incisor tooth
inciter   to encourage, to urge (on)
s'incliner   to bow
incontournable   inevitable, considered essential
inconvénient (m.)   disadvantage, drawback
incorrect(e)   improper, incorrect, impolite
incroyable   incredible, unbelievable
indéfiniment   indefinitely
indigène   native population, indigenous
indigo   dark blue color
inégal(e)   uneven, unequal
inépuisable   inexhaustible
infaillible   infallible (instinct), unerring
infatigable   tireless, indefatigable
infirme (m.f.)   disabled person
infirmier infirmier(ère) (m.f.)   nurse
infranchissable   impassable, insurmountable

ingrat(e) (m.f.)   ungrateful, heartless person
inhospitalier(ère) (m.f.)   inhospitable
injure (f.)   insult, abuse
injurier   to insult, to swear at
inondation (f.)   flood
inonder   to flood
insanité (f.)   madness, insanity, rubbish
insensiblement   imperceptibly
insérer   to place (an ad), to insert
insipide   insipid, tasteless, dull
insolite   strange, unusual
insouciant(e)   carefree
insoutenable   untenable, unbearable
s'installer   to settle down or in
instruction (f.)   schooling
instruit(e)   well-educated
insu (m.) **à l'insu de**   without the knowledge of
intégré(e) (à)   integrated (into)
interdire   to prohibit, to forbid
interdit (n.m.)   prohibition
interdit(e) (adj.)   forbidden
interloqué(e)   puzzled
interrompu(e)   interrupted
intervenir   to intervene, to take place
intrigue (f.)   plot, storyline, intrigue
invraisemblance (f.)   implausibility
s'inquiéter   to worry
irradier   to radiate
irréductible   invincible
irrémédiablement   irreparably
isolé(e)   isolated
isolement (m.)   isolation
issue (f.)   the way out, exit, ending
italique   (print) italics
ivoire (m.)   ivory
ivre   drunk, intoxicated
ivrogne (m.)   drunkard

J

jachère (f.)   fallow (land)
  en jachère   uncared-for
jadis   in the past, formerly
jaillir   to spring up, to gush out
jalouser   to be jealous of
jaloux(se)   jealous
jamais   ever
  ne…jamais   never
jambe (f.)   leg
  à toutes jambes   at full speed
jaser (fam.)   to chat
jasmin (m.)   jasmine (a fragrant white-flowered
  bush growing in warm climates)

jaune   yellow
jetée (f.)   jetty
jeter   to throw, to throw out
  se jeter   to throw oneself
  jeter un œil   to glance
joie (f.)   joy
joindre   to join together, to reach someone (by phone, etc.)
jonché(e) (de)   strewn (with)
joue (f.)   cheek, jaw
jouer   to play, to perform
jouet (m.)   toy
joug (m.)   yoke, burden
jouir (de)   to enjoy
jouissance (f.)   delight, enjoyment
jour (m.)   day
  de nos jours   presently
  jour férié   holiday
jubiler   to rejoice
juge (m.)   judge
  juge d'instruction   examining magistrate
jumeau(elle) (m.f.)   twin
jupe (f.)   skirt
jupon (m.)   half-slip
jurer   to swear
jusqu' à   as far as, to, until
justement   precisely

K

képi (m.)   kepi (military cap)

L

là-bas   over there
labourer   to work in the fields, to plow
lacérer   to lacerate, to cut
lâcher   to let go
laid(e)   ugly
laine (f.)   wool
laisser   to let
  laisser faire   to let someone do what (s)he is doing
  laisser dire les filles   to let the girls talk
lait (m.)   milk
laitier(ère)   dairy
lambeau (m.)   torn piece of fabric, shred
  en lambeaux   in shreds
lamenter   to lament
  se lamenter   to lament one's fate
lancer   to throw, to cast, to launch
lange (m.)   flannel blanket, wrapping, diaper
langue (f.)   tongue, language
  mauvaises langues (pl.)   gossipers

lanière (f.)   shoe lace, strap
lapin (m.)   rabbit
large   wide, broad
  au large   having ample space
largesse (f.)   generosity
larme (f.)   tear
las(se)   weary
lavabo (m.)   washbasin
laver   to wash
lécher   to lick
léger(ère)   lightweight, light
légué(e)   handed down, passed on
lendemain (m.)   the following day
lent(e)   slow
lenteur (f.)   slowness
se leurrer   to delude oneself
lèvre (f.)   lip
  lèvres serrées   lips tightly closed, teeth clenched
  du bout des lèvres   from the tip of the tongue
lézard (m.)   lizard
lézardé(e)   cracked
liasse (f.)   wad, bundle
se lier (à)   to be tied or connected to
lieu (m.)   place
  lieux et biens   property and possessions
  avoir lieu   to take place
ligne (f.)   line
se limiter (à)   to be limited (to)
lin (m.)   linen, flax
linge (m.)   clothing, linen,
lion(ne) (m.f.)   lion(ess)
lisse   smooth
lit (m.) **de roses**   bed of roses
littoral (m.)   coastline
livraison (f.)   delivery
livre (m.) **de téléphone** (fam., anglicism)   telephone book
livrer   to deliver
  se livrer à   to surrender to, to open up to
loger   to lodge, to stay
loin   far, a long way off
  de loin   by far, from a distance
  de loin en loin   infrequently
long (m.)   length
  de tout son long   the entire length of one's body
  le long de   along (a wall), all (day)
longer   to go along or follow (railroad tracks, a wall)
longtemps   a long time
loques (f.pl.)   rags
loquet (m.)   latch
loqueteux(se) (m.f.)   person in rags, tattered clothes
longueur (f.)   length

lors   then
  depuis lors   since then
lorsque   when
loto (m.)   lottery
louche   suspicious, (fig.) shady or shifty (person or situation)
louer   to praise, to rent
loup(ve) (m.f.)   wolf
  loup de mer   old salt, seadog, longtime sailor
lourdement   heavily
lueur (f.)   glimmer, glow, faint light
luire   to shine
luisant(e)   shining, shiny, glowing
lumière (f.)   light
lune (f.)   moon
lunettes (f.pl.)   eyeglasses
lutte (f.)   fight, struggle
lutter   to struggle, to fight
luxe (m.)   luxury, luxuriousness
lycée (m.)   high school

M

macabre   gruesome, grim (humor)
  danse macabre   danse of Death
macaque (m.)   Asian monkey
mâcher   to chew
  ne pas mâcher ses mots   not to mince one's words
mâchoire (f.)   jaw
maghrébin(e)   of or from French-speaking North Africa
maigre   thin, skinny
maigrelet(te)   skinny, slight
maigrichon(ne)   slight, skinny
maint(e) (litt.)   many
maintenu(e)   held, maintained
mairie (f.)   city hall
maison de retraite (f.)   nursing home
maîtresse (f.)   mistress, head of the household, teacher
se maîtriser   to control oneself
majeur(e)   of age, adult: major
mal (n.m.)   evil, sickness
  pas mal de (adv.)   quite a few, quite a lot
  mal au cœur   heartburn, nausea
  mal du pays   homesickness
mal (adv.)   badly, poorly
maladie (f.)   sickness
maladroit(e)   awkward
malaise (m.)   feeling of discomfort or uneasiness
malchance (f.)   misfortune, bad luck
malentendu (m.)   misunderstanding
malgré   in spite of

malheur (m.)   misfortune
  porter malheur   bring bad luck
malheureux(se)   unfortunate, unhappy
malle (f.)   trunk
malpropre   dirty, slovenly
malsain(e)   unhealthy
malveillant(e)   malicious, spiteful
Maman (f.)   Mom(my)
manège (m.)   little game
mânes (m.pl.)   spirits (of ancestors)
manguier (m.)   mango tree
manie (f.)   mania, odd habit
manière (f.)   way, manner
  d'une manière ou d'une autre   in one way or another
manifester   to show
  se manifester   to be shown
manifestement   obviously, clearly
manioc (m.)   cassava, starch from which tapioca is made
Manman (f.)   Mom(my) in Creole
manœuvrer   to work, to maneuver
manque (m.)   lack
manquer   to be lacking, to be missing, to need, to miss
manuel (m.) (fam.)   manual laborer
manzèl (f.)   fam. for **mademoiselle**   miss
maquillé(e)   with make-up
marbre (m.)   marble
marbrier-graveur (m.)   monument sculptor and engraver
marchand(e) (m.f.)   vendor, shopkeeper
marchander   to haggle or bargain
marchandise (f.)   merchandise
marche (f.)   step (of a staircase)
marchepied (m.)   step (to enter a train or other vehicle)
mare (f.)   stagnant pool, pond
marécage (m.)   marsh, swamp
marée (f.)   tide
marge (f.)   margin
  en marge   in the margin
mari (m.)   husband
marier   to marry off
  se marier (avec)   to get married (to)
mariner   to stagnate in a disagreable situation, to marinate
marmiton (m.)   kitchen boy
marmot (m.) (fam.)   kid, brat
marquant(e)   remarkable
marrant(e)   funny, odd
marre   en avoir marre (fam.)   to be fed up, to have had enough
marteau (m.)   hammer

marteler to hammer (things or ideas)
matelas (m.) mattress
matinée (f.) morning, morning hours
matière (f.) subject matter, material
maudire to curse
maussaderie (f.) sullenness
méchanceté (f.) unkindness, naughtiness
méchant(e) naughty, spiteful
mèche (f.) wick
méconnaissable unrecognizable
méduse (f.) one of the three Gorgones whose gaze was deadly.
mélanger to mix (up)
mêlé(e) mixed, tangled
se mêler to mix, to mingle
mélopée (f.) monotone chant
membre (m.) limb, member (of group)
mémoire (f.) memory
menaçant(e) dangerous, menacing
ménage (m.) housework
ménagère (n.f.) housewife, housekeeper
ménager(ère) (adj.) household
mener to lead (life, etc.)
  mener la grande vie lead a life of luxury
mensonge (m.) lie
menteur(se) (m.f.) liar
mentir to lie
menu(e) little
mer (f.) sea
merde! (f.) (très fam.) shit!
mesure (f.) measurement
mesurer to measure
métier (m.) job, profession
mètre (m.) yardstick, tape measure, meter
mettre to put
  mettre au monde give birth to
  se mettre à to begin to
  se mettre à table to sit down to eat
  mettre en relief accentuate, bring out, stress
meuble (m.) piece of furniture
meubler to furnish, to fill
  se meubler to furnish one's home
  se meubler l'esprit to fill one's mind with ideas or illusions
meurtrière (f.) window slit, arrow slit (in wall)
mi- (préfix) mid-
  mi-clos half closed
mignon(ne) cute, charming, darling
milieu (m.) middle, surroundings, social circle
millénaire (m.) millenium
millier (m.) about a thousand
mimer to mimic
minable shabby

mince thin, slim
mine (f.) expression
  mine de rien as if nothing were going on
  faire mine de to pretend to
miner to undermine
  se miner to destroy oneself, to be consumed
minoritaire minority
minuterie (f.) electric timer for hallway lights
miroir (m.) mirror
miroiter to glisten, to gleam
  faire miroiter to lure with bright prospects
mise (f.) **en scène** staging of a play, (fig.) enactment
mode (m.) mood (of verb); manner, way
  mode de vie way of life
mode (f.) fashion
moelleux(se) soft
moins less, minus
  au moins at least
  de moins en moins less and less
  du moins at least
moitié (f.) half
  à moitié halfway
monde (m.) world
  tout ce monde all those people
monnaie (f.) change (coins), currency
montant(e) climbing
monter to go up, to rise, to take up
montre (f.) watch
se montrer to show oneself
se moquer to make fun of
  s'en moquer couldn't care less
moral (m.) state of mind, morale
  remonter le moral à/de qqn. to cheer someone up
morale (f.) moral (of a story), ethics
morceau (m.) piece (of music, of bread)
mordre to bite
morne gloomy, dreary, mournful
morne (f.) hill, in the Caribbean
mornier inhabitant of the hills in the back country
mort (f.) death
mort(e) (n.m.f.) dead person
mort(e) (adj.) dead, numb (fingers)
mot (m.) word
  si jamais elle disait mot if she ever said a word
motif (m.) reason, motive
mou (mol, molle) soft
mollement softly
mouche (f.) fly
se moucher to blow one's nose
moucheté(e) speckled

moue (f.)   pout
   faire la moue   to pout
mouillé(e)   wet
moulé(e)   molded
mousquetaire (m.)   musketeer
moustique (f.)   mosquito
mouton (m.)   sheep
moutonnant(e)   rippling, fleece-like
moyen (m.)   means
   il n'y a pas moyen   there is no way
moyenne (f.)   average
muet(te)   silent, speechless
mulâtre   person of both white and black bloodlines
mulet (m.)   male mule
mur (m.)   wall, (fig.) obstacle
mûr(e)   mature
   mûres réflexions   careful thought
muré(e)   walled in
mûrir   to bring to maturity (a plan), to mature
musclé(e)   muscular
musulman(e)   Moslem
muté(e)   transferred
mutisme (m.)   silence, mutism

N

nager   to swim
   en nage   bathed in perspiration
naguère   a long time ago
naître   to be born
nappe (f.)   tablecloth
   nappe de...   sheet (of water, ice, fire)
narine (f.)   nostril
narrateur(trice) (m.f.)   narrator
nasiller   to speak with a nasal twang
natte (f.)   mat braid
né(née)   born
néanmoins   nevertheless
néant (m.)   nothingness, void
négresse (f.)   black woman
Négritude (f.)   concept and movement affirming the dignity and worth of what is "black".
neige (f.)   snow
net(te)   clean, flawless, clear
nettement   clearly, flatly
nettoyer   to clean
neuf(ve)   brand-new
neuf (invar.)   nine
nez (m.)   nose
nid (m.)   nest
nier   to deny
nitouche (f.) **être une sainte nitouche**   to be a hypocrite

Nivaquine   medicine derived from quinine for the treatment of malaria
noce (f.)   wedding, wedding festivities
   en justes noces   in a proper marriage ceremony
nœud (m.)   knot, bow, tie
noircir   to blacken
noix (f.)   walnut
nom (m.)   name
   au nom de   in the name of
nommer   to name
normand(e)   from Normandy
noter   to make a note of
nouer   to knot, to tie
   nouer les sourcils   to frown
   noué de crainte   knotted in fear
noueux(se)   gnarled
nourrir   to nourish
nourriture (f.)   food
nouveauté (f.)   novelty, innovation
nouvelle (f.)   modern short story
   les nouvelles (f.pl.)   the news
nouvelliste (m.f.)   short story writer
noyer   to drown, to submerge
nu(e)   naked
nuage (m.)   cloud
nuageux(se)   cloudy, vague
nul(le)   not any
   nulle part (f.)   nowhere
numéroter   to number
nuque (f.)   nape of the neck

O

obéir (à)   to obey
objectif (m.)   camera lens objective
objet-fétiche (m.)   magical object, to which one is obsessively attached, fetish
obligeance (f.)   kindness, courtesy
obole (f.)   gift, small offering
obsédant(e)   haunting
obus (m.)   shell (military)
occasion (f.)   opportunity, chance
   d'occasion   bargain, secondhand
occident (m.)   west
s'occuper de   to handle, to keep busy with
odorant(e)   fragrant
odorat (m.)   sense of smell
œil (m.)   eye
œillade (f.)   (meaningful) glance
œuvre (f.)   work of an author
offre (f.)   offer, bid
offrir   to give
   s'offrir   to give oneself something

offusquer   to offend
oiseau (m.)   bird
oisiveté (f.)   idleness
oisif(ve)   idle
ombre (f.)   shadow, shade
   vivre dans son ombre   to live in his/her shadow, to play a secondary role
omniscient(e)   all-knowing, omniscient
on   one, people
   on ne sait où   who knows where
onde (f.)   wave
ophite (m.)   a dark-colored marble, serpentine
opiniâtreté (f.)   determination, stubbornness
s'opposer (à)   to oppose, to rebel against
optique (f.)   point of view
or (n.m.)   gold
or (conj.)   now, now then
orage (m.)   storm
ordre (m.)   order
oreille (f.)   ear
oreiller (m.)   pillow
orgue (m.)   organ
orgueil (m.)   pride
ornière (f.)   rut
orphelin(e)   orphan
orteil (m.)   toe
orthographe (f.)   spelling
ortie (f.)   nettle (plant)
os (m.)   bone
oser   to dare
otage (m.)   hostage
oubli (m.)   forgetting, oblivion
oublier   to forget
oued (m.)   wadi, watercourse dry except in rainy season
ouest (m.)   west
ouïe (f.)   sense of hearing
ouste! (fam.)   out you go!
outil (m.)   tool
outre   en outre   furthermore
ouvertement   openly
ouvrage (m.)   work, product of work
ouvrier(ère)   worker
ovni (m.) *(objet volant non-identifié)*   UFO

P

pacifique   peaceful
pagne (m.)   wrapped cloth forming a skirt and extended over the shoulder
   pagne superwax   made of cloth printed with a special Dutch technique
paille (f.)   straw

paisiblement   peacefully
paître   to graze
paix (f.)   peace
palabre (f.)   (interminable) discussion
palier (m.)   landing, level
pâlir   to become pale
palme   vin de palme   palm wine
palmeraie (f.)   palm grove
palmier (m.)   palm tree
paludisme (m.)   malaria
pan (m.)   hanging section of cloth or garment
panier (f.)   basket
panneau (m.)   sign
pantoufle (f.)   slipper
papier (m.) **peint**   wallpaper
papillon (m.)   butterfly
par   through, around, by
   par ici   around here
parader   to strut about, to show off
paraître   to seem, to appear
paravent (m.)   screen
parcimonieux(se)   parsimonious
parcourir   to travel through or along, to skim (a text)
parcours (m.)   route, distance covered
par-dessus   over, overboard
pardessus (m.)   overcoat
paré(e)   adorned, dressed up
pareil(le)   alike, similar
   du pareil au même   all the same
pareillement   similarly
parent(e) (m.f.)   family relative, parent
parlant(e)   expressive (eyes)
   des parlant-autres (Quebec fam.)   non-French, non-English speakers
parloir (m.)   parlor, sitting room
paroisse (f.)   parish
parole (f.)   word, speech, lyrics
   ma parole! (fam.)   I swear!, my word!
parsemer   to sprinkle, to strew
partager   to share
parti (m.)   point of view, party (legal or political)
   prendre parti   to take sides in an argument
partie (f.)   part, portion, party
   faire partie de   to belong to, to be part of
parvenir (à)   to arrive, to reach, to manage (a feat)
pas (m.)   footstep
   revenir sur ses pas   to turn back
   faire les cent pas   to pace
passage (m.)   pathway, pass-through, alley-way
passager(ère) (m.f.)   passenger
passant(e) (m.f.)   passerby

passer to pass

    se passer de to do without

(et) patati et patata and so on and so on

patin (m.) skate

    patins à roues alignées in-line skates

patiner to skate

pâtisserie (f.) pastry

patron(ne) boss, sponsor, patron, employer

patte (f.) leg (of an animal), paw, foot

paume (f.) palm of the hand

paupière (f.) eyelid

pause (f.) work break, rest period

se pavaner to be on display

payer to pay for

pays (m.) country

    pays l'aut'bô (créole) «pays à l'autre bord», abroad

paysage (m.) landscape

peau (f.) skin

pêche (f.) fishing, peach

peigné(e) combed

peindre to paint

peine (f.) difficulty, sorrow, punishment

    à peine barely

    c'est bien la peine (de) it's wasted effort (to)

peler to peel

peluche plush, like velours

pelure (f.) peeling

pencher to lean (over or out)

pendant(e) hanging

penderie (f.) wardrobe, closet

pendre to hang

pénible painful, arduous

péniblement with difficulty, laboriously

pénombre (f.) half-light, semi-darkness

pension (f.) pension, allowance, boarding school

    en pension in a boarding school

pensionnat (m.) boarding school

pénurie (f.) **(de)** shortage (of)

percer to pierce

percevoir to perceive, to collect (taxes, etc.), to receive

perche (f.) pole

perdu(e) lost

perle (f.) pearl

pérorer to hold forth

perruque (f.) wig

persan(e) Persian

persienne (f.) slatted shutter

personnage (m.) character (in a story, film, history, etc.)

pervenche (f.) periwinkle flower

    bleu pervenche periwinkle blue

peseta (f.) Spanish currency

peser to weigh

petit mil (m.) millet (a grain)

petit rien (m.) an object of little value

pétrole (m.) oil, petroleum

peuplade (f.) small tribe

peuple (m.) people, cultural group

peuplier (m.) poplar tree

peur (f.) fear, fright

physique (m.) physique

piailler to chirp (birds), to squeal (children), (fig.) to complain

piastre (f.) **piasse** (f.) (Quebec, fam.) currency in different countries

pièce (f.) room, play, coin

piécette (f.) small coin, coin of little value

pied (m.) foot

pierre (f.) stone

pierreux(se) stony, gritty

Pierrotin(e) (m.f.) inhabitant of the town of Saint-Pierre in Martinique

piétiner to stomp on, to trample

piétinement (m.) stomping

pilule (f.) pill

piment (m.) pepper

pin (m.) pine tree

pingre (fam.) stingy

pionnier(ère) (m.f.) pioneer

piquant(e) pungent, spicy; prickly

piquer to stab, to prick, to steal

pire worse

pisciculture (f.) fish farming

piscine (f.) swimming pool

pisé (m.) adobe

pisser (vulgaire) to urinate

pitance (f.) food allowance, small amount of food

pizza alldress (Quebec) pizza with everything on it

placard (m.) cupboard, cabinet

place (f.) plaza, town square

placette (f.) a small square (in a town), small plaza

placoter (Quebec) to chat

plafond (m.) ceiling

se plaindre to complain

plaine (f.) plain

plaisanter to joke

plaisanterie (f.) joke, prank, practical trick

planche (f.) board, plank

planer to glide, to hover above

se planter devant to stand squarely in front of

plaquer (fam.) to ditch

platine (m.) platinum

plâtre (m.) plaster

plein(e) full, pregnant

    en plein(e) in the middle of

pleurer   to cry
pleureuse (f.)   woman called upon to cry after a
     person's death
pleurnicher   to whine
pleurs (m.pl.)   crying
pleuvoir   to rain
pli (m.)   fold, wrinkle
plier   to fold, to fold up
plomb (m.)   lead
plonger   to dive
pluie (f.)   rain
plumier (m.)   ink pen holder
(la) plupart (f.) **(de)**   the majority, the most (of)
plus   more
   (ne)…plus   no longer
plusieurs   several
plutôt (que)   rather (than)
poche (f.)   pocket
poids (m.)   weight
poignée (f.)   handful, handle
poignet (m.)   wrist
poing (m.)   fist
point (n.m.)   a point in space, an in-depth look
   faire le point sur   to take stock of a situation
   point de vue   point of view
   sur le point de   about to
point (adv.)   not any
pointe (f.)   point
pointu(e)   pointed
pointure (f.)   size (shoe)
poirier (m.)   pear tree
poisson (m.)   fish
poitrine (f.)   chest, breast
policier(ère)   police, detective (story)
polyvalente (f.) (Quebec)   high school
pompette   tipsy, drunk
pompier (m.)   fireman
pont (m.)   bridge
population (f.) **active**   working population, those
     working outside the home
porte-clé (m.)   key ring
portée (f.)   litter
   à la portée   within arm's reach
porter   to carry, to bring, to wear
portière (f.)   car door
porteur (m.)   porter (in a train station, at an airport,
     etc.)
pose (f.)   placement, position, pose (for a photo)
posément   slowly, deliberately
poser   to pose, to place
   poser une question   to ask a question
position (f.)   viewpoint, job
   demeurer sur ses positions   to refuse to change
     one's stand

posséder   to possess
poste (m.)   position, job
   poste à transistor   transistor radio
poteau (m.)   post, stake
pouce (m.)   inch, bit
poudreux(se)   powdery, covered with dust
poule (f.)   hen
   poule d'eau   moorhen
poumon (m.)   lung
poupée (f.)   doll
pour vrai   for good
pourrir   to rot
poursuivre   to pursue
pourtant   however, yet
pourvu que   provided that
pousser   to push, to grow
   pousser un soupir   to sigh
poussière (f.)   dust
poussiéreux(se)   dusty
pouvoir (v.)   to be able
   n'en plus pouvoir   to be unable to stand it any
     longer or continue
pouvoir (n.m.)   power
préalable   preliminary
se précipiter   to hurry, to rush (into, from)
précipitation (f.)   hurry, precipitation, rain
précipitamment   hurriedly, hastily
premier(ère)   first
   la tête la première   headfirst
prendre   to take, to make
   prendre peur   to become afraid
   prendre une décision   to make a decision
   prendre les devants   to make the first move
   prendre de court   to surprise someone
   reprendre   to take up again
se préoccuper (de)   to worry (about)
près   near
   près de   nearly, close to
presbytère (m.)   residence of a priest
pressant(e)   urgent, pressing, insistent (creditor)
presser   to urge, to push, to squeeze
   se presser   to hurry, to crowd
prestement   quickly, nimbly
prétendre   to claim
prêt(e)   ready
prêter   to loan, to lend, to give, to ascribe
   prêter attention   to pay attention
preuve (f.)   proof
   faire preuve de   to demonstrate
prévoir   to foresee
prier   to request, to beg, to pray
   je t'en prie   please
   se faire prier   to require coaxing
prière (f.)   prayer

prise (f.) taking
  prise d'otages taking of hostages
prisonnier(ère) (m.f.) prisoner
se priver de to do without
prix (m.) prize, price
  à tout prix at all costs
prochainement soon, shortly
produit (m.) product
profil (m.) line, contour
  de profil in profile
profiter (de) to take advantage (of)
profond(e) deep
proie (f.) prey
prolétaire (m.f.) proletarian, poor working
    class
se promener to walk, to go for a walk, to go
    for a ride
promettre to promise
promulguer to put (a law) into effect, to issue (a
    decree)
propos   à son propos with regard to him,
    her
propre clean, one's own, proper
propriétaire (m.f.) owner
protecteur(trice) protector
provisoire temporary, provisional
prune (f.) plum
  pour des prunes for nothing
puiser (dans) to draw (from), to delve (into)
  puiser aux sources to go to the source
puits (m.) well
pull-over, pull (m.) (fam.) sweater
punaisé(e) tacked
pur(e) pure

Q

quai (m.) wharf
quand when
  quand même even so
quant à as for
quart (m.) quarter (fraction)
quartier (m.) neighborhood
quasi almost, nearly
quel que soit whatever
quémander to solicit
qu'est-ce que ça me fait…? what's it to me…?
queue (f.) tail
  ne comprendre ni queue ni tête not to make
    heads or tails (of something)
quiconque anyone
quiétude (f.) tranquillity
quitter to leave (someone or something)
  se quitter to leave each other, to separate

quoique although
quotidien (n.m.) daily newspaper
quotidien(ne) day-to-day, daily

R

rabais (m.) price reduction
raccorder to connect
raccommodable reparable
raccommoder to mend, to repair
raccompagner to accompany someone back
raccrocher to hang up (telephone)
  se raccrocher à to grip onto
racine (f.) root
  prendre racine to take root
racisme (m.) racism
raclé(e) scraped off, scraped clean
raclée (n.f.) (fam.) thrashing, spanking
se racler (la gorge) to clear (one's throat)
radoucir to soften
rafale (f.) gust (of wind)
rafraîchir to freshen up, to chill
raide steep, taut
raidi(e) stiffened
raisin (m.) grape
raisonnement (m.) reasoning
raisonneur(se) argumentative
rajuster to straighten, to push back up (glasses)
ralentir to slow down
  au ralenti in slow motion
se rallier (à) to come over or round (to)
ramadhan (m.) Moslem month of fasting
ramasser to gather up
  se ramasser (sur) to huddle (up), to crouch
ramener to bring back
rang (m.) row, rank, social status
rangée (f.) row, line (of names, trees)
ranger to arrange, to put in order
râper to grate
rappeler to call back
  se rappeler to remember
rapport (m.) relation(s), connection
rapporter to bring something back
raser to shave
rassembler to gather (together)
se rasséréner to recover one's calm
rassurer to reassure
rater to miss, to fail, to spoil
ratisser to rake
rauque rough and loud
ravager to destroy
ravalé(e) (re)plastered, swallowed down
ravi(e) thrilled
se raviver to revive

réagir to react
rébarbatif(ve) forbidding, offputting
rebours (m.) wrong way
  à rebours backwards
récemment recently
réchauffer to reheat, to warm
rechercher to seek out
récit (m.) narrative, story
réclamer to lay claim to, to complain
  réclamer contre to protest against
recommandé(e) registered (letter)
recommencement (m.) new beginning, renewal
reconnaissant(e) grateful
reconnaître to recognize
recoudre to sew again, to mend
recours (m.) recourse
recouvrir to cover
reculer to step back, to retreat
redescendre to go back down
se redresser to stand up again, to straighten
réélir to re-elect
réfléchir (à) to think, to reflect (about)
réformé(e) discharged, reformed
réfrigérant(e) refrigerant, cooling
(se) refroidir to become cold, to cool
refus (m.) refusal
regagner to get back to, to win back
regard (m.) look, gaze
règle (f.) rule
  règles (f.pl.) menstruation
  avoir ses règles to have one's period
régler to pay, to regulate, to put in order
  régler la question to settle the issue
régner to reign
rein(s) (m.) kidney, small of the back
reine (f.) queen
réintégrer to reintegrate
rejaillir (sur) to reflect (on), to splash up
rejet (m.) rejection
rejeter to reject, to turn down, to throw back
rejoindre to join again, to catch up with
se réjouir (de) to be delighted (about)
relever to stand up again, to pick up/out, to bring out
  se relever to rise to one's feet
relief (m.) relief (géog.)
  mettre en relief bring out, stress
  prendre du relief to become more noticeable
  to connect (to)
  ad
  hankment

  bring back up

rempart (m.) wall
remplacer to replace
remuer to stir, to move
  remuer les lèvres to move one's lips
rendez-vous (m.) appointment, meeting
rendre to return (something), to make (+ adj.)
  se rendre (à) to go (to)
  se rendre compte (de) to realize
renfrogné(e) sullen
renouveler to renew
renseignement(s) (m.) information
renseigner to inform
rentrer to return home
  rentrer dans to crash into
renverser to turn/knock over
renvoyer to send back, to fire (employee)
réparation (f.) repair
repartir to set off or start up
répartition (f.) distribution
repas (m.) meal
repasser to iron
repêcher to fish out
repérer to locate, to spot
répit (m.) respite, pause, rest
replié(e) (sur soi-même) withdrawn
repos (m.) rest
(se) reposer to rest
repousser to reject, to grow again, to push away
reprendre to take up again, to recapture, to rehire
reprise (f.) resumption
  à plusieurs reprises several times, repeatedly
reproche (m.) reproach
réservoir (m.) tank, reservoir
se résigner to resign oneself
résonner to resound
résoudre to resolve
se ressaisir to regain self-control
ressentiment (m.) resentment
ressentir to feel (+noun)
ressortir to come out again
  faire ressortir to bring out
reste (m.) remainder, rest
  du reste moreover, besides
rester to remain, to be left
rétablir to reestablish, to restore
retenir to hold back, to keep, to keep in
  se retenir to stop oneself
retentir to ring out
se retourner to turn around
retraité(e) retired
retranché(e) removed, taken out, taking refuge
se retrancher to take refuge, to entrench
rétribution (f.) payment

retroussé(e)   turned or rolled up
réussir   to succeed, to make successfully
réussite (f.)   success
revanche (f.)   revenge
   en revanche   on the other hand
réveil (m.)   **réveille-matin** (m.)   alarm clock
se réveiller   to wake up
revendre   to resell
   en avoir à revendre   to have more than enough
revenir   to come back
   revenir sur sa parole   to go back on one's word
   revenir sur ses pas   to turn back
rêve (m.)   dream
rêver (à) (de)   to dream (about or of)
réviser   to revise, to reappraise
revoir   to see again
   se revoir   to see each other again
revue (f.)   review, magazine, journal
rhum (m.)   rum
rhume (m.)   headcold
ribambelle (f.)   a long string, a whole lot
rideau (m.)   curtain
rien (m.)   nothing
   de rien   you're welcome
   (elle ne comprend) rien à rien   (she understands) absolutely nothing
rieur(se)   cheerful, laughing
rigueur (f.)   rigor
   à la rigueur   if absolutely necessary
ripolin   enamel paint
rire (m.)   laugh, laughter
rivage (m.)   shore(-line), bank (of a river)
rive (f.)   bank (of a river), shore
rivé(e)   stuck or fixed in a job, riveted
riziculture (f.)   cultivation of rice
rocher (m.)   big rock
rocheux(se)   rocky
roman (m.)   novel
rompre   to break
ronde (f.)   circle, rounds (of a supervisor, of a dance), slice
ronfler   to snore
ronger   to gnaw, to eat into
   se ronger   to worry
ronronnement (m.)   sound of a motor or a cat purring
rosir   to turn pink
roue (f.)   wheel
rougeâtre   reddish
rougeoyer   to glow red
rouler   to roll, to drive
routier(ère)   of the road
rouvrir   to re-open

royaume (m.)   kingdom, realm
rran! rran!   the noise of an accelerating motor
ruban (m.)   ribbon
rude   harsh
ruelle (f.)   narrow street, alley(-way)
rumeur (f.)   murmur, rumbling, rumor
rusé(e)   shrewd, cunning
rustaud(e)   rustic, coarse person

S

sableux(se)   sandy
sac (m.)   bag, purse
saccadé(e)   jerky
sacré(e)   sacred, (fam.) hell of a
sage   good, obedient
sagesse (f.)   wisdom
saigner   to bleed
saillant(e)   prominent, projecting
saint (m.)   saint, saintliness
sain(e)   healthy
Saint-Esprit (m.)   Holy Spirit
saisir   to seize, to grab
sale   dirty
saleté (f.)   filth
salir   to dirty
salive (f.)   saliva, (fam.) information
saluer   to greet
sang (m.)   blood
   cela me tourne le sang   that makes my blood boil
sang-froid (m.)   composure, calm
sanglier (m.)   wild boar
sangloter   to sob
sans appel (m.)   without recourse
saoul(e)   drunk
sauf   except
sauf(sauve)   safe, secure, unscathed
sauter   to leap, to jump
sauvette (f.)   **à la sauvette**   illegally, furtively
savant(e) (m.f.)   learned person, scientist
savoir   to know
   ça se saurait!   Everyone would know!
savon (m.)   soap
scabreux(se)   improper, shocking
scintillement (m.)   sparkling
scolarité (f.)   schooling
scories (f.pl.)   cinders, slag (volcanic, etc.)
scruter   scrutinize, examine closely
séance (f.)   session, meeting
sec (sèche)   dry
   d'une voix sèche   in a harsh voice
sécheresse (f.)   drought

sécheuse (f.)   clothes dryer
secouer   to shake (up)
secourable   willing to help
  une main secourable   a helping hand
secours (m.)   aid, help, rescue
  au secours!   help!
Seigneur (m.)   Lord
sein (m.)   breast
séisme (m.)   earthquake
séjour (m.)   visit
semelle (f.)   sole of a shoe
sens (m.)   sense, meaning
  nos (cinq) sens   our (five) physical senses
sensation (f.)   **à sensation**   sensational
sensiblement   perceptibly
sentir   to feel, to smell
serpillière (f.)   flourcloth
serré(e)   tight, held tightly
serrer   to hold tightly, to tighten
  serrer la main   to shake hands
  serrer qqn. à la taille   to hold someone by the waist
se servir de   to use (a tool, for example)
seuil (m.)   threshold
sève (f.)   sap
sévir   to crack down
sevré(e) (de)   weaned (from), deprived (of)
sexe (m.)   genitalia, individuals of the same sex, sexuality
s'habituer à   to get used to
sidéré(e)   flabbergasted, stunned
siècle (m.)   century
siège (m.)   seat, siege
sieste (f.)   afternoon nap, siesta
sifflement (m.)   whistle, whistling
singulier(ère)   peculiar, unusual
sinistré(e)   disaster victim
sinon   if not
sirop (m.)   syrup
sœur (f.)   sister
soie (f.)   silk
soif (f.)   thirst
soigner   to take care of
soin (m.)   care
sol (m.)   ground, floor, soil
⋯laire   solar
⋯il (m.)   sun
⋯ levant   rising sun
⋯ du soleil   sunrise
   gloomy
   ⋯o sink (into), to give way
   ⋯um, amount
   ⋯st of burden

sommer   to ask, to summon someone
sommeil (m.)   sleep, sleepiness
somnambule (n.m.f.)   sleep-walker
somnambule (adj.)   sleep-walking, acting as if in a trance
son (m.)   sound
songe (m.)   daydream
songer   to daydream
  songer à   to think about
songeur(se)   pensive
sonner   to ring, to sound
sort (m.)   destiny, fate, fortune
sorte (f.)   type, kind
sortir   to go out
  s'en sortir   to pull through, to make it
sot(te) (m.f.)   fool
sou (m.)   *5 centimes* (fam.)   a cent
  sans le sou   penniless
souche (f.)   log
  de vieille souche   of old stock
souci (m.)   problem, worry, concern
  se faire du souci   to worry
se soucier (de)   to be concerned (about)
soucieux(se)   concerned, worried
soucoupe (f.)   saucer
soudain   suddenly
souffle (m.)   breath, gust
souffler   to blow (wind), to whisper, to pant
souffrance (f.)   suffering
souhaiter   to wish, to hope for
soulager   to comfort, to soothe
soulagement (m.)   comfort, relief
soulard(e)   drunkard
soulever   to lift
soulier (m.)   shoe
souligner   to underscore, to emphasize
soumettre   to subdue, to present
  se soumettre à   to submit to
soumis(e) (à)   subject (to)
soupir (m.)   sigh
soupirer   to sigh
souple   soft, supple, flexible
source (f.)   spring (of water), source
sourcil (m.)   eyebrow
  nouer/froncer les sourcils   to frown
sourd(e)   deaf, muffled, dull
sourire (v.)   to smile
sourire (n.m.)   smile
sous-sol (m.)   basement
soutènement (m.)   support
  mur de soutènement   retaining wall
soutenir   to support, to sustain, to maintain

souvenir (m.)   souvenir, memory of the past

se souvenir (de)   to remember

soyeux(se)   silky

stade (m.)   stadium

statut (m.)   status

stérilet (m.)   I.U.D., intra-uterine device

strate (f.)   stratum, layer

subir   to undergo, to be subjected to

subit(e)   sudden, unexpected

subjuguer   to subjugate, (fig.) to captivate

submerger   to flood, to submerge, (fig.) to overwhelm

subrepticement   stealthily, secretly

succéder   to follow

sucre (m.)   sugar

sucrerie (f.)   sugar refinery

sud (m.)   south

suer   to sweat

   suer à grosses gouttes   to sweat profusely

sueur (f.)   sweat

suite (f.)   what follows, continuation

suivant(e)   following, next

suivre   to follow

   se suivre   to follow one another

sujet (m.)   subject

   au sujet de   about

   sujet à   subject to

superficie (f.)   surface area

supplier   to implore

supporter   to put up with

sur   on top of, over

   sur-le-champ   on the spot, right away

surcroît (m.)   extra, additional

   de surcroît   moreover

surenchérir   to up the ante, to make a story more interesting or dramatic

surexcité(e)   overexcited

surgir   to appear suddenly

surlendemain (m.)   the day after next

surmonter   to overcome, to surmount

surnaturel(le)   supernatural

surnom (m.)   nickname

surnommer   to nickname

surprenant(e)   surprising

surprendre   to surprise

sursaut (m.)   involuntary start

   en sursaut   with a start

sursauter   to (give a) start, to jump

surtout   especially, above all

surveillant(e) (m.f.)   supervisor, overseer

surveiller   to watch (over)

survenir   to come about

survie (f.)   survival

T

tableau (m.) **de bord**   dashboard

tache (f.)   spot, stain

tâche (f.)   task

tacher   to stain

tâcher (de)   to try (to)

taciturne   uncommunicative, taciturn

taie (f.) **d'oreiller**   pillowslip, pillowcover

taille (f.)   size, waist

tailler   to trim, to cut

tain (m.)   silvering (for mirrors)

taire   to silence

   faire taire   to hush someone up

   se taire   to be silent

taloche (f.)   blow of the hand

talon (m.)   heel

   à talons hauts   high-heeled

talonner   to follow closely "on one's heels", to hound

tandis que   while

tanguer   to pitch, to be unsteady on one's feet

tant   so much

tante (f.)   aunt

tape (f.)   slap

taper (sur)   to beat, to slap, to type, to bang (on) (piano)

   se taper (fam.)   to take on a chore, to hit each other

tapis (m.)   rug

tarder   to be late

tardif(ve)   late

tarir   to dry up, to run dry

tas (m.) **de**   pile of, bunch of

tasse (f.)   cup

tâtons   à tâtons   in a groping or blind fashion

taudis (m.)   slum

taux (m.)   rate

tchololo   in Martinique, thin coffee for the servants

se teindre les cheveux   to dye one's hair

teint (m.)   skin complexion or color

tel(le)   such

témoin (m.)   witness

   prendre qqn. à témoin   to call on someone to witness

tempe (f.)   temple (of the head)

tempête (f.)   storm

temps (m.)   time, weather

   en même temps   at the same time

   de tout temps   since forever

tendre   to hold out (a hand), to stretch
tendresse (f.)   tenderness
ténèbres (f.pl.)   gloom, darkness
tenir   to have, to hold
   tenir à   to care about, to be set on
   tenir de   to resemble, to take after (someone in the family)
   se tenir   to hold oneself to a task, to keep (+ adj.)
tenter   to tempt
tenture (f.)   hanging
tenu(e) de   obligated to, responsible for
terrain (m.)   land, a lot
   terrain vague   vacant lot
terrasse (f.)   outside tables at a café, terrace
terrassé(e)   knocked down
terre (f.)   earth, land
   au bout de la terre   to the ends of the earth
   terre battue   packed earth
tête (f.)   head
thé (f.)   tea
théière (f.)   teapot
thrène (m.)   funeral chant
(du) tac au tac   word for word (retort)
tictaquer   making a "tic-tac" sound, like a clock
tiède   lukewarm, tepid, warm
tiens!   Here (take this)!, Hey!, How about that!
timbre (m.)   stamp
tirer (de)   to pull (out), take out (from)
   tirer l'attention sur   to call attention to
   tirer (sur, à)   to draw (on, to)
tissu (m.)   fabric, material
tituber   to stagger
toile (f.)   painting, canvas, cloth
toilette (f.)   appearance
toilettes (f.pl.)   public toilets
toit (m.)   roof
tôle (f.)   sheet metal
tombeau (m.)   tomb
tonifier   to tone up
tonne (f.)   ton (1000 kg)
tonnerre (m.)   thunder
se tordre   to writhe, twist one's body
torsade (f.)   twisted cord
torse (m.)   torso, upper body
tort (m.)   fault, wrong
   avoir tort (de)   to be wrong (about)
toucher (v.)   to touch, to cash
toucher (n.m.)   sense of touch, act of touching
touffe (f.)   tuft
toupie (f.)   toy top

tour (m.)   turn, tour
   faire un tour   to go for a walk or a ride
   à son tour   in turn
tour (f.)   tower, (grain) silo
tourbillon (m.)   whirlwind
tournant (m.)   turning point, corner, bend
tournée (f.)   round, tour, trip
tourner   to change direction, to revolve, to film a movie
   regarder la nuit tourner   to watch the night sky move
tourniquet (m.)   revolving stand, turnstile, tourniquet
tournoyer   to wheel, to spin, to whirl
tousser   to cough
tout(e)   all
   par dessus tout   above all
   tout de même   all the same, even so
   tout à l'heure   just now
   tout de suite   immediately
   tout au plus   at the most
   tout à coup   suddenly
   tout compte fait   after all is said and done
   en tout cas   in any case
   de tout temps   since forever
tracas (m.)   trouble, worry
se tracasser   to worry
traction (f.) **avant**   front-wheel drive
trahir   to betray
trahison (f.)   betrayal, treason
train (m.)   train, pace, attendants
   en train de   to be doing something
traîner   to trail, to linger, to drag
trait (m.)   feature, stroke, line
   trait de caractère   character trait
traite (f.)   transport of goods, milking of cows
   traite des Noirs   slave trade
traiter   to treat
traîtrise (f.)   treachery
trajet (m.)   route, journey
trame (f.)   plot, storyline
tranché(e)   sliced, cut
trancher   to cut, to slice, to cut short, to stand out
   se trancher la gorge   to cut one's throat
tranquille   calm, tranquil
   laisser tranquille   to leave someone alone, to stop bothering someone
transe (f.)   fear, anxiety
   transes (f.pl.)   trance
transitaire (m.)   mover
transiter   to be in transit, to forward (goods)
transport (m.)   transportation

transporté(e)   transported, carried, (fig.) beside onself, carried away

travailler   to work

  travailler + obj. dir.   to fashion, to shape, (fig.) to torment

travers   à travers   through

  en travers   crosswise

  de travers   askew

traverse (f.)   railroad tie, cross bar, ladder rung

traversée (f.)   crossing, going through

traverser   to go through or across

trébucher   to stumble

tremblade (f.)   trembling fit

trembler   to tremble

tremper   to dunk, soak, dip in liquid

trêve (f.)   truce

  sans trêve   without respite, unceasingly

tresse (f.)   braid, plait of hair

tribal(e)   tribal   **tribaux, tribales** (pl.)

tribord (m.)   starboard

  à tribord   to starboard

tricoter   to knit

tricotés serrés   tightly knit (group)

trier   to sort

trimbaler   to drag along, to cart

trimer   to work hard, to slave away

tristesse (f.)   sadness

troc (m.)   exchange, trade

tromper   to deceive, to be unfaithful

  se tromper   to be mistaken

trôner   to occupy or sit in the place of honor

trotte (f.)   distance, run

trottoir (m.)   sidewalk

trou (m.)   hole

troupeau (m.)   flock, herd

trouvaille (f.)   find, discovery

se trouver   to find oneself, to be in a certain place

truc (m.)   thing, "thingamajig", device

tuer   to kill

  tuer le temps   to kill time

type (m.)   man, classic example, (arg.) boyfriend

U

ulcéré(e)   resentful, embittered

une (f.)   first page (newspaper)

  à la une   on the first page

unicité (f.)   uniqueness

urbain(e)   urban

usager(ère) (m.f.)   user

user   to wear down/out, to use up

usé(e)   worn out, well-used, threadbare

usine (f.)   factory, mill, plant

utiliser   to use

V

vacarme (m.)   row, racket

vache (f.)   cow

va-et-vient (m.)   coming and going

vagabonder   to roam (the world)

vague (f.)   wave

  vague de fond   surge from below

vaillant(e)   in good health, brave

vaincu(e)   defeated, overcome

vaisselle (f.)   dishes

valable   valid

valoir   to be worth

se vanter (de)   to boast (of)

va-nu-pieds (fam.)   barefoot

vaquer   to go about a task

vareuse (f.)   tunic

vasière (f.)   sludge deposit or hole

va-t'en!   go away!

vau   tout (s'en) va à vau l'eau   everything is falling apart, going to the dogs

vaudou (m.)   voodoo

vautour (m.)   vulture

veille (f.)   watch, wakefulness, eve

veillée (f.)   evening gathering, wake

veiller sur   to watch over

veilleur(se) (m.f.)   look-out, watchperson

veilleuse (f.)   parking light, pilot light

velouté(e)   velvety, soft, mellow

vendeur(se) (m.f.)   vendor

vendre   to sell

venger   to seek revenge, to avenge

venir   to come

  venir de   to have just (done something)

  venir au monde   to be born

vent (m.)   wind

vente (f.)   sale

ventilateur (m.)   fan, ventilator

ventre (m.)   belly, stomach

ver (m.)   worm

  véreux(se)   worm-eaten

vérité (f.)   truth

verrou (m.)   bolt

vers (n.m.)   a line from a poem

vers (prep.)   toward, around

verser   to pour, to spill

verset (m.)   verse

vertige (m.)   vertigo, dizzy spell

vertigineux(se)   dizzying

veste (f.)   jacket
vestiaire (m.)   cloakroom, locker room
veston (m.)   man's jacket
vêtement (m.)   item of clothing
vêtu(e)   dressed
vétuste   decrepit
veuf (m.)   widower   **veuve** (f.)   widow
viande (f.)   meat
vide (m.)   emptiness, empty space, gap
vider   to empty
vie (f.)   life
   de sa vie   in all her/his life
vieillir   to grow old(er)
vierge (f.)   virgin
vif(ve)   vivid, lively, sharp
viol (m.)   rape
violent(e)   violent
violemment   violently
violer   to rape
violet(te)   purple, mauve
violon (m.)   violin
visage (m.)   face
visiter   to visit, to inspect
vissé(e) (à)   screwed (to)
vitesse (f.)   speed
vitre (f.)   window pane
vitré(e)   glazed, made of glass
vivement   vivaciously, sharply
vœu (m.)   wish, vow
vogue (f.)   fashion, vogue
   en vogue   in fashion
voie (f.)   way, path
   voie ferrée   railroad tracks
voile (m.)   veil
voilé(e)   veiled
se voir   to see each other, to see oneself
voire   indeed, and even, or even
voisin(e) (m.f.)   neighbor, close (meaning)

voix (f.)   voice
vol (m.)   flight, theft
   au vol   on the run
volage   fickle
volant (m.)   steering wheel, ruffle
volcan (m.)   volcano
voler   to steal, to fly
volet (m.)   shutter
volonté (f.)   will, wish
   à volonté   at will
volupté (f.)   voluptuousness
vomir   to vomit
(en) vouloir à qqn   to bear a grudge against
      someone
   s'en vouloir   to be angry with oneself
se voûter   to arch, to bend over
voyeur(se) (m.f.)   Peeping Tom
vrac (m.)
   en vrac   in bulk, loose goods
vrai(e)   true
   à vrai dire   to tell the truth, actually
vraisemblable   plausible
vue (f.)   sense of sight, view
   point de vue   point of view

W

waters (m.pl.)   toilet
water-closet (WC) (m.)   toilet

Z

zélé(e)   zealous, avid
zerda (f.)   popular dance in Algeria
zéro (m.)   zero
   zéro étoile (hotel)   so poor as to be rated below
      the one star minimum rating
zigzaguer   to zig-zag

Index

Maurice, l'Ile, 50.

Monologue intérieur, 139.

Nouvelles : " Amertume, " Kama Kamanda (1993), 177 ; " Bonjour, Maman ! Bonne fête, Maman ! " Marie-Thérèse Colimon-Hall (1979), 14 ; " Le cauchemar, " Abdelhak Serhane (1993), 84 ; " La femme adultère, " Albert Camus (1957), 144 ; " La fièvre, " Jean-Baptiste Tati Loutard (1980), 128 ; " Il n'y a pas d'exil, " Assia Djebar (1980), 194 ; " Une lettre, " Danièle Sallenave (1983), 5 ; " La Montagne de Feu, " Suzanne Dracius (1988), 68 ; " Le mur ou les charmes d'une vie conjugale, " Myriam Warner-Vieyra (1988), 165 ; " La Noire de…, " Ousmane Sembène (1962), 105 ; " L'ombre et l'absent, " Pham duy Khiêm (1944), 28 ; " Pour empêcher un mariage, " Gabrielle Roy (1955), 40 ; " Pur polyester, " Lori Saint-Martin (1999), 94 ; " Le temps ne passe pas, " J.-M. G. Le Clézio (1989), 52 ; " Les triangles de Chloë, " Gaëtan Brulotte (1994), 185.

Passé simple de l'indicatif : Appendice , 235.

Pays et régions représentés : l'Algérie, 140, 190 ; le Canada 36 (le Québec 90, 182) ; le Congo, 124 ; la République démocratique du Congo, 174 ; la France (la Métropole) 2, 49, la Guadeloupe 63, 161, la Martinique 63, 161) ; Haïti, 10 ; le Maroc, 80 ; le Sénégal, 101 ; le Viêtnam, 24.

Québec (le) : carte et histoire, 90, 182 ; Gaëtan Brulotte, 183 ; Gabrielle Roy, 37 ; Lori Saint-Martin, 91.

République démocratique du Congo, carte et histoire, 174 ; Kama Kamanda, 175.

Récit : 4 (note 1).

Roy, Gabrielle : le Canada : le Manitoba et le Québec, 36 ; Introduction à l'auteur, 37 ; " Pour empêcher un mariage, " 40.

Saint-Martin, Lori : le Quebec, 90 ; Introduction à l'auteur, 91 ; " Pur polyester, " 94.

Sallenave, Danièle : la France, 2 ; Introduction à l'auteur, 3 ; " Une lettre, " 5.

Sembène, Ousmane : le Sénégal, 101 ; Introduction à l'auteur, 102 ; " La Noire de…, " 105.

Sénégal (le) : carte et histoire, 101 ; Ousmane Sembène, 102.

Serhane, Abdelhak : le Maroc, 80 ; Introduction à l'auteur, 81 ; "Le cauchemar, " 84.

Sous-texte, 7, (note 1).

Stratégies de lecture : Lire pour trouver la réponse à des questions 5, Comprendre le point de vue 13, Identifier le rôle de la distance (temps et espace) dans les rapports des personnages 27, Deviner les éléments de la nouvelle 40, Imaginer l'histoire avant de la lire 52, Se référer au contexte géographique et culturel 67, Analyser la voix narrative 83, Distinguer les niveaux linguistiques dans un texte 93, Imaginer l'histoire avant de la lire 105, Situer les personnages par rapport aux traditions culturelles 127, Identifier le mode de présentation des personnages 143, Reconnaître et identifier les allusions aux sensations physiques 164, Comprendre la chronologie des événements 177, Identifier des mots clés et des expressions associées 185, Identifier des formules culturelles 193.

Tati Loutard, Jean-Baptiste : L'Afrique et le Congo, 124 ; Introduction à l'auteur, 125 ; "La fièvre, " 128.

Tradition orale, 23 (Allons plus loin n° 3).

Viêtnam (le) : carte et histoire, 24 ; Pham duy Khiém, 25.

Vocabulaire, exercices : 4, 12, 27, 38, 51, 66, 82, 92, 103, 126, 142, 163, 176, 184, 192.

Warner-Vieyra, Myriam : la Guadeloupe, 161 ; Introduction à l'auteur, 162 ; " Le mur ou les charmes d'une vie conjugale, " 165.

YTI

A HISTORY AND THEORY
OF THE SOCIAL SCIENCES

Theory, Culture & Society

Theory, Culture & Society caters for the resurgence of interest in culture within contemporary social science and the humanities. Building on the heritage of classical social theory, the book series examines ways in which this tradition has been reshaped by a new generation of theorists. It also publishes theoretically informed analyses of everyday life, popular culture, and new intellectual movements.

THE TCS CENTRE
The Theory, Culture & Society book series, the journals *Theory, Culture & Society* and *Body & Society*, and related conference, seminar and postgraduate programmes operate from the TCS Centre at Nottingham Trent University. For further details of the TCS Centre's activities please contact:

Centre Administrator
The TCS Centre, Room 175
Faculty of Humanities
Nottingham Trent University
Clifton Lane, Nottingham, NG11 8NS, UK
e-mail: tcs@ntu.ac.uk
web: http//tcs@ntu.ac.uk

Recent volumes include:
Michel de Certeau
Cultural Theorist
Ian Buchanan

Paul Virilio
From Modernism to Hypermodernism
edited by John Armitage

Subject, Society and Culture
Roy Boyne

Norbert Elias and Modern Social Theory
Dennis Smith

Simulation and Social Theory
Sean Cubitt

Society and Culture
Principles and Scarcity and Solidity
Bryan S. Turner and Chris Rojek